乡村振兴战略背景下的乡村旅游规划与开发

马丽霞 杨霞 著

中国书籍出版社

图书在版编目(CIP)数据

乡村振兴战略背景下的乡村旅游规划与开发 / 马丽霞, 杨霞著. -- 北京：中国书籍出版社, 2022.5
　ISBN 978-7-5068-9007-6

　Ⅰ.①乡… Ⅱ.①马…②杨… Ⅲ.①乡村旅游-旅游规划-研究-中国②乡村旅游-旅游资源开发-研究-中国　Ⅳ.①F592.3

中国版本图书馆 CIP 数据核字（2022）第 089854 号

乡村振兴战略背景下的乡村旅游规划与开发

马丽霞　杨　霞　著

丛书策划	谭　鹏　武　斌
责任编辑	盛　洁
责任印制	孙马飞　马　芝
封面设计	东方美迪
出版发行	中国书籍出版社
地　　址	北京市丰台区三路居路 97 号（邮编：100073）
电　　话	（010）52257143（总编室）　（010）52257140（发行部）
电子邮箱	eo@chinabp.com.cn
经　　销	全国新华书店
印　　厂	三河市德贤弘印务有限公司
开　　本	710 毫米 × 1000 毫米　1/16
字　　数	237 千字
印　　张	13.25
版　　次	2023 年 3 月第 1 版
印　　次	2023 年 3 月第 1 次印刷
书　　号	ISBN 978-7-5068-9007-6
定　　价	72.00 元

版权所有　翻印必究

目 录

第一章　乡村振兴与乡村旅游规划的内涵解析…………………… 1
　　第一节　乡村振兴战略概述………………………………………… 1
　　第二节　乡村旅游及乡村旅游规划简述…………………………… 2
第二章　乡村旅游与乡村振兴的双向推动………………………… 21
　　第一节　乡村与乡村旅游发展面临的多重挑战…………………… 21
　　第二节　乡村旅游带动乡村振兴发展的现实困境………………… 26
　　第三节　乡村旅游与乡村振兴的耦合关系………………………… 28
第三章　乡村振兴战略背景下的乡村旅游规划研究……………… 33
　　第一节　乡村振兴战略背景下乡村旅游规划的理念……………… 33
　　第二节　乡村振兴战略背景下乡村旅游规划的原则……………… 38
　　第三节　乡村振兴战略背景下乡村旅游规划体系的构建框架…… 42
第四章　乡村振兴战略背景下乡村旅游形象的塑造……………… 60
　　第一节　乡村旅游形象研究………………………………………… 60
　　第二节　乡村振兴战略背景下乡村旅游形象的设计……………… 61
　　第三节　乡村振兴战略背景下乡村旅游形象的评价……………… 69
第五章　乡村振兴战略背景下乡村旅游设施的建设……………… 71
　　第一节　乡村旅游设施研究………………………………………… 71
　　第二节　乡村振兴战略背景下乡村旅游的基础设施建设………… 73
　　第三节　乡村振兴战略背景下乡村旅游解说系统和
　　　　　　网络信息平台建设………………………………………… 92
第六章　乡村振兴战略背景下乡村旅游市场的开拓……………… 102
　　第一节　乡村旅游市场分析………………………………………… 102
　　第二节　乡村旅游的产品与价格策略……………………………… 111

第三节　乡村振兴战略背景下乡村旅游的宣传模式…………124

第七章　乡村振兴战略背景下乡村旅游资源的挖掘…………128
 第一节　乡村旅游资源研究………………………………128
 第二节　乡村振兴战略背景下乡村旅游资源的调查与评价……134
 第三节　乡村振兴战略背景下乡村旅游
    资源的深度开发与整合………………………147

第八章　乡村振兴战略背景下乡村旅游生态环境的保护……149
 第一节　生态旅游环境概述………………………………149
 第二节　乡村旅游与农村生态环境的相互关系…………152
 第三节　乡村振兴战略背景下保护乡村旅游
    生态环境的具体措施…………………………153

第九章　乡村振兴战略背景下乡村旅游规划与开发实践……160
 第一节　乡村度假休闲型规划与开发实践………………160
 第二节　依托景区发展型规划与开发实践………………184
 第三节　原生态文化村寨型规划与开发实践……………193
 第四节　特色产业带动型规划与开发实践………………194

参考文献……………………………………………………201

第一章 乡村振兴与乡村旅游规划的内涵解析

近些年,党中央、国务院对实施乡村振兴战略进行了全面部署。其中,无论是分类推进乡村发展,还是培育新产业新业态,无论是发挥自然资源的多重效益,还是弘扬中华民族传统文化,都离不开旅游业的帮助。因此,乡村振兴与乡村旅游有着紧密的关系。本章作为开篇,对乡村振兴战略、乡村旅游与乡村旅游规划的内涵进行分析。

第一节 乡村振兴战略概述

国计民生的重大问题在于三农问题,即农业、农村、农民。1978年,国家实行家庭联产承包责任制,促进了农业的增产,解决了人民的吃饭问题。到了1980—1990年间,乡镇企业兴起,这为农村的发展提供了机遇。进入21世纪,攻坚"三农"问题已经成了党和国家工作的重点。

2004年以来,中央一号文件出台了很多与"三农"相关的文件,体现了党和国家对"三农"问题的看重,也是力求解决"三农"问题。

2005年,党的十六届五中全会提出了建设社会主义新农村,并制定了二十字的方针,即"生产发展、生活富裕、乡风文明、村容整洁、管理民主"。这一方针实施之后,最大的效果就在于对公共设施与生产生活条件的优化。

改革开放四十多年来,我国的村貌得到了巨大改善,农民的收入也得到了极大增加。

虽然"三农"问题得到了显著的改善,但是不得忽视的一点是,农业对于经济的拉动仍旧存在局限性,农村对各项生产要素的吸引力还是非常有限的,农民的致富之路还需要极大的支持。

基于这样的背景,2017年,在党的十九大报告中,习近平总书记提出"乡村振兴"这一战略。

可以说,乡村振兴战略是党中央解决"三农"问题的关键策略,是一种动员,一种指令,一种宣言。2018年7月,中共中央、国务院又印发了《乡村振兴战略规划(2018—2022年)》,这标志着已经全面实施乡村振兴这一战略,从而不断解决困扰中国现代化的瓶颈问题,促进社会稳定、国家富强。

第二节 乡村旅游及乡村旅游规划简述

一、乡村旅游

(一)乡村旅游发展的原因

乡村旅游能增加经济收入和创造就业机会,调整乡村经济结构,促进农民思想观念转变等,这引起了西方发达国家政府的重视。政府在乡村旅游的发展计划中加大对乡村旅游开发资金的投入,并制定了多种有利政策引导乡村旅游的发展。国内乡村旅游发展的原因主要有如下几点。[①]

(1)国外借鉴。

(2)政府推动,实现旅游扶贫。

(3)市场驱动。

①向往田园风光,寻求一种回归自然的享受。

②暂时远离喧嚣的生活环境,并通过参与各种农事活动获得身心的放松和娱乐。

③扩大知识视野和陶冶情操。

(4)资源驱动。局限于开发资金和营销水平方面的限制,城市中远郊或交通沿线一些有优美乡村风光的地区建设一些等客上门型的度假休闲山庄,或通过开展"农家乐"旅游,为城市旅游者提供一些较为初级的旅游接待与服务。

[①] 陈秋华、曹辉、陈贵松:《福建乡村旅游发展研究》,中国旅游出版社,2008,第1-2页。

第一章　乡村振兴与乡村旅游规划的内涵解析

（5）利益驱动。企业、社会组织或个人由于对乡村旅游的前景比较看好，选择将其作为投资渠道之一，进行乡村旅游开发建设活动。

（二）乡村旅游的相关内容

1. 乡村性

乡村性是游客所关注的且与都市风格不同的旅游资源特质，是吸引游客到来的决定性因素，是乡村旅游市场的卖点。关于乡村性的讨论，主要包括三个讨论点：(1)聚落形态：人口密度和住区规模；(2)经济状况：土地利用状况以及农业和林业的地位；(3)社会文化：传统社会结构、社区身份和遗产。

乡村性突出的地区，人口密度很低，居民点规模很小，而且相距很远。这些乡村地区存在着大片自然或半自然状态的荒野以及未开垦的土地，耕地和森林主宰着聚落环境，经济活动以农业和林业为主导。弗林（Flinn,1982）指出了美国三种体现乡村性的传统社会结构：(1)小城镇社会：紧密团结，坚信民主，但往往不与自然密切接触；(2)农业社会：以家庭农业、农场生活和季节活动为基础；(3)乡村主义者：生活在城镇之外，重视开放空间，尊重自然和自然规律。[①]

鲁滨逊（Robinson,1990）认为，乡村性可以在一个滑动的尺度上进行评估，人口稀少的偏远地区是尺度的一个极端，而相反的极端为城市化地区。在这两个极端之间乡村性是渐变的，中间地带为城市最外边缘的郊区。[②]

乡村旅游发生于乡村地区，可以将其归纳为如下几点：(1)乡村空间辽阔，拥有自然资源和文化遗产的底蕴，具有传统社会特征；(2)乡村建筑和住区通常是小规模的；(3)乡村发展缓慢，且因为地理环境、历史文化和经济结构的不同而呈现出多样化的风格。乡村旅游不一定会体现出完全的乡村性特征，因为城乡一体化使有些乡村地区显示出一些城市特征，故有些乡村旅游目的地将会向大型城市度假村转变和发展。

在辽阔的乡村地域，由于远离工业化的浸染和无大规模的来客造访，其自然资源和文化遗产的底蕴深厚且保存相对完整。乡村地区人口密度较低，表现出环境宽松、风景宜人、祥和宁静的氛围。由于长期的区位经

[①] 王云才、郭焕成、徐辉林：《乡村旅游规划原理与方法》，科学出版社，2006年，第6页。
[②] 陈慧、马丽卿：《基于游客感知的海岛乡村旅游产品开发研究——以舟山群岛为例》，《农村经济与科技》2017年第5期。

济弱势,现代科技渗透不充分,都市化的影响较弱,乡村地域往往具有传统社会的特征。由于自然禀赋存在差异、历史发展进程不同、文化积淀形式多样化,乡村性会客观存在差异性和多样性。

受过教育的、独立工作的或退休的城市居民寻求乡村性而在乡村环境生活,这些新到农村的人们强烈地表达了对乡村性保护的意愿,特别关注以农业、林业、公园和小规模定居点为主的景观乡村性。很多农村地区妇女缺少工作机会,而旅游业历来能够为女性劳动力提供较多的就业岗位。因此,对于寻求就业的农村妇女来说,乡村旅游具有特殊的重要性。

乡村是人类早期聚居地,在人类发展史上具有"家"的属性。乡村自然风貌和长期的农业社会活动形成了内涵丰富的旅游资源,即乡村自然资源和乡村人文资源,其所蕴含的乡村性特质,在历史的描述中和人们的脑海中形成概念意象,即乡村意象,它由乡村认知意象和乡村情感意象两部分组成。乡村意象是乡村旅游资源的文化印记和心理共识,是乡村性特质抽象化集成的印象。而乡村意象进一步促成了乡村依恋情怀,即乡村依赖和乡村认同。这种乡村依恋情怀在乡村旅游者的心理活动中形成了旅游需求,进而体现为城市人溯源农耕文化地域、亲缘、血缘关系的旅游动机。

通过上述分析可知,乡村性的保持和提炼对于提升乡村游客原真性体验,促进乡村旅游健康发展具有重要意义。

中国已经完成了脱贫攻坚任务,在具有良好的交通条件和旅游资源条件的乡村地域,村民更加关注如何通过乡村旅游防止返贫,并获得持续的旅游产业收益。都市居民在逆城市化思潮的影响下,更加关注和向往乡村地域良好的自然生态环境,并对其丰厚的历史文化和民俗风情怀有强烈的探究愿望。随着人们可自由支配收入的提高,在感知社会主义新农村崭新面貌的同时,乡村游客对乡村旅游管理水平和服务质量提出了更高的要求。乡村旅游发展将由规模扩张进入质量提升时期,乡村旅游产品能否在质量上满足乡村游客的需要,成为乡村旅游市场竞争的关键点。

2. 乡村旅游资源

旅游业在许多方面都是游客逃避现实的一种手段,大多数游客来自人口稠密的大型聚居地,他们在度假时寻求环境的改变。19世纪和20世纪的快速城市化产生了不同于农村"传统"社会的新社会结构,怀旧和逃避城市压力的动机使城市居民成为乡村旅游的重要客源。乡村"性格"保留了旧的生活方式和思维方式,正是这种残存的特征,加上乡村的风景

第一章　乡村振兴与乡村旅游规划的内涵解析

价值和娱乐机会,吸引了来自城市地区的游客。乡村地区在很大程度上是自然界和野生动物的宝库,对于游客来说,这会给人一种空间的印象,一种传统的非城市、非工业经济的自然环境。世界遗产约70%分布在乡村地域,在广袤的乡村,动植物种类繁多,自然风光、农业景观和聚落形态各具特色,农耕文化、传统文化、民俗文化和历史文化交相辉映,形成了丰富的乡村旅游资源。乡村旅游资源是发展乡村旅游业的吸引物,是吸引旅游者前来乡村地域进行旅游活动的因素,是乡村旅游供给的核心组成部分,它包括自然资源和人文资源两大类。乡村旅游凭借旅游资源和旅游设施提供旅游服务,具有乡村性的旅游资源、旅游设施和旅游服务是乡村旅游供给的三个重要组成部分。

3. 乡村旅游活动

在城市化问题日益突出的背景下,乡村旅游通常被认为能够满足日益增长的个性化旅游、原真性体验和传统文化认知的需求。教育水平不断提高、健康意识逐渐增强、交通运输的现代化以及乡村旅游设施相对完善等因素也促进了乡村旅游活动广泛开展,而乡村旅游的发展又对乡村地区社会、经济和文化的发展产生了积极影响。

尼尔森(Nilsson,2002)认为,乡村旅游包含多方面活动,农庄旅游是典型的乡村旅游。[①] 莱恩(Lane,1994)指出,农业旅游(agritourism)和农庄旅游(farm tourism)是乡村旅游(rural tourism)的重要组成部分,在欧洲德语区很多地方发展得很成功,受到农业部门和学术界的极大重视。在已面世的乡村旅游文献中,农业旅游和农庄旅游成为最大的、独特的分支。[②]

乡村旅游活动形式多样,除农业旅游和农庄旅游外,还包括生态旅游、康养旅游、体育旅游、研学旅游、艺术和遗产旅游。在少数民族地区,民族风情旅游成为游客关注的重点。和平、宁静和放松的乡村环境对乡村游客具有重要的意义。莱恩(Lane,1994)将假日活动分为三种,即典型的城市活动和度假活动、混合型假日活动、典型的乡村假日活动。

典型的城市活动和度假活动包括:(1)城市观光;(2)购物;(3)高强度海滩度假;(4)高强度下坡滑雪;(5)城市遗产和文化假日活动;(6)动物园游乐;(7)健康度假;(8)工业旅游;(9)大型会展旅游;(10)娱乐和赌博(部分西方国家);(11)度假胜地活动;(12)基于人工

[①] 王云才、郭焕成、徐辉林:《乡村旅游规划原理与方法》,科学出版社,2006,第10页。
[②] 同上。

设施的大型体育赛事旅游。

混合型假日活动包括：(1)游泳；(2)低等或中等强度海滩度假；(3)中等强度下坡滑雪；(4)需要半自然环境下人工设施的运动,如打高尔夫球；(5)烹饪和美食旅游；(6)公众假期活动；(7)环境保护假日活动；(8)教育假期活动；(9)文化节日活动；(10)行业假期活动；(11)露营；(12)观光和旅游；(13)中小型会展活动；(14)航行和巡航；(15)海上垂钓。

典型的乡村假日活动可细分为：(1)步行；(2)攀登；(3)探险；(4)划船；(5)漂流；(6)越野滑雪；(7)雪地旅游；(8)低强度下坡滑雪；(9)户外环境中的自然研究,包括观鸟和摄影等；(10)狩猎；(11)自行车旅游；(12)骑马；(13)景观欣赏；(14)农村遗产研究；(15)小城镇和村庄旅游；(16)需要乡村环境的假日休闲；(17)小型会议；(18)农村节庆；(19)垂钓；(20)需要自然环境的体育活动。

佩拉莱斯(Perales,2002)认为,乡村旅游活动可划分为传统乡村旅游和现代乡村旅游两大类。工业革命以后的传统乡村旅游,主要表现为有乡村居所或亲缘关系的城市居民回家度假,也包括其他城市居民的乡村休假和康养。传统乡村旅游季节性强,开展的时间多集中在假日,未能给乡村地区带来市场规模效益和更多的就业机会。[①]20世纪80年代在西方社会兴起的现代乡村旅游,表现出与传统乡村旅游较大的差异,乡村游客的造访时间不仅分布在假期和夏季,而且近郊短途乡村旅游快速发展。现代乡村游客具有崭新的形象,他们追求环境质量和原真性,更深入地利用景观、环境、自然和建筑资源；不仅给乡村地域增加了财政收入,还创造了就业机会,给当地疲软的传统经济注入了新的活力。

乡村旅游活动还可以划分为乡村景观游和乡村文化游两类。乡村景观游的游客以欣赏乡村的自然风貌、聚落形态、农业景观和田园风光为旅游目的,乡村文化游的游客以探索乡村农耕文化、民俗文化和历史文化为旅游目的。

(三)乡村旅游的发展历程

1. 西方乡村旅游历史沿革

在大多数西方国家,乡村旅游由来已久。乡村旅游自工业革命以来

---

① 李丽娜：《生态观光茶园对产茶区乡村旅游发展的推动作用》,《农业考古》2013年第5期。

第一章　乡村振兴与乡村旅游规划的内涵解析

就一直存在,并带有回家的含义(最初来自农村地区的城市居民通常在他们的"家乡"度假)。19 世纪城市化发展带来的社会问题与环境问题,给城市居民带来生存压力和生活压力,故向往乡村场景的浪漫主义思想抬头,对乡村娱乐的兴趣有所增长。新兴的铁路交通将城市游客运送到乡村,阿尔卑斯山以及美国和加拿大的落基山脉成为早期的乡村旅游胜地。自 19 世纪以来,中高阶层对访问乡村地区越来越感兴趣。由于火车的游客导流作用,接近城市核心区,拥有治疗性温泉和其他康养资源的乡村地域的旅游活动得以发展。19 世纪,尤其是 20 世纪,最发达国家的快速工业化和城市发展,导致了农村社会政治和经济地位的深刻变化。正如卡瓦科(Cavaco,1995)所指出的那样,欧洲人口发生了从乡村到城市的强烈迁移,大多数根系乡村的城市人回乡度假,这种模式一直持续到现在。[①]

　　回归乡村的旅游者对所选目的地绝对忠诚,支出水平较低,对旅游服务水平要求不高。他们的假期乡村旅游活动促进了乡村经济发展,乡村地域在旅游经营旺季(通常是夏季)积累了利润。在一定程度上,形成了包括瑞士、奥地利、瑞典和德国在内的一些国家基于农庄住宿的乡村旅游的悠久传统。法国和奥地利在 20 世纪 50 年代相继建立乡村旅游管理机构,政府也相应制定优惠政策予以扶持,促进了传统乡村旅游的发展。这种传统乡村旅游于 20 世纪 60 年代也在西班牙生根,是乡村旅游活动的先驱。西班牙传统乡村旅游意味着远离住所享受假期,使农村社会与城市世界取得了联系,但传统旅游业本身往往无法创造就业机会和有足够吸引力的商业环境,因此至少在西班牙,传统旅游业未能促进乡村旅游地的可持续发展。

　　自 19 世纪 70 年代以来,在所有发达国家,农村地区的旅游活动显著增加,出现了现代乡村旅游活动。这在一些社会经济不景气的农村地区,对其发展发挥了关键作用。传统乡村旅游的市场规模有限,但是现代乡村旅游的拉动作用对农村经济发展更有价值。进入 20 世纪 70 年代,英国、德国、意大利以及东南亚经济发达地区的乡村旅游都取得长足发展。发达国家的乡村旅游进入高速发展时期是在 20 世纪 80 年代以后,不但具有市场规模,而且进入规范发展的层次,显示出巨大的潜力与旺盛的生命力。从 20 世纪 70 年代至 90 年代,乡村游客人数增长很快,超过 70% 的美国人参与乡村娱乐活动。其他国家参与人数稍少一些,但也形成了市场规模。随着汽车租赁业务的发展、个人以及家庭汽车拥有量的上升,交

[①] 周永振:《内蒙古乡村旅游》,中国旅游出版社,2019,第 3-5 页。

通运输逐渐现代化并促进了乡村旅游的发展,以汽车为交通工具的乡村游客数量远超铁路运输带来的乡村游客数量。最重要的是,旅游业已经从壮观的风景区延伸到乡村地域,旅游业态摆脱了大型和专业度假村的形式,乡村小镇旅游脱颖而出。

城市人向往乡村旅游是因为许多城市人视农村生活为一种娱乐形式,而且乡村旅游有助于提升服务和就业水平,促进基础设施建设和外来资金的流入。因此,世界旅游组织曾经提出"乡村旅游拯救欧洲乡村"的口号,欧盟及其成员国的政治家们也积极鼓励乡村旅游发展。20世纪90年代,乡村旅游的发展吸引了越来越多城市游客的兴趣,农村地区的旅游业产值可能占全部旅游业的10%~25%。短途游客和过夜游客纷至沓来,乡村旅游呈现多样性和分散性。在统计乡村旅游时,有的国家统计数字包括乡村地域的农庄旅游和自然层面的旅游活动,而另一些国家的统计数字则包括城市地区以外的许多经济活动,乡村旅游被泛化为发生在乡村地区的所有旅游活动。

20世纪70年代,发达国家现代乡村旅游在传统乡村旅游的基础上开始起步,进入20世纪80年代,发达国家现代乡村旅游蓬勃发展。20世纪90年代至今,西方发达国家的现代乡村旅游进入一个相对稳定、繁荣的发展时期。

2. 中国乡村旅游发展历程

(1) 中国乡村旅游发展概况

中商情报网2018年8月发布的中国乡村旅游统计数据显示,在2012—2017年间,中国乡村旅游人数呈逐年上升态势,2012年为7.2亿人次,2017年增至28亿人次,占国内游客总接待人次的56%,增长十分迅速。2012—2017年中国休闲农业和乡村旅游营业收入持续增长,2013年、2015年、2016年较前一年均达到30%以上的增幅,2017年营业收入达到7400亿元,占国内旅游总收入的16.2%。随着余暇时间的增多、交通运输的现代化、人均可自由支配收入的提高,离开都市、回归自然、追求田园风情的乡村旅游具有了广阔发展前景。

在中国国民经济持续稳定发展的基础上,城乡一体化进程不断推进,国家实施乡村振兴战略,中国乡村旅游在市场需求的驱动下和相关政策扶持下也进入快速发展时期,并且在助力扶贫攻坚的过程中产生了积极影响。中国的乡村旅游不但具有了产业规划,而且开始走上规范化发展的道路。乡村旅游目前已经成为中国乡村产业的重要组成部分,兼容乡村地区的生产生活方式和自然生态环境;乡村旅游的产业链横跨一、二、

第一章 乡村振兴与乡村旅游规划的内涵解析

三产业,融合了城乡发展的新产业新业态,包含了绿色食品生产加工产业、旅游商品创意设计和生产加工产业。乡村旅游业将盘活乡村全域旅游资源,朝着融观光、研学、娱乐、购物和度假于一体的综合型产业方向发展。中国乡村旅游业态形式不断升级,产业聚集度不断提高,市场规模和影响力不断扩大,由传统点式开发趋向联合线路开发和旅游目的地建设,产业经营模式从最初的"农家乐"向特色小镇和田园综合体的方向发展,"乡村旅游+"的经营模式焕发出勃勃生机。

（2）中国乡村旅游发展趋势

乡村旅游的发展助推了乡村社会化基础服务体系不断完善,打造出宜居、宜业、宜游的美丽乡村。在乡村旅游发展进程中,对村民的旅游接待礼仪培训和旅游服务规范培训,也极大提升了村民的精神文明建设水平。目前,中国乡村旅游呈现出以下发展趋势。

第一,乡村旅游需求迅速增长。中国乡村旅游从20世纪80年代起步发展至今,业态形式不断丰富完善、经营模式更加科学合理、经营管理水平和服务水平不断提高,乡村旅游供给内涵不断向高质量的乡村旅游需求靠拢。在城市化进程中,城市居民对回归自然、回归传统、回归乡村的旅游需求不断增加。随着余暇时间不断增多,人均可自由支配收入不断提高,乡村游客的旅游动机被激发出来。加之交通运输现代化,提高了城乡之间的位移效率,乡村旅游蓬勃发展。

第二,乡村旅游业态呈现多样化。初级乡村旅游产品已不能满足大众所需,产品日趋精品化、高端化。当前乡村旅游产业规模不断壮大,新兴业态日益丰富,成为旅游经济新生力量和主要力量,形成了庞大的乡村旅游市场,乡村旅游业成为产业型、环保型、生态型、文化型、现代型的新型旅游产业。乡村旅游产业链逐步完善,在工业化和城镇化发展的进程中,农业现代化也同步进行,城乡统筹发展、建设新型农村、提升农民生活幸福感等工作不断深入。这一切都为发展乡村旅游奠定了供给基础。加之乡村旅游需求不断扩大,乡村旅游供给与需求相互促进,产业结构进一步完善。在国家大力发展乡村休闲旅游产业的背景下,新业态与新营销不断融入乡村旅游发展进程。

第三,乡村旅游产业拓宽就业渠道。乡村旅游为当地村民提供了就业岗位,拓宽了农民增收渠道。在乡村旅游的经营过程中,村民作为所有者、经营者和劳动者,可谓"三位一体",这种格局促进了劳动力、土地和资本相结合的旅游投入,充分发挥了村民自主经营、创造财富的积极性。在旅游资源富集的乡村地区,兴旺的旅游业带来乡村居民收入的持续增长,曾经的"空心村"吸引了外出打工的村民回乡创业,乡村自然旅游资源得到了有效保护和合理开发,乡村文化旅游资源得到了有效传承和发扬光大。

二、乡村旅游规划

(一)旅游规划的传统理论

1. 城市形态规划理论

城乡规划被形容为整顿土地使用、调整建筑控制与通信通道规划的一种艺术与科学。斯卢特(Schlter,1899)、索尔(Sae,1925)和康绎恩(Coen,1960)[①]在城市形态研究方面,有着极其卓越的贡献。其中,在《景观的形态》中,索尔认为形态的方法包括归纳、描述形态的结构元素,同时在动态发展中对新的结构元素有恰当的安排,可以说是一个综合的过程。对于城市形态的概念,已经在城市地理、城市规划、建筑学等学科中得到高度重视,广义的城市形态研究主要包括两个方面,即社会形态研究、物质环境形态研究。此外,通过吉伯勒(1952)的观念可以得出,城乡规划与"政治"立场无关。实际上,城镇规划之所以被称为物质空间形态规划,就是在强调规划的技术性,而与政治层面无关。[②]

最初,城镇规划往往被认为是建筑设计的一种延展形式,用于处理在面积上远远大于建筑单体的城市广场或街道等。英国的建筑环境从业者反对成立一个独立的城镇规划专业,他们觉得城镇规划是他们工作的一种延伸,工程师、测量师被认为最有资格从事这个专业。

2. 系统规划理论和理性规划理论

到了20世纪六七十年代,尽管城市自身的复杂特性已经为人们所认识,但规划仍被视为一个纯粹的、理性的技术过程。其代表是20世纪60年代的系统规划理论和20世纪70年代的理性规划理论。系统规划理论深受自然科学的影响,将人类活动领地视为一个系统,同时将规划看作对系统的分析与控制,通过合理调控,促进预定目标的实现。而理性规划理论强调,采用具有客观性与科学性的方法以更好地明确规划对象,认为规划有助于最好结果的产生。为了充分发挥理性规划的作用,规划师应具有匠心精神,通过结合各种特殊的要求与方案,促成具有综合性的理性选

[①] 魏敏:《旅游规划:理论·实践·方法》,东北财经大学出版社,2010,第21页。
[②] 同上.

第一章 乡村振兴与乡村旅游规划的内涵解析

择。对于英国甚至整个西方世界而言,理性规划的影响是巨大的,在理性规划理论的作用下,英国形成了当前的规划体制与技术。

随着时代的不断演进,理性规划在发挥自身作用的同时,受到了越来越多的质疑。较通常的质疑是认为规划师"见物不见人"。像贝斯纳尔·格林这些地区,规划师看到的只是一个贫民窟,因为其在外表上就是一个贫民窟。然而,从社会层面上来看,贝斯纳尔·格林并不是一个贫民窟,而是一个组织严密的社区。可以看出,规划师显然对工作对象缺乏了解,同时作为伪科学的城市规划和城市设计,沉迷于那种一厢情愿、轻信迷信、过程简单的迷局,开始进行真实世界的工作。

3. 西方马克思主义规划理论

西方马克思主义规划理论认为,虽然传统的观点认为技术在价值观方面具有透明性,在世界观方面具有中立性,天然地用理性思路提供一些完全不带有价值观的方法,但是规划等同于政策,在任何一个有较高民主程度国家或地区,政策都是政治的主要构成部分。实际上,技术主义规划为政府与项目开发商提供了庇护,在很大程度上规避了因规划实施而造成的负面影响。从表面上看,技术性规划是带有理性的,而从深层次看,技术性规划潜藏着错综复杂的各方利益争斗。纯粹的社会理性无法决定规划目标的确定,纯技术同样如此。对于确定规划目标而言,并不能简单看待,它是一个较为复杂的政治性过程,民主社会的成员不会再把规划作为分离于政治过程的一个类别。规划人员在规划过程中试图实施并体现其价值观,事实上规划就是政治过程,在广义上,他们代表政治哲学,代表将理想生活的不同概念付诸实施的途径。规划员不能再从"中立性"中得到庇护,实际上,只有自然科学领域的科学家才能通过"中立性"寻求庇护。

4. 中国旅游规划的传统理念与理论

（1）尊重传统的规划理念

根据我国几千年的历史发展,对于旅游规划,我国习惯于尊重历史传统与自然环境。比如,有"六朝古都"之称的南京,即从三国的吴国到南朝的陈国,这些国家将南京设为首都后,都不同程度地对南京进行规划建设,但总体而言,南京的变化却是不大的,只不过是以之前的南京为基础,将南京建设得更好。后来,初建的明朝也以南京为都城,朱元璋在修建陵墓时也未曾改迁孙权的陵墓,尽可能地以当时的现状为基础进行调整。再到民国时期,孙中山先生在有需求与条件的情况下,也对朱元璋孝陵的存在保持极大的尊重。此外,隋代建筑家宇文恺在设计、建设大兴城时,在空间布局方面,对汉代长安城的存在保持了极大尊重,创造了新都与古都交相呼应的杰作。这些人对城市进行规划的过程中,总是会受到中国旅游规划的传统思想与理念的影响,规划城市或建筑不仅符合当时需求,而且保留了原有历史传统。

（2）文化传统的规划理念

在编制有一定自身文化与开发历史的旅游规划时,当前的规划者多选择以前人的方案为基础来进行自己的规划设计。由于前人编制的旅游规划是经过岁月的沉淀的,因而具有一定的文化传统。在规划编制旅游区或风景名胜区的过程中,需要对前人的生平修养,原作的时代风格、建筑材料、建筑选址、建筑体量、空间布局、施工技艺等进行反复研究,"修旧如旧"这一公认的古建筑修复准则,就是崇尚化最简洁、明了地表达。古园林、古建筑的修复如此,进而向风景区规划引申,同样处处彰显中华文化传统的色彩。因而,对于那些具有悠久历史的风景区或旅游区来说,要编制规划就务必谨慎,必须彻底弄清楚过去的历史文化背景,才能基于文化传统的规划理念科学地编制规划。

（3）布置和装饰设计理念

对于中国古代的旅游规划,大多重视通过文章、绘画、诗词等点缀景区这一传统。这一点从西汉的司马相如、东汉的张衡等人大篇幅描绘宫殿建筑可以看出,而摩崖题刻、诗律等普遍存在于当前国内的风景名胜区中,也可以看出对传统的重视。对于现代人而言,这些装饰与布置或许无足轻重,并且与规划的关联性很低,但从实际上看,这些装饰与布置的存在是十分重要的。因为不论什么人规划建设风景名胜区,都难以保证风景名胜的千年不变。而通过装饰与布置的合理运用,对景区进行规划编制,能够在很大程度上保证景区本来面目的维系。

（4）整体规划理念

对于各种旅游规划,中国先民大多受到整体性思维的影响。神话时代,中国先民创造了一个个神话传统,如女娲补天、夸父追日等,这些都不同程度地蕴含了整体性思维。春秋战国时期,《列子》这部著作中也有杞人忧天的寓言,表明中国人早已具有生态危机感,或者可以说是忧患意识。当这种生态危机感在建设规划或旅游规划中得到反映后,具体表现为中国人总是会自然而然地将规划对象与整体环境相融合,而不是使规划对象成孤立状态。中国先民在规划设计的过程中,不仅重视规划对象与空间的和谐统一,而且注重规划对象与所在空间的历史脉络的和谐统一,甚至是要保证规划对象与所在空间的气象、天文等的和谐统一。

第一章 乡村振兴与乡村旅游规划的内涵解析

（二）乡村旅游规划的基本理论

1. 资源学理论

（1）旅游资源学理论

旅游资源学虽然与旅游规划学有一定差异，但本质上是相通的。旅游规划只有对旅游资源有充分的掌握，才能更好地认识并合理利用旅游资源，旅游资源学的旅游资源调查、评价以及保护的理论为旅游规划提供了最基本的理论。

旅游资源理论研究蕴藏着自然和人类智慧旅游资源形成机制，以满足旅游者求知的精神需求。对能够吸引旅游者的旅游资源特色与美学特征进行研究，有助于通过旅游规划对旅游资源的开发与利用进行方向上的指导。对于旅游资源分类进行研究，有助于提高对旅游资源认识的系统性、全面性，从而提供合理利用旅游资源的理论依据。

根据旅游规划学的旅游资源理论，想要提高旅游业的经济效益，并获得高速发展，就要寻求对旅游者有较高吸引力，并且符合社会、经济、科技等方面的基础上能够使用的旅游资源，促进旅游资源的经济、社会与生态三大效益的均衡发展。在旅游资源效益功能发挥的过程中，旅游活动主体更加倾向于对经济效益的追求，但是如果旅游规划过于看重经济效益，而忽略生态环境效益与社会效益，长此以往，必定会导致旅游资源与旅游环境的破坏。对于旅游规划，想要促进旅游产业三大效益的均衡发展，就必须确保旅游资源的持续利用，在对旅游资源做出全面而科学的规划的同时，对旅游资源及其环境的后续开发与利用也给予重视。

（2）旅游生态学理论

旅游是一项经济产业，不可避免地涉及自然中的生态系统。生态学在旅游业中的运用，形成旅游生态学、景观生态学，对旅游规划具有重要理论指导意义。旅游生态学[①]，有人也称之为游憩生态学（Recreation Ecology），它是随着旅游业的发展和旅游带来的一系列问题而逐渐被人们接受和认可的。旅游生态学是涵盖旅游学与生态学部分内容的，却又与旅游学与生态学有一定差异的学科，是以生态学的基本原理与方法为基础，对人类旅游活动与其环境相互影响、相互作用的内在规律及其调控进行研究的生态学分支学科。旅游生态学研究的是旅游与生态之间更为

---

① 旅游生态学是运用生态学的基本原理和方法，研究人类旅游活动过程与其环境相互作用、相互影响的内在规律及其调控的一门生态学分支学科。

具体、更为细致的内容,研究旅游与生态相互作用的一个复杂的旅游生态系统。[1]

具体而言,旅游生态学侧重于人类旅游活动影响旅游区及其周边地区的生态环境与生物多样性,以及旅游环境影响游客的身心与行为的研究。与此同时,旅游生态学会对旅游资源的保护与开发,生态的规划、建设、管理以及可持续利用等方面的内容进行研究。

旅游生态学重点研究对象是旅游主体与旅游客体之间相互作用的过程,以及以旅游主体与旅游客体为主要构成的旅游生态系统。其中,旅游主体包括游客、旅游开发者、旅游管理者、旅游经营者等;旅游客体包括社会经济环境、人文环境(如宗教、文化)、生态环境、人工设施环境、自然无机环境等;旅游活动过程包括游客的旅游过程、旅游地的开发建设过程、旅游经营管理的过程等。

在通过旅游规划确定旅游景点人均占有空间的过程中,需要以生态学的生态容量为主要依据之一。在具有较高吸引力、旅游流量高、旅游功能强的热点旅游地区,需要在不断推出新产品的同时,尽可能地扩大游客的人均占有空间,通过开辟新的旅游线路与旅游景点,提高游客容量,从而促进旅游生态效益的增强。

在旅游生态理论指导下的旅游规划,要有生态环境保护规划,划分出保护对象的空间范围,即划定保护区,进行有选择的旅游开发,包括市场选择,吸引环境保护型旅游者,注重旅游环境,保护旅游环境;选择高消费、高素质的旅游者,减少环境污染。要努力使规划的对象有一个运行良好的生态系统而且这个生态系统能够向人们展示赏心悦目的景观,以获得愉悦的感受。旅游生态学要求旅游规划注意景观视觉的保护,建筑与环境相和谐是景观视觉保护的根本目标。在进行旅游建筑规划设计时,需要吸纳有经验的建筑设计师和园林设计师参与,以确保旅游建筑达到和谐自然的景观要求。

景观生态学,实质就是综合自然地理学。地理学家认为,景观是一个独立的自然地理区,它含有地质、地貌、水文、气象、气候、土壤、生物(植物、动物)等七大要素,是一个复杂的综合体。在结合生态学思想进行旅游景观规划时,要深刻理解构成自然环境的结构、功能、场所三者相联系的过程,旅游景观规划的目标就是使三者在配置上达到最高程度的协调,即结构最佳、功能最佳和场所最吻合。

---

[1] 魏敏:《旅游规划:理论·实践·方法》,东北财经大学出版社,2010,第23页。

2.区域经济学理论

（1）区位理论

区位指的是人类行为活动的空间，它是交通地理环境、经济地理环境、自然地理环境有机结合于空间地域的具体体现。区位理论是对地理空间影响各种经济活动分布与区位的说明探讨，它是对生产力空间组织进行研究的学说，其研究实质是最佳布局问题，也就是怎样通过提高布局的科学性、合理性来实现生产效率的提高。最初，区位理论大多应用于城市区域优势、经济区划、交通网络、城市体系、厂址选址、城乡土地利用等方面，会对投资者与使用者的区位选择造成影响。一般而言，在选择区位时，投资者与使用者会尽量选择低成本的区位，也就是在保证需求的基础上，尽量选择地租及其成本综合最低的地点。

（2）区位理论的发展

区位理论思想起源于17—18世纪政治经济学对区位问题的研究。1826年约翰·冯·杜能编撰了《孤立国同农业和国民经济的关系》这一巨著，系统性地提出了农业区位论，他将利润最大化作为目标函数，得出这样一个结论：在实现利润最大化的前提下，距离是农场生产的经营方式与品种选择的主要决定性因素。19世纪末，劳恩哈特提出了在资源供给和产品销售约束下，对工业运输成本最小化的厂商最优定位问题及其解决方法进行思索，他还将网络规划应用于公路、铁路运输最优化问题和工厂成本最小化定位问题。1909年，德国经济学家阿尔弗雷德·韦伯在其《工业区位论》一书首次系统地论述了工业区位理论[1]，他认为运输成本和工资是决定工业区位的主要因素。之后，克里斯塔勒和廖什分别于1933年和1940年创立了"中心地学说"等，这一时期的区位理论叫作"静态区位论"，包括以一定的设想为基础，抽象、孤立分析对生产力造成影响的某个或某方面因素，并进行理论演绎，将贸易理论视为区位论的部分构成，在区域整体的视角下，对一般合情合理的区域经济结构进行研究。第二次世界大战结束后，一些学者基于区域整体，通过采用各种方法综合分析对生产布局造成影响的各种因素，建立能够在现实中得到应用的区位

---

[1] 工业区位理论是德国著名工业布局学者韦伯提出的一个概念。广布原料是广泛分布在各个地方的原料，如空气、水等。如果一个工业部门在生产中使用的主要是这种原料，那就应配置在消费区。这样既可以就地取得原料，又可以就地消费其产品，从而最大限度地节约运费。地方原料是只分布在某些地点的原料，它可以按耗用原料重量与制成品重量的相互关系，分成地方纯原料与地方失重原料两种。

模型,并发展为动态区位论。20世纪70年代开始,为了更好地研究区位论,引入了行为科学方法,将心理、娱乐、出行、采购、居住等因素视为对区位决策造成影响的重要因素。截至目前,随着区位理论的不断发展,已经实现了三个阶段的过渡,即从古典区位论到近代区位论,再到现代区位论,同时从微观、静态分析向宏观、动态分析的方向发展,涉及的产业部门也逐渐从第一、第二产业过渡到第三产业。

（3）区位理论在旅游规划中的应用

根据空间区域范围,具体的旅游活动是区位理论在旅游规划中应用的主要体现,区域、旅游地、旅游点这三个旅游活动的层次与旅游规划中的区域旅游规划、旅游地规划、旅游点规划这三个层次相对应。但是,旅游规划的空间范围不论是一个区域、一个旅游地,还是一个旅游点,区位对旅游规划产生的作用的表现都是通过区位因子的,这些因子主要包括社会、经济、人力、市场、交通、资源、自然等。在进行旅游规划的规程中,应努力寻求整体优势与区位优势,因为区位的好与坏能够在很大程度上决定游客进入旅游地的便捷性,同时影响旅游地的游客容量与旅游市场的大小,继而影响游客的访问量,以及旅游经济效益的高低。想要提高或发挥区位优势,旅游规划者在旅游规划的过程中应注重景点场所与旅游设施的选择,尽量提高游客的便捷性,让游客在旅游中缓解压力、放松心情,同时注意土地的有效利用与资源的有效保护,为旅游设施场所的选择与旅游产业布局提供保障。

区位理论对旅游发展战略的制定具有重要指导意义。区位条件的好坏直接影响旅游者旅游的方便程度、旅游市场规模和可进入性,从而决定了旅游开发建设的力度和旅游经济效益的大小。

区位理论在旅游规划中应用的首要问题就是如何界定旅游中心地,事实上,在一定的旅游区域范围内,旅游中心地是必然存在的。同时,这一旅游中心地在空间上会与周边旅游地之间存在信息服务、接待服务等关于旅游活动的联系,从而形成围绕旅游中心地的旅游地系统。受到地域规模的影响,不同的旅游地系统会有不同级别的旅游地中心、不同的市场范围以及不同的旅游中心地均衡布局模式。

在界定旅游中心地方面,可将一定的标准作为依据,并进行判断,得出某一旅游中心地是否在该地区范围内。比如,某旅游地人均旅游收入在周边地区人均收入的占比较高;某旅游地推出的旅游服务或产品会被周边地区的大量客源市场所消费等。一般而言,旅游中心不仅有极为发达的交通,还会有内容丰富的旅游资源,因为这两个条件是成为旅游中心地的基本与必备条件。

第一章　乡村振兴与乡村旅游规划的内涵解析

旅游中心地的市场范围不是模糊的,是可以通过大致判断得出的。通常情况下,随着旅游地资源吸引力程度的不断提高,旅游地的影响范围会不断扩大。当然,旅游地的影响范围不仅受到旅游资源的影响,还会受到旅游中心地市场范围与旅游产业配套服务设施不同程度的影响。总体而言,旅游中心地的市场范围是有上限与下限的,即使多么受欢迎的旅游中心地,其承受能力始终有一个界限。

旅游中心地的市场范围上限,即由旅游业的生态环境、旅游业的经济容量与社会容量、旅游资源的吸引力共同决定的接待游客数量与客源市场范围。需要指出的是,上限值应在上述变量中的最小值以内。

对于旅游中心地的市场范围下限,可以采用克里斯泰勒理论进行表述。在克里斯泰勒理论中,有"门槛值"这一概念,即提供一定服务或生产一定产品所必需的最小需求量。这一概念同样适用于旅游地的研究,也就是旅游地必须提供最小需求量的旅游服务与旅游产品。

之所以在旅游规划的过程中需要考虑关于旅游产品开发的需求"门槛"问题,是因为只有通过投入大量的人力、物力、财力才能进行旅游产品的开发与推广,当市场对旅游产品的需求较低,进而导致经济效益下滑时,旅游区是难以实现规模化经营的,并且旅游活动成本会有所增加。在旅游产品成本的影响下,人们对旅游的需求会逐渐降低,最终造成恶性循环。

受到旅游地市场范围的影响,旅游地中心会有不同的等级划分。一般而言,高级旅游中心地指的是提供的旅游服务能够通过吸引将市场范围提高相当程度的旅游地点,而低级的旅游中心地能够提供的旅游服务的市场范围较小,相比高级旅游中心地的吸引力较低。具体而言,高级旅游中心地提供的服务与产品具有质量好、品种全、功能多、档次高等特征,虽然价值相对较高,但也是在大多数人可承受的范围内,而低级的旅游中心恰恰相反,所提供的服务与产品在质量、品种、功能、档次等方面都与高级旅游中心地有一定差距,但胜在价格低廉。

高级旅游中心地与低级旅游中心地的服务只能是有差距的,同时由于不同的旅游中心地有不同的市场范围,就出现了一个地域范围可能有多个旅游中心地的问题,即旅游中心地的布局问题。怎样通过合理布局促进区域旅游在各个旅游中心地的协调配合下获得持续发展,是布局模式研究的重要课题之一。20世纪30年代,克里斯塔勒曾提出中心地理论[1]，他认为如果一个地区的市场作用明显，对于中心地的分布应以便于物质上的销售与服务为基本原则，也就是促进合理市场区域的形成。一般而言，通过市场最优原则的中心地分布，高级中心地提供服务的能力是低级中心地的三倍。

根据国内的相关实践研究，这种布局模式同样适用于区域旅游市场。在区域旅游中心地体系中，任何一个高级中心地都可以适当包含一个或几个低级、中级的中心地。

3. 点轴发展理论

点轴发展理论最初是由马利士与萨伦巴这两位波兰经济学家提出的。对于点轴开发模式，可以说是增长极理论的一个延伸，根据区域经济的发展过程，经济中心大多会出现在条件优越的区位，并以斑点状逐渐分布扩散。这一经济中心可称为区域长极，也是点轴开发模式的"点"。在经济发展的驱动下，经济中心越来越多，点与点之间由于生产要素交换需要交通线路、水源供应线、动力供应线等，相互连接后就是轴线。这种轴线主要服务于区域增长极，但当轴线形成后，会对产业、人口产生引力，通过将产业、人口向轴线两侧吸引，产生新的增长点。当点轴贯通后，点轴系统就形成了。因此，对于点轴开发，可以视为从发达区域的各个经济中心（点）沿着交通线路，逐步发展推移到新的发达区域。

对于点轴发展模式，在旅游产业规划布局中有较高的适用性。在旅游产业发展的过程中，如果"点"是重点旅游地或旅游中心城市，那么"轴"就是重点旅游地或旅游中心城市之间的联结通道。随着重点旅游地与旅游中心城市的不断发展，点与点之间通过旅游通道得以连接。

同时，在旅游通道的带动下，次一级旅游城市、旅游地、旅游点等得到发展，实现以点带面的旅游发展。因此，在对旅游产业进行规划布局的过程中，可将点轴发展模式作为基础，在旅游空间发展规律中获得最好的规划布局方案。

4. 集聚经济理论

根据集聚经济理论，当产业在地理上提高有效集中程度时，能够获得集聚经济效益。在社会经济发展的过程中，生产方面或分配方面有着较

---

[1] 中心地理论是由德国城市地理学家克里斯塔勒和德国经济学家廖什分别于1933年和1940年提出的，20世纪50年代起开始流行于英语国家，之后传播到其他国家，被认为是20世纪人文地理学最重要的贡献之一，它是研究城市群和城市化的基础理论之一，也是西方马克思主义地理学的建立基础之一。

第一章　乡村振兴与乡村旅游规划的内涵解析

为密切的联系,通过将指向相同的产业以合理的比例布局在特定的区域中,随着这一区域优势的提高,有助于区域生产系统的形成。在区域生产系统内,由于企业与企业之间具有较高的关联性,通过相互作用,各个企业的外部发展环境都会得到不同程度的改变,并因此获得更好的发展。

对于一些著名的旅游区,虽然自身资源的价值较高,但可能受到游玩时间短、面积少、个体小等因素的影响,对游客的吸引力不高。这时就要联合周边旅游地或旅游点,通过共同的开发建设,提高整体性,以提高对游客的吸引力,最终形成集聚经济效益。一般而言,旅游集中发展的地区不仅能够提供多种旅游服务,还能提供较多游览、观光、娱乐的地点,并且土地利用率较高,土地的价值能够充分发挥出来。总之,旅游产业聚集布局产生的效益主要表现在以下五个方面。

第一,旅游产业集中布局,会提高吸引物的多样性,游客会因此有更长的滞留时间,进而提高旅游服务部分的经济效益。同时,能够提高区域旅游经济增长的稳定性,并且有助于大型或综合性旅游的形成。

第二,旅游产业集中布局,可以提高基础设施的有效使用程度,达到降低成本的目的。随着旅游业的不断深化发展与国民经济的不断提高,旅游市场规模越来越大,关于旅游的项目、商铺等能够更好地生存并发展。根据实际情况,在消费者充足的前提下,如果宾馆、饭店等相邻布局,更易于形成市场规模营销优势。

第三,旅游产业集中布局,能够提高旅游业相关设施的规整性,不仅在一定程度上保证了自然景观的自然性不受到干扰,而且有助于形成主体形象,能够更好地在促销活动中获得规模效应。

第四,旅游产业集中布局,便于对污染物进行集中处理,使旅游环境得到更好地保护,免遭因意外情况造成的破坏。

第五,旅游产业集中布局,在使用旅游基础设施的过程中,不仅方便了游客,而且让当地人从中受益。当地人在使用基础设施的同时,能够提高与游客交流的便捷性,通过相互之间的交流,游客能够加深对当地文化的认识,受到更多的吸引。

需要指出的是,事物的发展是需要通过不断实践的,在对旅游进行具体规划的过程中,采取中心布局,或是分散布局,都需要以旅游承载力为前提与基础,并充分考虑社会承载力、自然资源承载力、管理承载力等。当旅游产业集中时,虽然会产生集聚经济效益,促进旅游业的发展,但也会因"集聚"导致交通拥挤、供水不足、供电不足、土地价值上涨、环境污染加剧等各种问题的发生。因此,需要提前对旅游产业进行合理规划与布局,以最大程度地避免各种消极实践的涌现,在获取集聚经济效益的同时,为当地旅游环境建设出一份力。

(三)乡村旅游规划的界定

旅游规划主要是根据乡村地区在其发展规律上的特点和其市场本身特点的不同从而制订其目标,为了实现这一目标,需要在旅游要素上进行具体安排和统筹部署。

乡村旅游在规划上应该是顺应潮流的,这样不仅能对游客进行吸引,同时保留乡村地区的生活方式,从而实现其发展,保证当地居民在其中能收获到一定的利益。就现阶段而言,我国在其乡村旅游规划上所处的阶段是起步阶段,其中的内容主要还是进行编制工作和开发性研究。

在理解乡村旅游规划的含义时,需要注意以下几点。

(1)旅游规划不仅是一项技术过程,同时也是决策的过程。除了科学规划之外,这一规划应该具有一定的实施可行性,同时要保证其是二者兼备的,这样才能对"规划失灵"进行规避。

(2)乡村旅游规划这一行为不仅是一种政府行为,也是一种经济行为和社会行为。其不仅要求政府的积极参与,同时在规划工作中,未来经济管理人员的参与也是至关重要的,同时要和投资方、当地群众进行结合,防止出现"技术失灵"的情况。所以,其规划体系应该是开放式的,而多重决策权要进行协调参与,包括政府专家、企业、群众。除此之外,为了能对社会提供更好的服务,还应该进行一种机制上的建立,这有助于规划师对其中各部门的决策者在其意见上的协调,保证其规划是完美的。

(3)乡村旅游规划不应该是物质的、静态的和蓝图形式的,它应该是一个过程,是要进行不断调整和反馈的,对于规划文本而言,其在过程上就是一个初始阶段,也就是要对指导意见的确定和目标的确定。对于未来可能出现的不同情况,对于乡村旅游规划而言,其方法和思想上应该具有一定弹性。同时,其概念应该也是"全程规划"的,其服务思想应该和"一条龙"是吻合的。

第二章 乡村旅游与乡村振兴的双向推动

乡村旅游是乡村经济转型新引擎、文化繁荣新舞台、环境优化新契机、市场秩序新要求、生活幸福新途径,符合乡村振兴战略对新时代农业乡村发展的总要求。乡村振兴战略亦为乡村旅游提供了政策引领,指明了发展重点。在乡村振兴的国家战略和宏伟蓝图中,旅游作为重要担当和助力,将会大有作为。本章就来分析和探讨乡村旅游与乡村振兴。

第一节 乡村与乡村旅游发展面临的多重挑战

一、乡村的发展问题

我国是一个农业大国。中国的革命从乡村开始,中国的改革率先从乡村突破。农业兴,百业兴;农业稳,全局稳。农业、乡村和农民问题,在党和国家工作中始终处于举足轻重的地位。全国14亿多人口,9亿在乡村。农业产业解决了4亿劳动力就业和9亿人民生活和致富问题,满足了14亿人口的吃饭和对多种农副产品的需求。农业产值和来自农业的税收在国民经济中占有重要的比重。

党的十一届三中全会以来,乡村经济和社会发展发生了历史性的巨变,我国的农业取得了举世瞩目的成就,开创了乡村发展的新纪元。乡村改革50多年来,实行以公有制为主体、多种所有制经济共同发展的基本经济制度;以家庭承包经营为基础,统分结合的经营制度;以劳动所得为主和按生产要素分配相结合的分配制度,初步构筑了适应发展社会主义市场经济要求的乡村新经济体制框架,极大地调动了亿万农民的积极性,解放和发展了农业生产力,粮食和其他农产品大幅度增长。乡镇企业异军突起,是我国农民的伟大创造。它的发展,带动了乡村产业结构、就业结构的变革和小城镇的发展,开创了一条有中国特色的乡村现代化道路。但是,"村村点火,户户冒烟",资源浪费,污染严重,也逐步恶化了乡村生态环境。

改革开放的40多年间,农民收入迅速提高,全国乡村总体上进入由温饱向小康迈进的阶段。乡村的物质文明的进步与提高,为乡村精神文明建设打下了坚实基础,使得农民的思想观念正在不断发生变化,在反哺于乡村精神文明建设的同时,乡村基层民主程度得到极大提高,村民自治的民主法制建设也在不断向前发展。整体而言,我国乡村改革的成功不仅有助于社会的发展,还为全国改革与国家经济建设做出了重要贡献,但当前我国乡村存在的问题仍是不可忽视的,不可因一时的成就而懈怠。

对于乡村存在的问题,主要表现在以下方面。[1]

一是农业基础设施建设力度不足,对自然灾害的抵抗能力有限。

二是城乡之间的差距较大,并且乡村之间的发展也处于不平衡的状态中,人口、环境、资源等方面有较重的压力。

三是农民的生活水平有待进一步提升,虽然我国通过精准扶贫已经让全国人民摆脱贫困,但还应为人民的幸福生活而努力。

四是乡村科教力度不足,相比于城市人口,农民及其子女的知识水平有明显差距。

五是农业人口多,随着全国人口的不断增多,会增加农民子女的竞争压力。

六是乡村的市场化程度有待进一步提高,通过公开透明的市场竞争机制,农民才能切实保护自身利益,得到更好的发展。

七是生产效率有待进一步提高,实现自动化生产。

中国是一个农业人口占绝大多数的农业大国,为实现我国发展的宏伟目标,农业、农村和农民问题是关系我国现代化建设全局的重大问题。必须保持农业和乡村经济的持续稳定发展,逐步实现农业现代化,以实现整个社会主义现代化。因此,必须始终把发展乡村经济,提高农业生产力水平作为整个乡村工作的中心。

乡村只是一个相对概念,是相对于同时期的城市而言的一个区域,并且这个区域处于不停的发展变化之中。多年来,农耕文明作为乡村景观存在的基础,以农业生产为目的的乡村发展变化非常缓慢,一直处于相对稳定的状态。然而由于农业现代化、乡村城镇化、人口流动等因素,乡村

---

[1] 周广生、渠丽萍:《农村区域规划与设计》,中国农业出版社,2003,第21页。

景观的形态规模和理念都发生着重大的变化。

随着社会的发展,以往那种较低的人口密度和以农业生产活动为主的乡村概念已无法包容当代乡村的内涵。城市化的推进使得传统乡村特征逐渐淡化,农业向非农经济转型,聚落从乡村型向城镇型转变。另外,现代农业的发展,农业生产模式的转化也造成农业生产景观的变迁。目前我国乡村正处在一个变化的、多元的和复杂的新时代,因此对影响乡村景观变迁的因素进行研究有重要的意义。

(一)城市化进程

城市化进程对乡村景观的影响是巨大的,随着社会经济的发展,城乡一体化进程的加快,乡村的建设也如火如荼。然而乡村景观的建设正在演变成另一种形式的快速城市化。在农村无论是农业、工业,还是集市贸易,都开始向规模化、集团化、区域化的方向发展,整个区域逐渐从"乡村性"向"城市性"迈进。乡村城市化的进程中变化最为快速和显著的是经济景观的城市化,随后带动居民生活的城市化,造成了乡村聚落景观的改变。

(二)现代农业的兴起

现代农业的兴起对乡村生产景观的影响极大,现代农业推动了创意农业、生态农业、观光农业的发展。以往在乡村景观中占据主导因素的农田景观优势逐渐减弱,代替的是农业观光园景观和乡村旅游景观的发展,从而使整个乡村生产景观更加丰富多样。

(三)人口的流动

随着乡村城市化的快速发展,越来越多的农民向城镇迁移,并主要集中在中心城镇,造成原先村庄居民人口的急剧减少,独立住户和自然村大幅度减少。乡村人口空间分布的积聚度有所增加,聚落等级分化逐渐显著,改变了传统乡村聚落分散的、同构同质的局面,在分化与重组中逐步向多功能的、集中的、异质异构的格局发展。我国城镇进程和城乡转型步伐加快是造成"空心化"现象的主要因素。

(四)非农经济的兴起

"乡村非农化",即乡村通过不断发展非农产业,带动乡村经济发展与社会变革的过程。对于乡村非农化,其基本表现特征是非农产业产值在乡村经济总产值中的占比不断提高,以及乡村居民的非农业生产者的比重不断增加。相比于一般意义上的乡村工业化,乡村非农化的涵盖范围显然更加广泛,其主导力量不再局限于乡村建筑业、乡村工业等乡村第二产业,还包括乡村商业、乡村饮食服务、乡村交通运输等乡村第三产业。可以这样说,乡村非农化的核心就是乡村工业化,但乡村非农化想要得到更好的发展,必然要对乡村第三产业予以足够的重视,这也是新时期乡村建设的主要侧重方向。

二、中国乡村旅游发展存在的挑战

(一)开发经营者的思想认识不足

乡村旅游业是一种与农业、旅游业交叉而成的产业,乡村旅游产品属于一种新型产品。在我国城市化发展的影响下,以及经济发展水平的制约,人们对乡村旅游业的认知仍旧存在某些不足,从而出现了很多的误区。

第一,对于乡村旅游业的旅游功能过分重视,对农业生产予以弱化,使农业收入微乎其微,紧靠旅游收入来维持发展,导致出现了如果到了旅游淡季,并没有什么收入的境地。

第二,对于农业经营的地位过分看重,专注于土地本身的大耕大作,认为旅游业是可有可无的,仅仅将旅游视作一种补充收入。

(二)盲目投资和粗放式经营

一些投资者认为,只要是乡村,都可以进行乡村旅游;只要有资金的投入,那么就可以将乡村打造成旅游胜地。实际上,这是一种错误的想法,因为他们并未对市场进行细分,并未研究打造乡村旅游的可行性。基于这样的想法,他们一旦发现某地方有资源,便效仿其他地方来规划,盲目投资,甚至一些其他的投资者也看到了商机,更是纷纷加入投资队伍。但是在实际的开发过程中,他们为了节约成本,采用粗放式的投资,并没有将心思置于服务质量的提升上。甚至一些投资者如果在当地看不到收益,就转向投资其他地方,有着打一枪换一个地方的想法。

(三)缺乏科学规划,产品档次较低

在我国,大部分人对乡村旅游认识不清,在乡村景点的开发上,并未制订完整的体系,因此导致一系列问题的发生。

第二章　乡村旅游与乡村振兴的双向推动

1. 项目单一，缺乏内涵和特色

在乡村旅游开发的过程中，由于未对农业资源进行合理的利用，导致多数乡村旅游项目单一，内容也单调乏味，如观光园一般都是供游人进行游览，采摘水果蔬菜等；垂钓园一般都是供游人进行钓鱼等。这些开发的程度显然不够。很多资源具有开发的功能，但是并未得到合理的开发，显然与当代旅游者的需求并不相符。

2. 项目模式雷同，重复建设

国内很多乡村旅游的开发模式具有相似性，具有特色的乡村旅游非常少见。例如，开发的大多是观光园、垂钓园等。在民俗文化旅游的开发上，很多地区并未进行市场考察，也没有分析自身的条件，导致民俗资源开发非常没有秩序，民俗村的建设也出现了重复建设的情况。

3. 人工化、城市化倾向严重

当前，一些经营者过分追求经济效益，并未考虑环境污染问题，并且过分依赖信息技术，大搞建设，导致乡村趋向程式化，人工破坏的情况很严重，导致一些乡村失去了原有的乡土气息。

一些民俗旅游只注重民居建筑，将大量资金用在民居建筑的改造上，将其简称博物馆、展览馆等，导致当地失去了鲜活的民俗生活气息。同时，由于乡村旅游开发的弊端，导致很多乡村旅游产品档次较低，产品更新速度也太慢，很难适应人们的需求。

4. 产业规模小，基础设施、服务设施不完善

（1）布局分散，规模狭小

由于农村地区土地较为分散，缺乏统一规划，再加上复杂的项目类型，导致乡村旅游的布局非常分散，整体规模也较小，还未形成完善的产业体系。

同时，由于国内的乡村旅游大多是农民自发经营，很少进行资金投入，很难满足庞大的投资要求，造成层次低、产品单一。并且，乡村旅游经济结构也不合理，很难为乡村旅游的发展提供经济助力。有些开发者甚至急功近利，只注重开发自身的区域，忽视了周边区域的开发，出现了不协调的情况。

（2）基础设施、服务设施配备不当

对于一些经济本身落后的乡村旅游地，本身基础设施薄弱，缺乏充足的餐饮、娱乐设施，很多游客只能聊天，尤其是一些贫困的地区，交通本身

不便捷,如革命老区井冈山等。虽然具有丰富的资源,但是由于交通不方便,位置较为偏远,导致游客偏少。

5. 管理与经营体制不健全

我国乡村旅游的发展时间较短,还未建立健全经济管理体制,具体表现如下。

第一,很多民营资本进入之后,往往采用家族式的管理,用人制度尚且不完善,出现了普遍的任人唯亲的现象,让一些本身并不具有能力的管理者负责管理,内部管理体系混乱显而易见。

第二,立法机制几乎是空白的,很多开发经营行为出现了无人管理、盲目无序的情况,很难控制无序和恶性的竞争。

第三,对于生态环境、旅游资源等并未进行有效的保护,由于执法渠道不健全,手段也极其匮乏,很多资源与环境受到了严重的破坏,导致出现了"旅游开发到哪里,环境破坏到哪里"的局面。

6. 旅游地的季节性明显

农业生产具有季节性,因此乡村旅游也必然具有这一特点,即明显的季节性。具体来说,乡村旅游有明显的旺季和淡季之分。在旺季,游客往往比较集中,又没有恰当的管理,导致出现了垃圾遍地都是、交通严重拥堵、环境非常恶劣的情况,这也使得乡村的生活面临压力和混乱。很多农作物踩踏严重,对当地居民的生活造成了影响。在淡季,由于游客较少,又出现了资源闲置的情况,经济效益也比较低。

虽然在乡村旅游的发展过程中存在很多问题,但是随着社会的不断进步,人们经验更为丰富,加上管理水平的提升、监管机制的健全,现在的乡村旅游更为完善,越来越趋向成熟。

第二节 乡村旅游带动乡村振兴发展的现实困境

一、品牌效应不突出

在乡村旅游的发展过程中,受地域经济水平的影响,加上资金水平的支持不到位,导致乡村旅游出现了明显的同质化现象,大多是照搬其他地区的模式来进行开发,并未将自身地域的特色挖掘出来,很难凸显地域品

第二章　乡村旅游与乡村振兴的双向推动

牌效应,这很难建立品牌效应,很难吸引更多的旅客前来旅游。

要想推进乡村旅游的长久发展,建立自然特色与地域性的文化特色是非常必要的,并且依赖品牌,能够建立发挥出更大的经济效益。同时,乡村旅游的发展也能够带动其他方面的建设的发展。但是,当前的乡村旅游未考虑这些问题,未注重文化品牌的建设,仅局限在一些低端项目,很难在其他区域脱颖而出,进而造成很多旅游者去了一次就不会再去,不利于乡村旅游的长远发展。

另外,城镇化进程不断加快,新农村建设不断推进,这在一定程度上将乡村的自有特色抹杀掉了,取代它的是城镇化的新乡村建设。

二、产业融合的共识度低

发展乡村旅游,不能将牺牲其他产业作为代价,更不能因为热衷于乡村旅游的发展,而忽视对其他产业的提升与发展。也就是说,乡村不能将所有资源都用于乡村旅游,因为这样很容易导致其他产业设备、人力等资源的缺乏。

但是,由于乡村旅游是将"乡土性"作为核心,是一种旅游休闲活动,其往往将发展视角置于乡村本身,并未密切关注乡村与城镇的结合,这就导致乡村旅游产业与一、二、三产业的融合程度很低,并未意识到很多游客对乡村旅游产品的热衷,导致对这些产品的忽略,使得产业融合效率极低,未形成城乡一体化的旅游模式。当然,当地的村民也没有产业融合的意识,这些都对乡村振兴造成了不利的影响。

三、乡村旅游综合效益低

随着近些年乡村旅游的进步与发展,很多乡村盲目扩大旅游项目,导致乡村旅游资源极度浪费。乡村旅游带来的经济效益、社会效益、产业效益、文化效益等,使得一席资本雄厚的投资者纷纷投入乡村旅游这一行业,地方政府有时候为了完成本区域的经济发展指标,也欢迎投资者来投资,但是并未添加一些限制条件,导致很多投资者不顾当地的资源性质与产品开发规模,过度地进行开发,这必然对当地的资源环境造成破坏。

第三节　乡村旅游与乡村振兴的耦合关系

乡村旅游作为一种独特的旅游形式,其市场需求随着人们生活方式和生活观念的改变,呈现不断扩大的趋势,为了更好地发挥旅游在乡村振兴中的优势和作用,明确二者的关系,促使二者协同发展就成了当前亟须解决的重大问题。

一、乡村旅游与乡村振兴协同发展研究的理论基础

（一）旅游乘数理论

以发展旅游业带动经济欠发达地区脱贫致富,是旅游行业主动参与扶贫工作的重要举措,也是从实践中总结出的推动旅游业深入发展的新思路。其不仅为我国经济欠发达地区的发展和群众的脱贫致富开辟了新途径,也为我国旅游经济的持续发展找到了一个新增长点。"旅游扶贫"作为一个口号提出来,最先是在20世纪90年代初。随着旅游开发扶贫效益的产生,它便逐步由口号发展为一些地方的工作思路,并最终被列为国家旅游行业"十五"规划的一项重要工作。

旅游乘数是用以测定单位旅游消费对旅游接待地区各种经济现象的影响程度的系数。乡村旅游的发展对接待地区的推动作用可以用旅游经济增值效应或者旅游乘数理论来解释。[①]

一方面,对于乡村旅游接待地区来说,游客在该地的消费直接成为该乡村旅游业的营业收入,也就是所谓的直接营业收入(direct revenue)。但这些收入并非都可以成为农民的家庭收入,也并非全部构成乡村旅游的净收入。旅游企业出于对未来战略发展的需要,必然将其中的一部分钱用来采购必要的物资、用于维修旅游接待设施和设备、用于纳税以及其他相关的费用。而这部分支出就扩大了与乡村旅游相关企业的营业额,从而启动了下一轮的经济活动,这就是乡村旅游的间接效应(indirect effects)。

[①] 陈秋华、曹辉、陈贵松:《福建乡村旅游发展研究》,中国旅游出版社,2008,第45页。

第二章 乡村旅游与乡村振兴的双向推动

另一方面,随着乡村旅游的发展,当地农民收入增加,其消费水平也随之增加,从而进一步刺激当地经济活动的扩大,这也使得相关企业营业额扩大,并导致收入和就业机会的进一步增加,这就是所谓的诱导效应(induced effects)。间接效应和诱导效应合在一起就被称为"继发效应"(secondary effects)。

乡村旅游乘数就是用以测定旅游消费(即接待地的旅游收入)所带来的全部经济效应(直接效应+继发效应)大小的系数。很明显,如果乡村旅游乘数大的话就很容易发挥乡村旅游推动乡村发展的效应,如繁荣当地乡村经济,带动相关行业的发展;提供就业机会,解决农村剩余劳动力;改善农民群众的生活,加速脱贫致富;促进社会进步,吸引外资的注入;增强农民素质,促进观念更新,有利于和谐社会的构建等。

(二)区域系统协调发展理论

乡村是一个系统,是自然系统和经济社会系统的组合,在这个系统中包含多个子系统,各个系统之间相互联系、相互影响。乡村旅游业是其中的一个子系统,乡村旅游通过自身的发展,带动了相关行业的发展,促进农村产业结构调整,从而加速了乡村振兴的进程。同时,乡村旅游的发展还涉及生态环境和社会文化等方面,因此为了更科学地开发乡村旅游,我们可以用区域系统协调发展理论来分析乡村振兴视角下的乡村旅游的开发。

二、乡村旅游与乡村振兴的关联性分析

乡村旅游与乡村振兴的主要关联如图2-1所示。乡村旅游与乡村振兴的主要关联包括从属成员关联、层级互动关联、协调进化关联。

(a)从属成员关联

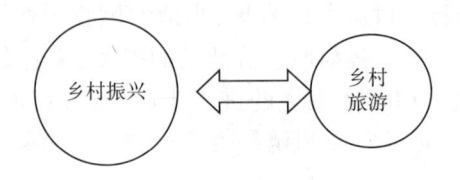

(b)层级互动关联

(c)协调进化关联

图2-1　乡村旅游与乡村振兴的主要关联

（一）从属成员关联

乡村旅游作为乡村振兴的重要组成成员,是乡村振兴的一个重要支柱产业。乡村振兴总体战略决定了如何发展乡村旅游,它从属于乡村振兴的战略体系,处于从属地位。但是,二者又具有相同的目标:乡村旅游是以农村衰退经济的替代产业的姿态出现的,它特有的关联作用与脱贫功能将会带动乡村振兴与发展,这与"生产发展、生活改善、文明乡风、村容整洁、民主管理"的目标是一致的。

（二）层级互动关联

由于乡村旅游是一项综合性很高的产业,能产生巨大关联效应和乘数效应,也包括扶贫功能的发挥,并能对新农村建设具有重要影响,从这个角度看,乡村旅游不能单单以普通成员视之,二者之间构成一种不同层级上的互动关系,这种关联提升了乡村旅游的地位。

（三）协调进化关联

该关联是把发展乡村旅游与乡村振兴作为两个相对独立的系统,以各自系统的内在逻辑为基础,不断优化内部结构,同时又接受外部驱动,在畅通的反馈中共同发展。而且,该关联注重时间维度,是一个动态演变

第二章　乡村旅游与乡村振兴的双向推动

与发展过程。该观点既不同于成员机制的从属关系,也不同于互动机制的层次关系。总体来说,从属成员关联特点在于二者的共同目标,但是应该看到乡村旅游只是乡村振兴的一个组成成员,处于从属地位,一个支柱产业而已,这样就有可能导致二者间的联系反馈渠道不畅;层级互动关联虽然强调二者的独立性,但是由于二者处于不同层次,就面临如何保持二者的良性互动,如何同时互动与匹配的问题;协调进化关联从现实出发,以区域系统的子系统看待乡村旅游与乡村振兴,同时强调二者的动态演变和有效互动反馈。

概言之,乡村旅游与乡村振兴协同发展内在关联性就在于摆脱传统的乡村观和乡村产业对乡村发展的制约,把旅游作为乡村的一项基本职能,在乡村振兴中充分考虑旅游发展的作用和要求,把乡村旅游开发融于乡村振兴之中,重新构建乡村产业发展模式;同时,在乡村旅游发展的过程中,要以乡村振兴根本目标为依据,以乡村经济、社会、生态等的可持续发展为原则进行通盘考虑、整体规划。

三、乡村旅游与乡村振兴协同发展的机制

基于乡村振兴的乡村旅游就不单单是考虑乡村旅游产品开发问题,还要考虑其他相关因素。根据以上的一些分析,我们以可持续旅游发展理论、旅游扶贫理论、区域系统协调发展理论为基础,从乡村旅游资源吸引力系统、乡村旅游客源市场拉动系统、政府推动力系统、乡村旅游发展对乡村振兴的驱动力系统、乡村振兴对乡村旅游发展的支撑力系统等方面构建乡村旅游与乡村振兴的协同发展机制,如图2-2所示。

乡村旅游与乡村振兴协同发展机制主要体现在如下两个方面。

一方面,乡村旅游发展对乡村振兴的驱动作用。乡村旅游的发展是拓宽农民增收渠道的新起点,是繁荣农村社会经济的新亮点,是优化农村产业结构的新支点,有利于增强农民的市场意识,引进大量资金,对改善农村基础服务设施,提高村民文明素质,对建设"生产发展、生活宽裕、乡风文明、村容整洁、管理民主"的乡村振兴将起到重要的推动作用。同时,发展乡村旅游还有利于加快城乡一体化进程,有利于缩小城乡差别。乡村旅游让农民在既不离乡也不离土的情况下以家庭为单位开展生产经营活动,使更多就业竞争力比较弱的农民得到就业机会。发展乡村旅游可以成为农业剩余劳动力转移的"新选择",加快农村、农业、农民的三个转型,最终实现农业剩余劳动力的长效合理、多渠道的转移与消化。旅游开

发与生态环境具有天然的内在同一性,农村生态环境的美化优化本身就是乡村旅游产品开发的重要内容,乡村旅游的发展将实现农村经济效益、社会效益和生态效益的有机统一。

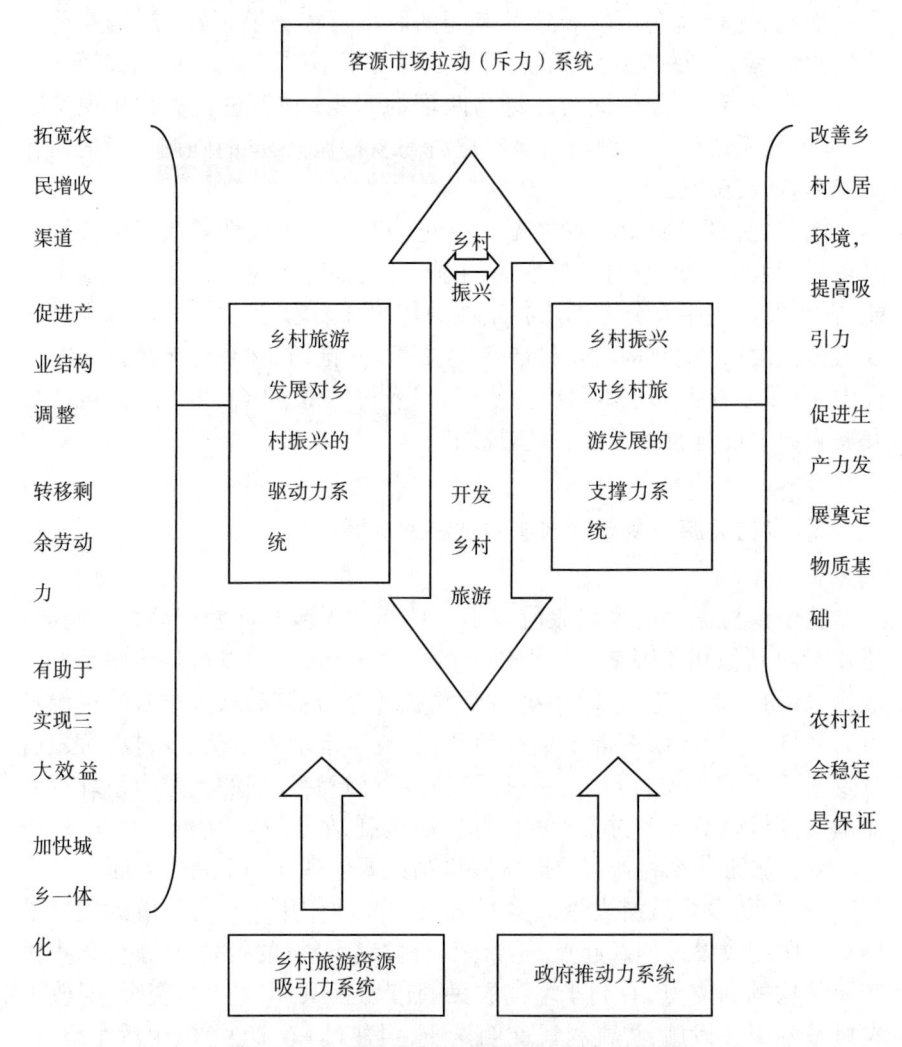

图 2-2　乡村旅游与乡村振兴协同发展机制

另一方面,乡村振兴对乡村旅游发展的支撑作用。乡村振兴可加大农村的社区建设力度,保护和改善旅游环境,使旅游发展与社会建设共同推进;乡村振兴促进农村生产力的发展,奠定乡村旅游发展的物质条件;乡村振兴对农村社会稳定起了关键性作用。可见,乡村振兴是乡村旅游发展的必要条件,对乡村旅游发展具有极其重要的支撑作用。

第三章 乡村振兴战略背景下的乡村旅游规划研究

旅游规划指的就是为了实现旅游产业经济效益、社会效益和环境效益的统一而对某地区旅游产业未来发展状况的构想和安排。对于一个地区而言，旅游业的兴起或许具有很强的偶然性，如一处遗迹的发现就可以催生一个地方的旅游业，但是旅游规划却能够保证旅游业的可持续发展。本章重点研究乡村振兴战略背景下的乡村旅游规划研究。

第一节 乡村振兴战略背景下乡村旅游规划的理念

一、旅游规划与乡村规划

（一）旅游规划

近年来，旅游规划开始逐步成为旅游发展的纲领和蓝图，成为地方发展旅游产业不可或缺的重要组成部分。具体而言，旅游规划的内容主要包括以下三个方面。[①]

1. 资源评价和开发利用现状评价

旅游资源的丰富程度对于旅游产业的发展有着直接的影响，旅游资源越丰富，开发潜力越大，说明旅游产业的生命力也就越持久，对当地经济做出的贡献也就越大，因此对旅游资源进行评价是旅游规划的一个重要内容。一般来说，关于旅游资源价值的评价主要是从资源的科学价值、

---

① 刘曙霞：《乡村旅游创新发展研究》，中国经济出版社，2017，第64页。

历史文化价值、景观美学价值和生态环境价值四个角度进行的。此外,除了对旅游资源的价值进行评估之外,也要对旅游资源的开发利用现状进行评估,如部分地区的旅游资源虽然十分丰富,但是一直以来都是一个旅游景区,旅游资源基本上已经开发殆尽,那么进行旅游规划时就要考虑到这一点。

2. 旅游服务设施规划

服务设施是旅游产业发展的一个重要影响因素。拥有独特历史文化底蕴和自然景观的地区很多,但是成为旅游热门景点的地区却寥寥无几,原因就在于服务设施不够完善,很难满足现代游客的需求,因此对服务设施进行规划是旅游规划的一项重要组成部分。在规划服务设施时要从旅游地的环境保护、为游客提供最大的便利等角度出发,制订科学的旅游服务系统。

3. 旅游活动组织规划和资源保护规划

绝大部分的游客旅游时间十分有限,对于游客而言,能够在有限的时间内欣赏到更多的旅游景观是十分重要的,因此旅游规划也要对旅游活动组织进行规划,如安排合理的旅游路线等,这样一方面能够充分凸显出旅游区的特色,发挥景区的最大效益;另一方面也能帮助游客欣赏到更多的旅游景观。此外,旅游资源作为旅游产业的基础,并不是取之不尽的,因此在进行旅游规划时要对旅游资源的保护进行规划,根据资源的重要程度来划分出核心保护区、重要保护区和景观保护区,以此来延长旅游地的生命周期,也有利于旅游地的生态环境保护。

（二）乡村规划

乡村规划指的是对乡村地区的社会、经济等进行长期的部署,指导乡村地区的社会经济发展。具体来说,乡村规划主要包括以下四个方面的内容。

（1）对乡村的自然资源与经济资源进行综合评估,然后分析这些资源的开发现状,为乡村社会经济发展奠定基础。

（2）对乡村的特色进行宏观把握,确定乡村社会经济的发展方向,如具有独特风俗民风的乡村可以将乡村旅游作为发展方向。

（3）对乡村各个部门的发展规模,发展速度等进行评估。确定其在乡村社会经济发展中的地位和作用。

（4）综合以上来制订详细的乡村社会经济发展措施与步骤。

乡村规划的制订要建立在实事求是的基础之上，要根据乡村现有的生产生活与资源条件，结合国家给出的经济发展政策，以长远发展为宗旨。当前，做好乡村规划是社会主义新农村建设的重要组成部分，也是我国乡村建设走上规范化和科学化的一个重要表现，对于乡村经济的良性可持续发展有着十分重要的意义。

在进行乡村规划的过程中，需要坚持以下三个基本原则。

（1）乡村规划一方面要有利于农业生产，另一方面也要有利于为村民提供更大的便利。

（2）乡村规划要以经济建设为中心，但是也要做到经济效益、环境效益与社会效益的统一。

（3）乡村规划的主要目标是改变以往村民自发地发展经济导致农村经济布局凌乱的现象，因此乡村规划必须要充分采取群众的意见，得到群众的支持。

值得注意的是，乡村规划是对现有农村的一次推倒重建，在规划中必将涉及农村基础设施的改建甚至合并与搬迁，涉及许多村民的直接利益，因此乡村规划必须详之又详，这样才能够获得村民的支持。但是从当前我国所进行的乡村规划来看，绝大部分乡村规划都比较粗糙，只是简单地对乡村规划进行描述，如此一来就很难得到村民的认可，导致乡村社会经济建设难以进行下去。

二、乡村旅游规划的指导思想

（一）动态发展思想

乡村旅游规划动态发展的思想主要表现在以下两个方面。[①]

（1）乡村旅游规划目标和内容要具有一定的弹性。乡村旅游规划固然对乡村旅游发展有巨大的指导价值，但是这种价值是建立在规划与乡村社会经济发展现状相契合的基础之上的，而社会环境的迅速变化决定了乡村旅游规划也是随时紧跟社会环境的变化进行调整的。

（2）乡村旅游规划要保证近期规划的稳定性、中期规划的可行性以及长期规划的发展性。

---

① 刘曙霞：《乡村旅游创新发展研究》，中国经济出版社，2017，第65页。

（二）生态旅游思想

生态旅游观念兴起于20世纪80年代。近年来国内外研究者开始对生态旅游进行整合，将生态旅游视为一种特殊的旅游形式，即乡村旅游、度假旅游等可能属于生态旅游的一部分，但也可能不是，而这完全由旅游区的旅游发展理念所决定。随着人类对自然环境保护的日益重视，生态旅游开始受到很多旅游者的追捧，西方的乡村旅游事业开始逐步朝着生态旅游的方向靠拢。事实上，乡村旅游与生态旅游本身就有异曲同工之妙，只是在发展乡村旅游的过程中由于忽视了对生态环境的保护，乡村旅游与生态旅游渐行渐远，但是这对于乡村旅游的可持续发展有害无利。因此，在进行乡村旅游规划时要始终秉持生态旅游的思想，一切乡村旅游规划行为都不能与生态环境的保护背道而驰，只有这样才能够确保乡村自然景观与人文景观对游客的吸引力，保证乡村旅游持久的生命力。

三、乡村旅游的特点

乡村旅游是以农业资源、农事活动和农村社区为依托而形成的一种特色旅游形式，因此对于乡村旅游的规划与开发而言也体现出很明显的行业性和独特性的要求。

（一）独特的主题性

旅游规划与开发的主要目标之一是提高待规划旅游系统的竞争力。为此，旅游规划必须围绕一系列的主题展开，即通过规划与开发使旅游系统本身所具有的特征充分显示，形成一个鲜明的旅游主题，对旅游者产生强烈的吸引力。而乡村旅游作为一种独特的旅游形式，其发生地域的乡村性使其产品具有明显的本质上的乡村性、空间分布的独特性、产品供给的多样性、旅游消费的实惠性、参与性与体验性等特点，在进行乡村旅游规划与开发时应重点突出其独有的这些特征吸引以城市居民为主体的广大目标客源市场。

（二）广泛的协调性

旅游规划与开发作为区域旅游发展规划与开发的一部分，首先要协调系统内部各要素和旅游系统的关系，使它们和谐发展。其次，它与其他并列的城镇、水利、交通、电力、农业等专项规划有着密切的联系与互补性,这也要求旅游规划要与区域其他专项规划协调,符合区域长期发展目标。

乡村旅游规划与开发除了协调好上述旅游规划内部要素与专项要素之外,还要协调好城市与农村、农村与农村之间的关系,使乡村旅游的发展符合社会经济、生态与环境效益的整体发展目标。

（三）明确的目的性

乡村旅游规划与开发作为专项旅游规划与开发的一种,和旅游规划与开发一样,也主要立足于对旅游系统的科学分析和对未来旅游发展的合理安排,从而提升待规划旅游系统的竞争力水平,因此其旅游规划的目的性也非常明确。从旅游规划的性质来看,旅游规划分为旅游发展规划和开发规划;从时间跨度来看,有长期、中期和短期目标;从区域范围来看,有国际旅游规划、国家旅游规划、区域旅游规划、亚区域旅游规划、开发区土地利用规划等;从旅游规划要素组成上来看,有目的地发展目标、旅游市场发展目标、旅游企业发展目标、旅游目的地社会发展目标、经济发展目标及旅游目的地的生态发展目标等。

（四）高度的战略性

把握现实与未来的关系是旅游规划的核心。乡村旅游规划在认真分析地区的实际情况的基础上,从未来着眼,从宏观战略的高度制订能够指导实际工作的战略思想,实现乡村旅游资源的合理利用和乡村旅游系统的可持续发展。

（五）高度的综合性

旅游规划与开发从方法、对象和目标等方面来看,都体现出强烈的综合性。在旅游规划中需要综合运用到定性与定量的多种分析手段和多种技术方法,涉及环境学、资源学、规划学、旅游学等多个学科,具有很强的综合性。此外,旅游规划的对象由交通、食宿、娱乐、购物、旅游吸引物等多个部分组成的,是一个要考虑到社会经济、政治、文化环境在内的复杂系统,有很强的综合性。因此,进行乡村旅游规划与开发,必须综合全面考虑地方发展与保护的关系,实现乡村旅游产品的生产、经营与营销一体化发展。

第二节　乡村振兴战略背景下乡村旅游规划的原则

一、乡土特色原则

对于旅游而言,特色也就意味着生命,没有特色的旅游景点是难以有持久的生命力的,有特色才有吸引力,才能够在激烈的旅游市场竞争中占据优势。对于乡村旅游而言,其最大的特色就是乡土文化,五千多年的历史造就了中国璀璨的乡村民俗文化,复杂的自然地理环境则决定了每一个乡村都有自己的特色。因此,乡村旅游规划的一个重要内容就是充分地将乡土文化凸显出来,从而在诸多的旅游形式中"鹤立鸡群",吸引游客的注意力。坚持乡土特色原则指的就是在乡村旅游规划上要有别于城市的公园绿化,尽可能体现出野趣天成、返璞归真;在植物配置上注重适地适树,强调多样性和稳定性,所展示的也应该是当地的农耕文化和民俗文化。

二、良性互动原则

良性互动原则主要是针对乡村旅游与村民居住环境而言。众所周知,人类居住环境良好很容易获得游客的认可,从而推动旅游的发展,同样的道理,旅游的发展又会不断地改善人类的居住环境,因此在乡村旅游规划中要坚持良性互动原则。

坚持良性互动原则就是要求乡村旅游规划在尊重自然的前提下充分考虑到人类的活动需求与心理诉求。由于乡村旅游中人们的身份大致分为原住居民和游客两种类型,而他们的活动与心理需求是不同的,其中原住居民的需求主要以生产和生活需求为主,游客的需求则以休憩、娱乐需求为主,因此乡村旅游规划要同时兼顾这些需求。从投资回报的角度来说,游客的休憩、娱乐需求占据主导地位,因此应当将提高游客的舒适度作为规划的重点。但是考虑到村民是乡村旅游的主体之一,也应当不断改善村民的聚居环境,帮助村民建设美好家园,从而使得乡村居民生活环境与乡村旅游相互促进,共同发展。

三、市场主体原则

市场主体原则是市场经济发展的普遍规律，旅游产品尤其是乡村旅游产品更应如此。其开发过程必须以市场为导向、以资源开发为中心、以产品开发为重点，按照"市场—资源—产品—市场"的模式，开发适销对路产品。建设特色园区、精品项目，组织主题鲜明、多层次的旅游线路产品的同时，要按照市场机制运作，避免政府唱独角戏。尤其是乡村旅游产品是从乡村社区优化和结构优化的角度指导旅游开发，不仅涉及旅游部门，还涉及乡村社区的各个方面，各个部门都要高效、快速协作，保证其旅游产品开发系统全面展开。

四、择优开发原则

开发一般要经历"普遍开发—重点开发—创新开发"三个阶段。乡村旅游资源具有遍在性特点，容易造成无序开发、重复建设、一哄而起、一哄而散乃至投入多、产出少、骑虎难下的局面。由于人力、物力、财力之所限，必须在资源普查、综合比较论证的基础上，保证重点，择优开发。对于区位条件优越、交通条件相对较为便利、自然生态环境和乡村文化至今仍具有"古、始、真、土、野"特色，且社区居民素质相对较高和具有相当开发热情的地区，应优先开发，而且要在资金技术等方面给予重点扶持，以创造特色品牌产品，保障市场竞争力。

五、综合功能原则

乡村旅游产品与其他旅游产品的最大区别是兼具生产、生活和生态功能，即所谓"三生功能"。生产功能就是旅游产品中有一定的水果花卉、蔬菜奶蛋生产经营，这样既可为游客提供农耕文明的体验，又可为游客提供无公害污染的安全优质鲜活农副产品，还可降低旅游业脆弱性的影响。生活功能亦即休闲功能，就是为游客提供乡村观光、休闲、度假的服务和享受，使其亲近自然，放松身心，欣赏自然景色和田园风光，远离尘嚣，恢复调整人心，还可以接触民俗风情和农耕文化，使传统贴近现代，增添知识和乐趣。生态功能就是营造优美的原始天然乡村自然生态环境，满足游客亲近自然、复归田园、康体养生、生态认知、文化体验等旅游需要，感受人与自然,人与人之间的和谐相处,享受"天人合一"的美妙意境。此外,还有对游客的环保教育功能,使游客在旅游活动中提高环保意识。因此,旅游产品开发中要体现其功能的多样性。

六、因地制宜原则

乡村地区的基础设施,如住房、道路交通系统、饮水供应系统、排水系统等,是乡村居民赖以生存的基础,而这些设施往往又具有地方独特性,在进行规划时,就要因地制宜,充分利用起这些已有的基础设施。为适应城市旅游者的特殊需要,乡村地区还要建设必备的基础设施和其他旅游设施。在建设中,必须尽量符合或仿效当地的风格,并尽量使用当地的建筑材料。在规划建设时,应该结合本地的实际情况,包括资源、区位、市场经济基础、投资环境与投资能力等,不能盲目地贪大求洋,更不能不顾本地的实际,跟风、追时尚,盲目投资,使原本并不富裕的乡村经济陷于更加困难的境地。

七、利益均衡原则

乡村旅游作为新农村建设和乡村经济发展的一种模式,目的之一就在于提高目的地社区居民的生活质量,通过发展旅游为当地居民找到一条致富之路,这也是旅游业可持续发展的重要方面。发展旅游具有多种功能,发展地方经济、提高当地居民的收入和生活质量、使开发商获得合理的利益回报、保护环境与资源等,因此利益均衡是乡村旅游规划的重要原则之一。特别要关注当地社区居民和非人类利益相关者(资源、环境等)的利益,如果这些弱势群体的利益得不到充分的关注,既不利于规划的实施,也违背了发展旅游的初衷。只有遵循利益均衡原则,协调好社区居民与政府、投资人、旅游者之间的利益关系,才能使社区居民积极参与到当地的旅游开发与建设中;只有充分保护和进一步培育好规划区的环境,才能够使规划区旅游得到良性的持续发展。

在利益均衡原则指导下,乡村利益是需要特别关注的一环。游客在乡村旅游中,可以参观游览乡村风景,也可以体验农民的生活,参与农民的日常劳动,但这些活动都不能干扰他们的正常生活,要保证旅游规划顺应当地农村的生活方式。

第三章　乡村振兴战略背景下的乡村旅游规划研究

八、可持续发展原则

可持续发展已经成为当今人们普遍接受的理念,在各种旅游规划开发中,都得到了大力提倡。乡村旅游更应该如此,因为乡村环境和乡村文化本身的脆弱性特征,要求在可持续发展原则的指导下,有效地开展乡村旅游规划工作,以便对乡村资源进行科学的开发、培育性开发,从而保障乡村旅游的持续性健康发展。

九、比较与创新原则

乡村旅游属于旅游产品细分化阶段的专项旅游产品。乡村旅游规划作为一个具体项目的策划,不同于一般区域旅游规划的平面展开,而是一类旅游产品系列中的具体项目设计,其创新性是实现效益的基础。要创新首先需要对自己及竞争对手仔细分析比较。乡村旅游资源本身就带有同一地域范围内的普遍性,并非所有的乡村旅游资源都能开发出来并取得经济效益,所以要有选择、有重点地发展,并且目前大多数乡村旅游经营者还以大众化旅游阶段的经营思维,在重复的市场上推销重复的旅游产品,争夺重复的客源,竞争白热化、恶性化。因此,一方面应遵循市场规律,根据旅游市场需求情况,依托乡村地方文脉,保持其固有特色,突出其不同之处,要注重对原汁原味的本色进行保护,开发出适销对路的旅游产品,景观设计要打造个性,以不可复制性拴住游人的心;另一方面,更要注意创新产品、突出特色和树立品牌。必须在现有旅游产品基础上进行有价值的变化,推出有特色的新产品,突出差异性和独特性,尽量避免与其他景区雷同。在开发时序和布局上要有一定的针对性,应结合当地历史与民族文化资源,依托区位优势和大型景区优势发展,以点带面,示范带动,在科学的策划下进行发展。

十、综合与整体原则

综合考虑地方全面发展与保护,以及旅游产品的生产、经营与营销一体化。旅游业是综合性强、关联面广的产业,不仅需要充分发挥旅游业对其他行业的关联拉动作用和示范效应,同时也要求现有其他产业对旅游业发展的支撑。在乡村旅游中特别要注意协调工农业生产与旅游活动的协调问题。在乡村旅游规划中,还要特别关注吃、住、行三大要素及其公共配套设施支撑,这些是吸引游客的主要因素,另外游、购、娱活动也很重要。此外,作为具体旅游项目规划,在进行项目可行性分析的基础上,需要综合考虑项目实施过程,设计出旅游产品的生产、经营销售具体方案,使各个环节紧密相连,构成一个和谐统一的整体。

十一、普遍参与性原则

参与性原则既要体现农民的普遍参与,又要在旅游活动中体现游客的参与性。发展乡村旅游须依照"扶贫强民"主题,把乡村旅游项目的开展作为扶贫和解决三农问题有效途径来操作。同时,要体现乡村旅游开发的普遍性和农民参与的普遍性。政府要积极引导农民参与旅游业务发展,要让农民成为参与旅游业发展的生力军,最终要让农民成为真正的最大受益者。因此,在规划中要尽可能地设计好农民普遍参与乡村旅游的途径、方式,对农民在参与乡村旅游时可能遇到的问题及解决的方法,都要提出因地制宜的见解,为农民真正参与到乡村旅游中打好基础。对游客来说,亲身直接参与体验、自娱自乐已成为当代旅游新时尚。城市旅游者只有广泛参与到农村生产、生活的方方面面中去,才能多层面体验到农村的深层次生活情趣和情感。除青年旅游者外,带孩子的三口之家参与的需求也是非常强烈和迫切的,因此在乡村旅游规划中要根据市场需求,结合自身资源特点,创造性地规划和设计丰富的多层次的参与性活动,如采摘、狩猎、垂钓、编织等农事活动和民间手工艺体验等。

第三节 乡村振兴战略背景下乡村旅游规划体系的构建框架

一、乡村旅游规划的内容

乡村旅游规划的内容体系(图 3-1)[1]是整个乡村旅游规划体系的核心组成部分,它是指在乡村旅游规划基础性分析的前提下,在法律法规、政府政策、技术、人才、财政的支持下,对乡村旅游规划区进行详细的旅游

---

[1] 陶玉霞:《乡村旅游建构与发展研究》,经济日报出版社,2009,第70页。

第三章　乡村振兴战略背景下的乡村旅游规划研究

产业发展规划和旅游开发建设规划。在产业发展规划方面,具体需要做四方面的工作。

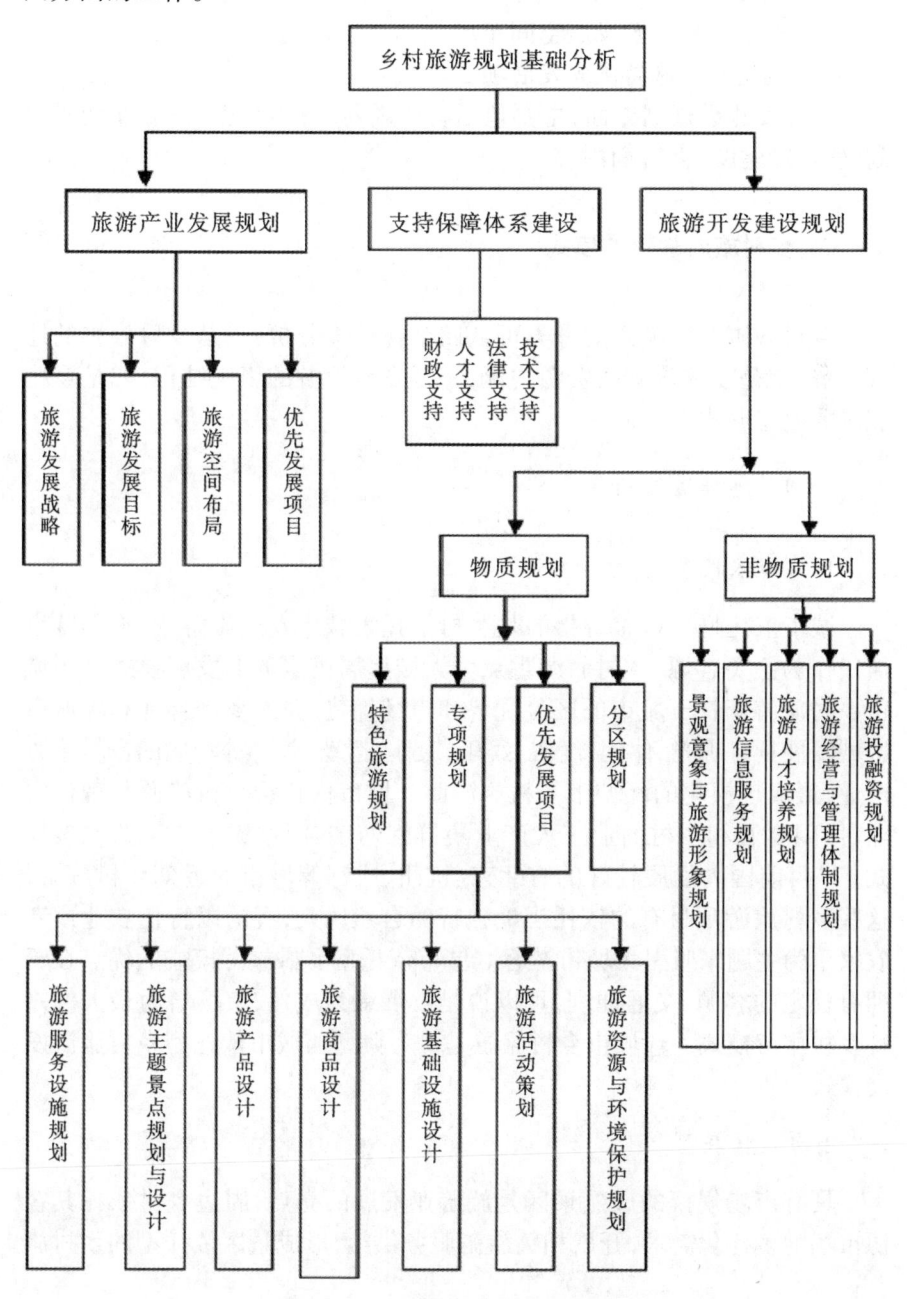

图 3-1　乡村旅游规划的内容体系

（1）制订乡村旅游发展战略。
（2）确订乡村旅游发展目标。
（3）明确乡村旅游发展空间布局。
（4）确定乡村旅游优先发展项目。

在开发建设规划方面，主要包括物质规划（硬环境建设）和非物质规划（软环境建设）两方面内容。

二、乡村旅游规划的模式

乡村旅游开发模式的分类可从四个视角来分析，一是乡村旅游的地理区位，二是乡村旅游的资源内涵，三是乡村旅游的组织结构，四是乡村旅游的业态形式。

（一）从地理区位划分

1. 城市依托型

城市依托型乡村旅游指的是乡村依托大城市发展旅游业，将大城市居民作为主要客源，乡村旅游重点为大城市居民服务的发展模式。环城市乡村旅游依托于城市的区位优势和市场优势，在城乡接合部和环城市区域发展具有观光、休闲、度假、娱乐、康体、运动、教育等功能的乡村旅游产业，形成规模化的环城市乡村旅游圈。城市依托型乡村旅游与现代农业、休闲度假和乡村商业三大产业集群密切结合，形成了"1+3"发展模式。[1]目前国内发展较好的有北京、杭州、成都等城市的近郊乡村旅游，这些乡村旅游项目有的依托当地独特的自然风光，有的以特色农业或者农家乐为主题来吸引大城市游客。城市依托型乡村旅游模式的优点在于拥有稳定的客源、交通便利，可以说是发展最为成熟、市场潜力最大的一种乡村旅游模式。环城市乡村旅游是最为典型的城市依托型乡村旅游发展模式。

2. 景区依托型

具有市场规模的成熟景区是旅游业发展的亮点，周边乡村依托其客源市场的多样化需求，开展相关旅游服务供给，形成景区依托型的乡村旅

---

[1] 郝芳：《旅游美学视野下的乡村旅游发展研究》，北京工业大学出版社，2019，第14页。

游开发模式。农家乐是最为典型的景区依托型乡村旅游发展模式。景区依托型乡村旅游依托景区的旅游资源吸引力、品牌形象、交通网络、旅游线路和规模市场,提供餐饮、住宿、交通、向导、购物和休闲娱乐服务,以多样化服务、灵活的经营方式和弹性的价格机制获得了乡村游客的青睐,带动了乡村经济的发展。在景区开发的带动下,周边从事乡村旅游的民众往往具有较强的旅游服务意识和旅游职业认同。随着乡村旅游管理水平日渐提高,景区依托型乡村旅游业逐步认识到科学规划的重要性,将自身的发展与景区的发展密切联系起来,制订了乡村旅游发展规划,与景区开发协同发展。景区在景观建设和交通设施上的刚性投资较多,但鉴于淡旺季的客观存在,游客流量具有不稳定性,在住宿与餐饮上的投资具有均衡性,以防止淡季的供给闲置。在景区经营的旺季,旅游供给的不足往往由周边乡村旅游来弥补。景区依托型乡村旅游的田园风光和民俗风情也往往是景区所不具备的,于是在旅游供给方面与景区形成了产品互补关系,因需求的存在而进一步发展。

3. 偏远地区型

偏远地区型乡村旅游即远离都市的偏远乡村地区利用旅游资源的原真性和特殊性开展旅游业务。这种类型的乡村旅游大多区位偏远,交通条件不便。由于历史上长期的经济弱势,人口密度极低,外来访客较少,也正因为如此,这些地域生态资源无破坏、人文资源无干扰、自然景观壮美辽阔、乡风民俗保持了古朴气息和文化底蕴,对于那些逆城市化的践行者和热衷于异地异质文化的探寻者来说,具有一定的吸引力。当前,这些地域的交通条件和基础设施建设逐步完善,形成了初步的旅游接待条件。偏远乡村地区可以利用古村落、古建筑、民俗风情、红色遗迹、历史遗址、田园风光、青山绿水和现代扶贫产业,把旅游与农业、体育、研学活动相融合,开展田园旅游、休闲农业、体育旅游、民俗旅游和研学旅游活动,形成农家乐、家庭农场和休闲农庄等多种旅游业态。大力开发绿色农产品与当地非物质文化遗产为特色的文创衍生品,让乡村旅游产品成为当地乡村风物的展示台,有效提高当地村民收入。在目的地建设的策略层面上,应当把田园理想和社区建设相融合,构建"居民空间+商业空间+休闲空间",留住乡愁、惠及民生、构建美丽、创造幸福,推进乡村振兴。

(二)从资源内涵划分

1. 农业依托型

农业依托型乡村旅游是指乡村依托当地农业内涵及表现形式进行旅游开发的模式,它适用于农业产业规模效益显著的地区,以产业化程度极高的优势农业为依托,以特色农业的大地景观、加工工艺和产品体系作为旅游吸引物,开发"农业+旅游"产品组合,开发深度观光、休闲、体验等旅游产品,带动餐饮、住宿、购物、娱乐等产业,促进农业向二、三产业延伸,实现乡村农业与乡村旅游的协同发展,产生强大的产业经济协同效益。

例如,江西婺源篁岭在田园景观型发展道路上,走出了"花海+乡村旅游"发展模式。婺源篁岭旅游特色小镇以油菜花海著称,有"最美乡村最美景致"之称,其"篁岭模式"备受关注。篁岭在打造乡村旅游特色小镇的过程中,对观光休闲体验产品做了整体的规划与开发。篁岭旅游特色小镇在四周千亩梯田打造四季花谷,并以两个月为周期更换主题,营造气势恢宏的大地花海景观,在缆车入镇的过程中,乡村游客满眼皆是锦绣风光。小镇内部也多方位营造花卉景观,并在阶梯布局的民居建筑之上展现"晒秋"的色彩。在"花海"的主题之下开辟了一条商业街道,以古朴的建筑风貌作为旅游购物和餐饮消费的背景。值得关注的是,农业科技在现代乡村旅游发展中发挥着重要作用。比如,北京顺义区的科技农业示范区,不但可以参观游览,还可以体验高科技与农业相结合的创意农业旅游,如花卉的培育和景观配置。农业科技示范园区开创了高科技农业生态旅游模式。

2. 历史依托型

历史依托型乡村旅游是指乡村地域依托乡村聚落景观、乡村建筑景观及其蕴含的文化精神进行旅游开发的模式。古村镇旅游是典型的历史依托型乡村旅游。古村镇具有古朴的建筑格局和建筑形式以及丰富的历史文化内涵,具有重要的旅游资源价值。古镇旅游开发分为两大类:一是开放式,二是封闭式。开放式的,如陕西省礼泉县烟霞镇的袁家村,入园不收门票,依托西安都市圈的客源市场,采取村集体集约管理形式,以丰富的次级旅游项目获取收益,其特色饮食、乡村客栈、旅游购物和演艺项目成为村集体的主要收入来源。封闭式的,如浙江省嘉兴市桐乡市乌镇的模式,把乌镇当作景区去打造,入园收取门票,以支撑维护古建筑、保

第三章 乡村振兴战略背景下的乡村旅游规划研究

护历史文化遗存的相关费用,同时景区内的次级消费项目也成为收入来源。古村镇乡村旅游以其深厚的文化底蕴、淳朴的民风和古香古色的建筑遗迹等受到游客的喜爱。但是,旅游发展中保护与开发之间的矛盾,文化传承与资源商业化的博弈等,也成为景区开发中的突出问题。古村镇开发应关注保持和维护资源的原真性,在保护前提下进行合理开发。

3. 民俗依托型

民俗依托型乡村旅游是指乡村地域依托乡村民族民俗文化、乡村制度文化和乡村精神文化进行旅游开发的模式。民俗依托型乡村旅游将乡村旅游与文化旅游紧密结合,乡村文化活化展现是民俗依托型乡村旅游成功的关键。民俗依托型乡村旅游具有文化原真性、体验参与性以及浓郁的民俗风情等特点。民族民俗文化是特定地域乡村居民和民族的生活习惯和风土人情,是传统的乡村民俗文化和民族文化长期积淀的结果,既有物质的形态,也有抽象的内容,所蕴含的生产民俗、流通民俗、消费民俗、游艺民俗、信仰民俗、历法节日民俗等,都为民俗旅游提供了发展空间。在少数民族风情浓郁的地区,常采取这种民俗依托型的模式,并逐渐成为少数民族聚集区经济发展中的旅游亮点和新的增长点,得到当地政府的大力支持。广义的民族民俗风情还包括乡村制度文化和乡村精神文化,这些也成为乡村民俗旅游的资源依托。例如,陕西省西安市灞桥区的白鹿景区整合区域文化资源,以保护和传承地方特色为目的,以乡村制度文化和乡村精神文化体验为核心,通过高水平的规划和精心的院落建筑设计,营造民俗文化历史场景,配合美食、互动、体验、演艺,打造全方位的传统民俗文化体验地。

(三)从组织结构划分

1. 个体农庄

现代农业科技和现代经营理念促进了个体规模农业发展,在此基础上,个体农庄的乡村旅游开发模式表现为,在原有的农、林、牧、副、渔产业基础上开发旅游吸引物,进行旅游设施建设,设计具有乡村性的旅游产品,从而形成了具有完整接待能力的乡村旅游景点。个体农庄的发展,吸纳了附近大量闲散劳动力,将休闲农业融合到旅游服务业中,初步实现了一、二、三产业的融合发展。个体农庄多采用轻资产的自主运营形式,投资少、见效快、回报高,拓展了乡村土地升值空间。

2. 村办企业

村办企业的乡村旅游开发模式是自然村或行政村的"村有企业"开发、经营和管理的模式,实际控制主体是村委会。在这种模式下,村集体开发经营的自主性能够充分体现,村民参与度和积极性较高;在乡村旅游规划和开发的过程中能够把体现当地乡风民俗的地域特色保留下来,突出乡村旅游资源的独特性和吸引力;管理者与村民具有利益的内在一致性,在思想观念、生活方式、文化认同等方面的冲突也比较少,在先进经营理念的指导下,可以促进沟通协作,提高经营管理效率。

3. 整体租赁

整体租赁的乡村旅游开发模式是指将乡村旅游的所有权与经营权分开,授权给一家旅游企业进行较长时间的经营管理,按约定比例由村集体所有者和旅游企业经营者共同分享经营收益。承租旅游企业独立经营、自负盈亏,实施成片租赁开发,进行垄断性建设、经营、管理,定期缴纳承包运营费用。租赁模式可以充分发挥承包旅游企业在资金、市场、经营、管理方面的优势,从而提升乡村旅游的市场竞争力,推动乡村旅游高质量和内涵式发展。

4. 农户+农户

"农户+农户"的乡村旅游开发模式是乡村旅游发展初期经常出现的经营模式。乡村旅游开发初期,农民对外来经营单位心存疑虑,不愿将资本和土地交给企业进行管理,他们更愿意采用农户协作的经营方式,逐渐形成了"农户+农户"的乡村旅游开发模式。这种模式的经营方式机动灵活,资金投入比较少,且能够保留乡村旅游资源的原真性,乡村游客以较少的支出就能体验到当地的风土人情。但这种模式不易形成旅游规模经济,适合乡村旅游发展初期,只能满足少量旅游供给。

5. 公司+农户

"公司+农户"的乡村旅游开发模式是指由乡村旅游开发公司和农户签订契约,农户负责提供旅游服务,公司负责旅游市场运营的开发模式。它激发了当地村民旅游致富的热情,把传统农业的生产、加工、销售有机结合起来并植入旅游业,把农户和乡村旅游市场联系起来,不仅有利于促进乡村生产力的发展,而且有利于提高村民文化素质和服务能力,促进了乡村人居环境和旅游设施建设,有效提升了乡村旅游业的经营管理水平。

第三章　乡村振兴战略背景下的乡村旅游规划研究

6. 社区 + 公司 + 农户

"社区 + 公司 + 农户"的乡村旅游开发模式是"公司 + 农户"的升级版。"社区 + 公司 + 农户"模式中的"社区"是指作为社区代表的自然村(行政村)的村委会,或者乡村旅游协会。"公司"是指村办旅游企业,或者外来旅游企业。"农户"是具体的服务单元。在这种模式下,社区村委会决定乡村旅游开发重大事宜并协调公司与农户的关系,旅游企业负责乡村旅游经营管理,农户提供乡村旅游服务。社区、公司、农户三者职责明确,利益分配均衡。

7. 政府 + 公司 + 农户

"政府 + 公司 + 农户"的乡村旅游开发模式即"政府引导下的企业 + 农户模式"。市、县、乡各级政府和旅游主管部门按旅游市场需求和全县旅游总体规划,确定乡村旅游开发地点、内容和时间,指导和引导当地村民实施乡村旅游开发,由当地村民组建旅游开发公司,或者与外来投资者合作,进行具体的运作和实施。利润由村民(乡村旅游资源所有者)和外来投资者按一定比例分成。除此以外,村民们还可以通过为游客提供住宿、餐饮等服务而获取收益。这个模式有三大好处:一是减少了政府对旅游开发的投入,二是使当地居民真正得到了实惠,三是减少了旅游管理部门的管理难度,因而是一种切实可行的乡村旅游经营模式。

8. 政府 + 公司 + 旅游协会 + 旅行社

"政府 + 公司 + 旅游协会 + 旅行社"的乡村旅游开发模式适用于大规模乡村旅游业,它将诸多主体融入乡村旅游产业链条,发挥各方优势,合理分配利益,从而促进乡村旅游的可持续发展。在这种模式下,政府主导乡村旅游规划和基础设施建设,优化乡村旅游发展环境;公司负责乡村旅游的商业运作,提升乡村旅游目的地的经营管理水平;农民旅游协会组织农民提供旅游商品和旅游服务,协调村民与公司的利益;旅行社规划旅游线路,通过媒体开拓市场、组织客源。

(四)从业态形式划分

1. 农家乐

2017 年 12 月 1 日,《公共服务领域英文译写规范》正式实施,规定农家乐标准英文名为 agritainment。中国农家乐最初发源于四川成都,具体包括都江堰市的青城山、温江等地。后来发展到整个成都平原、四川盆地，直至全国。真正以"农家乐"命名的乡村旅游始于1987年，在休闲之都——成都郊区龙泉驿书房村举办的桃花节上明确提出了这一概念。当今中国的农家乐模式除四川外，主要出现在北方，其中又以北京、天津、河北为主，农家乐最吸引游客的地方是：位于城市近郊，交通方便，且消费合理，价格实惠。农家乐以农为根、以家为形、以乐为魂，在单体乡村家庭经营的基础上形成了"住农家院、吃农家饭、干农家活、游农村景"的业态特点。如今很多农家乐提供的游乐项目千篇一律，大多数游客停留在唱歌、吃饭上，这完全背离了农家乐的原始初衷和本质含义。单体农家乐经营应规模适度，不宜贪大求洋，而是要注重发展特色，把农家乐的品牌做精，提高农家乐旅游文化的品位。农家乐旅游的本质是展示农家生活方式，只有保存原生态的生活方式，才有可持续发展的农家乐。

2. 民俗村

民俗旅游是指人们离开常住地，到异地去体验当地民俗风情的文化旅游行程。乡村民俗文化作为一个乡村地区、一个民族悠久历史文化的结晶，蕴含着极其丰富的社会内容，由于乡村地区的地方特色和民俗特色是旅游资源开发的物质内容，具有独特性与不可替代性，因而从某种意义上讲，民俗旅游属于高层次精神享受的旅游。旅游者通过乡村民俗旅游活动，亲身体验当地民众的社会生活和风土人情，满足了求新求异的文化认知需要，从而达到感性之娱、审美之境和诗意之栖的层级综合体验。以乡村的自然风光和田园风光为环境依托，乡村民俗旅游的内容主要包括对有形的乡村人文旅游资源，如民族村寨、乡村特色建筑和聚落形态、乡村遗迹遗址和古建筑、乡村农业景观、生产工具遗存、宗教建筑和活动场所、乡村和民族服饰、乡村特色饮食和土特产、乡村工艺品和纪念品等的游历、鉴赏和商业行为。还包括对无形的乡村人文旅游资源，如乡村农耕文化、民族民俗风情，以及传统礼制和礼仪等多种形态的历史文化及传统文化的体验。

3. 休闲农庄

农庄旅游的英文是 farm tourism，又译为农场旅游。农庄旅游是以农庄或农场的农业格局为布局基础，以都市游客为主要市场，以休闲娱乐和增长见识为主题的乡村旅游。休闲农庄的旅游资源包括农家、农田和山林构成的田园风光以及非物质文化遗产。活动场地包括茶园、花园、休闲农庄、观光果园、休闲渔场等。休闲农庄旅游项目由投资主体进行科学规

第三章　乡村振兴战略背景下的乡村旅游规划研究

划和开发,将农村的一、二、三产业相融合,进行旅游配套设施建设,形成旅游接待能力。农家住宿设施体量和公用设施体量较大,且向精细化配置的方向发展。休闲农庄的特色是市场吸引力的关键所在,如法国的葡萄酒休闲农庄旅游,以葡萄酒酿制为主题,并且从历史、建筑、文化、美食和交友的层面,令游客们亲身体验具有代表性的法式生活艺术。与农家乐相比,休闲农庄项目的设计与实施更具有系统性,旅游接待能力更加完善。与民俗村相比,休闲农庄旅游更注重第一产业的要素整合,从而形成旅游吸引力。

4. 农业旅游

农业旅游的英文是 agritourism,又译为休闲农业,它包含了农庄旅游。农业旅游是乡村地区对农事活动、农村部落、农民生活、农业生态、农业收获物等农村事物进行旅游与休闲的开发利用,吸引游客到来的旅游活动。各地的农业旅游区位优势、资源优势、特色优势和客源优势等,为区域农业旅游开发提供了依据。在农庄旅游的基础上,农业旅游活动还包括观光采摘农业、大棚生态餐厅、农业教育园、农业科技园等多种形式。农业旅游依托生态田园般的自然乡村环境,以当地特色农业资源为基础,满足都市人群对品质乡村生活方式的参与体验式消费需求,集生态农业、养生度假、康体疗养、观光考察、休闲娱乐、科普教育等功能为一体,以实现经济价值、社会价值和生态价值,建成现代农业创新经营体制。

5. 第二居所

第二居所的乡村旅游模式是指在城市生活和工作的人们以城市住所为第一居所,而闲暇时间则以乡村的另一套住宅,即第二居所为住所,开展休闲、养生和度假活动的旅游模式。结合乡村良好的生态环境、田园景观和自然风光,第二居所迎合了城市居民对生态空间的需求,满足了城市居民对乡土情结的精神追求,也为房地产开发商、农庄主、民宿主提供了商机。第二居所的旅游者或者拥有房产的所有权,或者拥有房产的使用权。第二居所的形成有三种典型情况。第一,根据中国法律相关规定,根系乡村的农转非群体,虽然无权使用农村宅基地,但可以继承父母的房屋遗产(不能翻盖),第二居所自然形成。第二,购买位于城乡接合地带的商品房形成第二居所。第三,购买使用权形成短期或者长期的第二居所。第三种情况成为乡村旅游第二居所的主要形式。

6. 特色小镇

特色小镇不是行政区划层面上的一个镇，也不是产业园区的一个区，而是按照创新、协调、绿色、开放、共享发展理念，聚焦信息经济、环保、健康、旅游、时尚、金融、高端装备等七大新兴产业，融合产业、文化、旅游、社区功能的创新创业发展平台。特色小镇的规模介于小城市和农村居民点之间，小城市的发展强调新型工业化引导产业发展，农村居民点强调以农业现代化引导新农村建设，而特色小镇强调以特色产业化培育小城镇建设活力。从特征内涵上看，特色小镇具备四个特征：产业上"特而强"、功能上"有机合"（有机结合）、形态上"小而美"、机制上"新而活"。特色小镇均位于城乡接合部位，与农村城镇化发展密切相关。发掘文化功能，嵌入旅游功能，成为特色小镇整合发展的重要抓手。

7. 乡村度假村

乡村度假村是指依托良好的乡村人文生态环境，为旅游者较长时间的驻留而设计的住宅群，即为满足游客休闲度假目的，在乡村地域实行的旅游开发形式。配套设施包括生活公用设施、休闲娱乐设施、体育运动设施和健康养生设施。乡村度假村具有综合服务功能，不但能为乡村游客提供住宿和饮食服务，而且还能够提供休闲娱乐和运动康养服务，并为乡村游客提供一个亲近大自然、欣赏田园风光和了解农耕文化的机会，使游客在远离都市喧嚣的环境中得到身心的放松，并感受慢生活的惬意。根据产品主题，乡村度假村可分为乡村休闲度假村和乡村康养度假村两大类。根据依托的环境和资源特点，乡村度假村可分为乡村海滨度假村、乡村水景度假村、乡村山地度假村、乡村森林度假村、乡村温泉度假村等。

三、乡村旅游规划的路线

乡村旅游规划作为旅游规划的一种特殊类型，必须遵循旅游规划的一般原则与技术路线。规划技术路线是规划过程中所要遵循的一定逻辑关系，其中包含了规划的主要内容和制订规划的基本步骤。到现在为止，国内外还没有专门针对乡村旅游规划的技术路线，而针对一般的旅游规划技术路线，很多专家提出了众多方案，这些方案各具特色，但基本思路

第三章 乡村振兴战略背景下的乡村旅游规划研究

大体一致,这为乡村旅游规划技术路线(图 3-2)[①]的制订提供了参考。

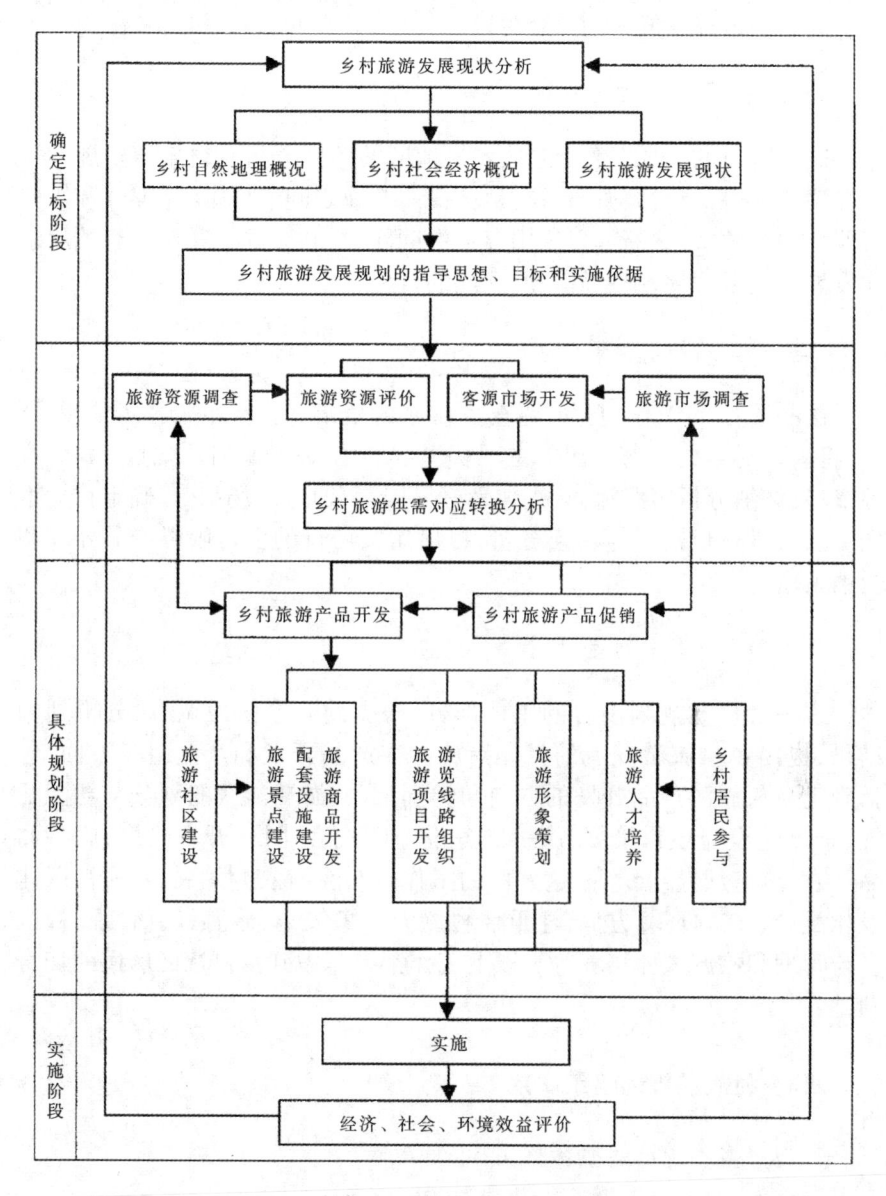

图 3-2 乡村旅游规划技术路线

---

① 王德刚、葛培贤:《田园季风——乡村旅游开发与管理》,天津教育出版社,2007,第 64 页。

根据旅游规划的一般性要求,以及对乡村旅游规划的实际需要,乡村旅游规划的过程一般分为三个阶段。

(一)第一阶段:确定目标

这一阶段的主要工作是:从乡村地区的角度分析乡村旅游发展的背景和现状,剖析乡村旅游与乡村地区横向产业之间(尤其是农业)和纵向行业之间的关系,诊断其发展中存在的问题,再联系国家和地区有关旅游业发展的政策法规,确定规划所预期的目标。

(二)第二阶段:调查分析

这一阶段的工作包括:调查乡村旅游资源,并做出科学、合理的评价,将人们对乡村旅游资源的主观认识定量化,使其具有可比性;调研客源市场,详细分析客源流向、兴趣爱好等因素,通过市场细分,确定目标市场。然后进行供需对应转换分析,提出切实可行的乡村旅游产品开发和促销策略。

(三)第三阶段:制定规划

这一阶段是规划内容的主体部分,根据前两个阶段调查、分析到的结果,提出乡村旅游发展的具体措施。在产品开发和产业组织方面,包括确定乡村旅游产品开发的方向与类别、各旅游功能区的划分与功能配置、景点建设与项目策划、旅游服务设施的配套建设、开发时序、旅游商品开发、旅游线路组织等,这方面的工作要与乡村农业发展、乡村社区建设相配合;在软环境方面,注重乡村旅游形象策划、旅游经营管理、社区参与管理和旅游人才培养等。以上工作都要考虑到乡村社区居民的切身利益。

四、乡村旅游规划组织体系

(一)形成合理的组织体系

1. 组织体系的构成

乡村旅游涉及游客、旅游相关经营主体、乡村社区、协会、政府部门等各个方面。[①]

---

① 朱姝:《中国乡村旅游发展研究》,中国经济出版社,2009,第209页。

第三章　乡村振兴战略背景下的乡村旅游规划研究

（1）游客

旅游者或指定的受益人是乡村旅游的利益中心主体,旅游者的需求是乡村旅游发展的前提和基础。

（2）旅游相关经营主体

在乡村旅游的发展过程中,形成不同的旅游经营主体,有个体农民,有旅游公司等。它们可根据各个地方实际情况的不同,形成不同的经营组合方式。

（3）乡村社区

由于经营主体的不同,受益主体也随之不同,但是乡村旅游发展的目标应是使农民受益,乡村旅游必须协调好与社区发展的关系,应形成有利于农民成为受益主体的利益机制。

（4）协会

在乡村旅游的发展中,乡村行业协会可以借助自身优势推动乡村旅游产品开发、建立行业自律、为村民谋取利益、就乡村旅游发展中出现的问题积极与乡政府沟通并协助处理等。

（5）政府部门

政府对乡村旅游的管理,主要体现是制定乡村旅游相关的政策、制度及规划,对经营乡村旅游相关企业进行监管,协调解决各方利益、提供各种公共产品等。

2. 乡村旅游组织体系构建

（1）组织体系构建的核心目标

由上可见,乡村旅游的组织需要村民、企业和政府的共同参与,乡村旅游组织体系的核心在于:村民是乡村旅游发展的利益主体;相关旅游经营公司要挖掘地方资源,形成特色产品,增加参与市场竞争的实力;各级政府通过宏观调控手段,平衡各方利益,保持经济与社会的和谐发展。

（2）组织体系建设的方式

从结构体系角度来看,市场体系的结构至少需要由三个方面组成。现在很多管理者不聪明,该管的不管,不该管的却管得很多,从政府工作的角度来说,管理空白叫政府缺位,管理过度叫政府越位,二者都是一种错位的现象。聪明的管理者主要体现在政府对乡村旅游发展的适度管理。所谓适度管理,可以从以下方面来理解。

第一,规划。规划是旅游业发展的前提,作为一项重要的基础性和战略性工作,制订科学的规划,对于促进乡村旅游的规范有序发展有着重要作用和意义。从乡村旅游的开发方面来说,主要的管理手段是规划,通过规划来引导和指导。首先,要在省一级层面上编制好农业旅游发展规划。通过科学调查研究,制订出区域性的乡村旅游发展规划。这样做既有利于明确全省农业旅游发展的重点,搞好指导和扶持,又有利于克服同一地区农业旅游产品雷同化的倾向,避免盲目开发,同时还有利于将农业旅游资源与其他的自然、人文及社会旅游资源整合起来,做大做强发展旅游业的文章;其次,规划要按照"因地制宜,合理布局,突出特色"的原则,充分考虑区域旅游总体发展情况、乡村旅游发展潜力等各个方面因素,使规划既切合当前实际,具有较强的可操作性,同时又具有一定的前瞻性。

第二,经营。其主要的管理手段应该是引导、培训和培育,尤其是要培育领袖型的企业。培育出领袖型的企业对于乡村旅游的发展会产生积极的促进作用。比如,四川省有已经被命名为"中国乡村旅游第一县"的郫县,又命名了一个"中国乡村旅游第一户"——徐家大院。这个院子里有三种房子,第一种房子是20世纪80年代农家乐刚刚开始的房子,现在还保留着,也还在运营;第二种是20世纪90年代的房子,农家房子是第二代;现在的主体是第三代别墅式的房子。一个院子里完整地保存了三代房子,展示了中国农家乐的发展历史,所以被命名为"中国农家乐第一户",这就是一个领袖型的企业。这个大院的主业原本是花木栽培,但农家乐的这套经营方法在一定意义上变成一个主业,原来的花木栽培变成一个副业,整个院子里种的都是花木,这些花木都可以卖,成为经营内容的一部分。

(二)构建乡村休闲产业体系

20世纪中后期,很多发达国家的乡村旅游进入了观光休闲发展阶段,实现了旅游业与农业的结合,催生出全新的产业。在这一阶段中,对庄园、农场等进行了规划建设,设立的休闲项目包括漂流、登山、滑翔、骑马、徒步旅行、参加农事等,还开办了各种形式的培训班、自然学习班、务农学校等,真正意义上实现了现代乡村旅游的开发与建设。从此,乡村旅游在单纯郊游的基础上,增加了越来越多的休闲娱乐活动。

乡村旅游不再局限于田园风光的欣赏,观光休闲农业园逐渐取代传统的乡村旅游模式。乡村旅游在观光的基础上,加入了购、食、游、住等多种经营形式,随之出现了从事乡村旅游的专业人员。此外,乡村旅游不再是农业与旅游业的简单相加,已经从二者之间彻底独立,同时找到了农业与旅游业的交汇点,使二者在相互结合中共同发展,这是乡村旅游新型产业产生的重要标志。

20世纪80年代,随着人民对休闲度假旅游需求的不断提高,观光农

第三章　乡村振兴战略背景下的乡村旅游规划研究

业园衍生出来的功能越来越多。比如,环保、教育、体验、度假、休闲等。乡村旅游的功能实现了对"生产、生活、生态"的贯穿,具有生产、生活、生态的多功能市民农园、教育农园、度假农庄、休闲农场等随之出现。20世纪90年代,乡村文化旅游逐渐兴起,并成为乡村旅游的主要内涵。后来,乡村文化旅游相继推出,包括节庆活动、农舍建筑、农耕文化、民族文化、民俗风情等,乡村旅游的文化品位与文化层次得到极大加强。比如,新西兰的"花园花展旅游""牧之旅"、德国的"市民农园""度假农庄"、韩国的"周末农场""观光农园"、日本的"都市农场"等。

在我国乡村旅游发展的初期阶段,农家乐是乡村旅游的主要形式与内容之一。但由于缺乏产业支撑,难以靠个体经营扩大经营规模,也难以通过健全的产业链促成经营性收入的实现。比如,湖北省英山县大别山区的孔坊乡新铺村的农民最初采用小块土地经营模式,但经济效益极低,为了解决面临的困境,村民们积极与湖北先秾坛生态农业有限公司开展协同合作,通过"公司+农户"这一模式,集约了数万亩土地资源,并以此为基础,创建了生态农业神峰山庄,发展乡村休闲产业与生态循环农业,种植灵芝、木耳、香菇、云雾茶、山野菜、有机稻米等,同时养殖羊、山鸡等。其中,售卖鸡蛋的收益高达80万元,而绿色农产品方面的收入更是超过1亿元。同时,山庄每年客流量超过10万,可以说是大别山区休闲生态农业的典范。需要指出的是,在小农经济模式下,是难以获得如此高的经济效益的,只有突破小农经济,发展乡村休闲产业,农村才能建设得更加美好。

根据相关实践可知,乡村旅游想要从农家乐转型为乡村休闲产业,就要构建新型农业经营体系,培育新型农业经营主体,适度发展新型农业规模经营,在保护乡村不受破坏的前提下,尽可能地将乡村开发得更好。2016年中央一号文件要求:"积极扶持农民发展休闲旅游合作社。引导和支持社会资本开发农民参与度高、受益面广的休闲旅游项目。"2014年中央农村工作会议提出:"把产业链、价值链等现代产业组织方式引入农业,促进一、二、三产业融合互动。"而"公司+合作社+农户"这一创新合作模式,就是将农业产业作为基础,根据市场导向,在企业的带领下,农民在合作社这一平台中进行集约创新,最终形成行业协调、产业化经营、公司经营、合作经营、家庭经营的"五位一体",实现农户、合作社、企业相互协作、共同发展,这是传统农业转型为休闲农业,对乡村休闲产业模式进行创新,乡村旅游与休闲农业有效结合的成功模式。海南省三亚市亚龙湾"玫瑰谷"和"兰花世界"通过"公司+合作社+农户"这一模式,实现了三方共赢,成为这一模式鲜活的成功范例。

下面先介绍海南省三亚市亚龙湾兰德玫瑰风情产业园（下称玫瑰谷）。1997年开始，上海兰德公司于上海开展玫瑰鲜切花种植与销售项目，涉及了华东六省一市的鲜花市场，建立了以上海与长江三角洲地区为中心的规模庞大的销售网络。2006年，该公司于海南初步试种热带玫瑰，并获得成功，打破了海南没有玫瑰鲜切花的局面。玫瑰谷一期时，开发种植的玫瑰鲜花有1000亩。三亚为了乡村旅游的发展，一直重视休闲农业产业的建设，其中包括节水灌溉示范基地，花卉科研示范基地，低碳、节能、环保示范基地，龙头企业带领农户致富的示范基地，热带玫瑰花繁育基地，现代都市旅游观光农业示范基地，高效农业示范基地，新型产业示范基地等生产性项目。同时，依托于玫瑰谷的鲜切花示范基地，以"公司+合作社+农户"为主要生产合作模式，逐步实现农民玫瑰花专业合作社的规模化，促成了近500户农民进行种植业的升级换代，使得三亚玫瑰鲜切花产业初步形成。随后，通过公司收购、分类、包装农户生产的玫瑰花，向华东在内的各大城市直接销售，并且供不应求。

在种植玫瑰之前，农民种植的水稻每亩的年收入不超过1000元，而玫瑰的种植使农民的年收入翻了5倍。在公司的带动下，通过合作社这一模式，种植的每亩玫瑰的年收入超过2万元。今时今日，玫瑰谷已经实现了乡村旅游与休闲农业的高度结合，成为集旅游休闲度假、玫瑰文化展示、玫瑰种植为一体的亚洲最大规模的玫瑰谷。同时，将"玫瑰之约，浪漫三亚"作为主题，充分显示了玫瑰谷的美好，大大提高了对游客的吸引力。2014年第一季度，玫瑰谷的客流量高达9.25万人次，旅游营收高达400万元以上，还解决了当地一些农民的就业问题。习近平总书记曾视察玫瑰谷，说了这样一句话："小康不小康，关键看老乡。"同时，充分肯定了玫瑰谷这一现代化的生产模式，对玫瑰谷的发展持积极态度。

海南三亚兰花世界同样采用了"企业+合作社+农户"这一创新合作模式，带动了三亚15个兰花合作社，种植兰花的农民有2000人左右，种植面积350亩，每年每亩的平均收入超过4万元。同时，带动周边城市近千农民从事兰花的种植生产，总种植面积在1000亩以上。当前，在整个南海的旅游景区中，"兰花世界"也是较为著名的。2013年，兰花世界客流量达22.8万人次，总营收超过1000万元，同时解决了100多位农民的就业问题。

目前，在我国乡村旅游发展的过程中，主要依托于以下几种休闲农业产业类型。

（1）对游客吸引力较大、经济效益较高的蔬果种植产业。比如，北京市平谷区以采桃、赏花为主的大桃种植业，北京市大兴区以葡萄、桑葚、西瓜、桃、梨为特色的"绿海甜"乡村旅游,新疆吐鲁番以葡萄种植为主的葡萄沟等。

（2）具有休闲观赏功能、形成产业经济效益的花卉种植产业。比如,山东菏泽、河南洛阳的牡丹种植园,北京市密云区以薰衣草种植为主的紫庄园,海南三亚的兰花世界、玫瑰谷等。

（3）草原旅游与草原牧业。比如,甘肃山丹军马场、新疆乌鲁木齐市南山牧场、内蒙古西乌珠穆沁旗淖干宝力格嘎查等。

（4）高效现代农业。比如,黑龙江省红旗岭农场、山东省寿光市"菜博会"等。

（5）以林业为基础的森林旅游与林下经济。比如,吉林省集安市林下参种植基地、吉林省钰清县兰家大峡谷森林公园等。

（6）竹木苗木种植产业。比如,河南省许昌市鄢陵县以苗木为依托的绿色产业,打造了"蜡梅之乡"品牌等。

（7）柳编、草编、竹编等工艺品生产。比如,江西赣州乡村竹编、山东省潍坊乡村柳编、甘肃平凉市乡村草编等。

（8）河湖渔业养殖与海洋渔业。比如,吉林省前郭尔罗斯蒙古族自治县的查干湖"冬捕节",山东省长岛"渔家乐",海南三亚市"疍家乐"等。

（9）特殊种植业与养殖业。比如,河南许昌、安徽亳州的中药材种植业,云南省西双版纳傣族自治州的孔雀养殖,湖南省新宁县高山牧场梅花鹿养殖等。

随着全国休闲农业和乡村旅游示范创建工作相继开展,逐渐形成了品牌带动效应与积极的典型示范,使得各地对此的重视程度越来越高,休闲农业与乡村旅游的社会影响力也越来越强。截至2017年5月,我国已有上万个遍布全国各地的休闲农业园区与乡村旅游景区,农家乐也有150万家以上,年客流量约4亿人次,旅游收益高达3000多亿元,解决了400多万农民的就业问题,并使他们生活得越来越好。在这3000多亿元的营收中,农民直接获益高达1200亿元左右。在休闲农业与乡村旅游不断发展的过程中,不仅实现了乡村更好的规划建设,而且让更多农民丰富了自身生活,这对中国的现代化建设具有重要意义。

第四章 乡村振兴战略背景下乡村旅游形象的塑造

乡村旅游形象的树立与设计是一项综合性很强的系统工程,包含旅游目的地形象调研、形象定位、形象设计、形象传播和旅游目的地形象管理等内容。乡村旅游形象塑造的目的和意义是通过树立良好的乡村旅游形象,进而吸引更多的游客。

第一节 乡村旅游形象研究

旅游形象设计主要是以老的旅游地的重新包装或是对新旅游地的创意、构思和规划为对象,是由理念形象 MI(mind identity)、视觉形象 VI(visual identity)和行为形象 BI(behavior identity)三部分组成。理念形象 MI 设计的内容包括旅游规划的目标、旅游资源的特色、旅游规划管理者的哲学思想和旅游服务的行为准则。[1]

上述内容的广泛而深刻的理念分析,形成对旅游准确而清晰的认识。旅游规划的总目标是什么,各阶段的分目标是什么,旅游资源有什么特色,都要在理念形象设计中予以反映,并进一步建立可供表达和传播旅游目的地的主题和宣传口号。例如,山西省平遥古城的一级理念是"华夏第一古县城——城墙围起来的历史";二级理念是"晋商文化通天下,古城英姿冠神州,中国近代金融业的摇篮,汉民族城市的遗存景观——一个远离现代文明的古文化观光园"。

---

[1] 杨载田、章勇、刘沛林:《湖南乡村旅游研究》,华龄出版社,2006,第75页。

第四章 乡村振兴战略背景下乡村旅游形象的塑造

BI 主要表现在三个方面：对内的员工管理行为、面对游客的活动参与和旅游服务行为、对外的社会公益行为。行为形象具有高度的统一性，首先从管理者、企业员工、旅游者到居民，凡是与规划区有关的行为，都要与理念形象保持高度一致；其次，旅游规划区的一切行为应当做到上下内外一致，即为塑造旅游区良好形象服务。

VI 是具体化、视觉化的传递形式。VI 主要体现在游客直接观赏消费的旅游景观上，包括旅游地景点造型及其标志、标准字、标准色的赋予等固定景点的视觉识别系统，和旅游地范围内员工的标准服装及服务态度、服务语言、管理效率等视觉性的行为规范。它的形成主要在于内外感受气氛的营造上，通过明确又符合社会心理要求的形象，用一定的传播方式把旅游产品推向社会，产生轰动效应和持续效应。

对 MI、VI 和 BI 这三个组成部分的功能可以做如下理解。MI 是 CI（企业形象识别系统）的最高决策层及最先展开的策划面，是旅游地形象有精神内涵旅游产品的主题识别及旅游点经营信条和管理策略，是整个旅游地形象运用的原动力。而 BI 是 DI 的动态行为过程，通过旅游目的地的对外回馈、社会公益活动和旅游活动的参与组织、旅游服务的行为规范及内部员工的管理和教育将旅游形象与抽象理念加以渗透和表达，增强其凝聚力和吸引力。而 VI 则作为一种静态的表示手段，具有最具体的视觉形象化的传播力量和感染力量，可应用到各个方面达到宣传传播的目的。这三部分的设计通常是先 MI 再 BI 后 VI。

第二节 乡村振兴战略背景下乡村旅游形象的设计

一、我国乡村旅游形象设计的主要问题

目前虽然我国的乡村旅游开发力度加大，发展迅速，但是仍然处于粗放经营阶段，普遍缺乏对乡村旅游目的地形象设计。可以说，我国的乡村旅游形象设计仍然处于起步阶段，存在着较多的问题。

（一）缺乏乡村旅游的形象设计

我国的乡村旅游大部分都是在城郊地带，以较低的投入发展起来的，甚至一些地方在发展乡村旅游，却没有将乡村旅游资源的开发纳入区域开发的大系统进行统筹安排、全面规划，而是由经营者盲目地投资与开

发,个别地方乡村旅游开发甚至出现了遍地开花和重复建设的现象。除了一些已形成规模的乡村旅游地有自己的识别系统外,其余地方的乡村旅游 DI 系统设计仍处于空白。大部分仍然表现出对原始的自然风景资源、农业生产的收获活动和乡俗节庆活动的极大依托性,有什么资源开发什么资源,缺乏或是根本没有形象的设计。

(二)缺乏对当地文化特色的深度挖掘

目前我国的乡村旅游所推出的旅游产品大部分都只是"吃农家饭、干农家活、住农家房"。产品粗糙,许多都只是在原有生产基础上稍加改动和表层开发,没有从本土实际风情和地域特色出发,缺乏创新设计和深度加工,造成产品雷同、品位不高、特色不明显、重复较多,难以让游客感受和体验乡村旅游地的形象,也不能满足游客多层次、多样化和高文化品位的旅游需求。

(三)管理落后,缺乏可供识别的形象

由于受农村土地分散的制约,造成了乡村旅游一般以小规模经营方式为主,同时由于我国的乡村旅游大多数由农户自发经营,一般没有接受过系统的培训,也缺乏统一的管理,造成了目前的乡村旅游大多数服务水平较低、旅游服务意识淡薄、整个旅游目的地的形象落后或是缺乏的局面。

(四)宣传不利,缺乏强有力的视觉形象

游客在到旅游目的地参观游览前,已经从各种有关该地的既存表征如报纸、杂志、书籍、电影、网络、口传信息以及旅游宣传册等旅游广告中,获悉一些关于被观看地方的知识,其中绝大部分的信息主要是通过各种广告媒介进行传递的。但是目前我国乡村旅游大多数都以口碑或是以散发传单的形式进行宣传,这样做一方面宣传面有限,另一方面能传递的信息量也是非常有限的。在全国各地城市近郊都在花大力气发展乡村旅游,以及客源竞争空前激烈的情况下,仅靠乡村旅游一家一户的零碎模式,是难以形成有力的视觉形象,在竞争中也难以形成强大的吸引力。

(五)缺乏协调,无法贯彻执行乡村旅游的整体形象

我国乡村旅游的开发经营方式大多数以分散式为主,再加上管理不力,没有形成强有力的中间管理组织,导致个别地区即使有了好的理念形

第四章　乡村振兴战略背景下乡村旅游形象的塑造

象、好的行为形象,或是好的宣传和视觉形象也无法将乡村旅游目的地的整体形象有效地展示在游客面前,究其原因是因为缺乏协调。乡村旅游的各个开发经营者因为竞争,或是只顾自身眼前的利益,不想或不愿意改变自己目前的状态,造成乡村旅游目的地整体上仍然以散、小、乱、差的格局出现,无法将已有的乡村旅游目的地的理念形象、行为形象贯彻执行,导致乡村旅游目的地整体形象在景区内部无法得到较好的展示,形成宣传与实际的差异。

二、乡村旅游形象定位研究

(一)主题形象设计

　　旅游形象指旅游者对旅游目的地总体概括的认识和评价。它是旅游目的地在旅游者心目中的一种感性和理性的综合感知,它在旅游开发、旅游营销和旅游决策中作用巨大。潜在的游客是由"形象"做出判断进而产生前往旅游的兴趣的。
　　我国很多旅游目的地在主题形象策划方面的重视度和所选择确定的主题形象的科学性普遍存在不足,甚至很多旅游策划、规划的专业机构对此也不是非常重视。实际上,旅游目的地的主题形象与实际的开发建设经营管理等一样重要,甚至更重要。
　　主题形象是乡村旅游者对乡村旅游地的总体概括和最直观的认知,乡村旅游活动、乡村旅游项目、乡村旅游环境、乡村旅游产品、乡村旅游商品、乡村旅游服务等都会在游客的心中形成对乡村旅游地的印象,而这个印象从设计者的角度来考虑,就是乡村旅游地的主题形象。主题形象在规划地乡村旅游的发展中起重要的作用,它是规划地乡村旅游形成竞争优势的主要条件。乡村旅游作为一项乡村化、平民化、大众化的经济文化活动,主题形象已经成为关系到乡村旅游业繁荣与否的关键指标,纵观国内著名乡村旅游地,大都拥有鲜明的乡村旅游主题形象,如"中国最美乡村"——江西婺源;"天堂苏州,梦里水乡"——江苏苏州等。主题形象的设计要注意以下几点。
　　(1)概括规划地乡村旅游的性质、特征要客观、准确。
　　(2)尽量考虑客源市场的乡村旅游需求偏好。
　　(3)设计要有新意,尽量突出乡村旅游地的特色。
　　(4)乡村旅游主题形象要得到广泛的认同,尽量不产生歧义。
　　(5)文字表述要有一定的乡村味和美感,能让人产生对乡村旅游地的美好联想。

（二）宣传口号设计

形象宣传口号是旅游者易于接受的、了解旅游地形象的有效方式之一，是旅游地形象的提炼和界面意象，也是形象定位的最终表述。一个创意设计有特色、有品位的旅游形象宣传口号往往可以产生神奇的广告效果，对旅游目的地的形象塑造与传播具有十分重要的作用。

规划地的乡村旅游宣传口号的设计主要有资源导向和游客导向两种方法，资源导向即从规划地的民俗文化、历史遗产、自然资源方面提炼出宣传口号；游客导向即从乡村旅游游客的需求出发，抓住游客寻求乡村性、寻求放松、寻求田园生活、寻求原生态自然环境的心理，向游客传递到达乡村旅游目的地会得到什么样的体验和感受。乡村旅游的宣传口号设计还应注重乡村性、地方性、针对性、统一性、时代性、艺术性的原则，尽量体现出乡村旅游地的总体特征，表现出乡村旅游地的总体定位，表达出乡村旅游地的个性特点，提升乡村旅游地的主题形象等。

三、乡村旅游形象设计的重要策略——品牌建设

品牌的英文表达是 brand，最早源自古挪威文 brandr，大致含义是"烧灼的印记"。这是因为那时的人们需要通过"烧灼"这种方式来标记自家牲畜，从而区别于其他人的私有财产。公元 10 世纪左右，欧洲的工匠们开始借鉴这种方法，他们在自己的作品上烙下标记，以便客人们更好地认出自己的产品，这就成了商标的雏形。公元 16 世纪早期，备受欧洲人喜爱的威士忌酒被制造者装入烙有生产者名字的木桶中，帮助人们迅速找到自己所偏爱的那家酒商的威士忌，到这时商标已经逐渐有了品牌的含义。到了 1835 年，苏格兰的酿酒者正式推出"Old Smuggler"这一品牌，以维护自家特制威士忌酒的品牌声誉。[1]

综合当前相关研究对"品牌"概念的诸多解释，都是从客户和企业两个角度对"品牌"进行释义。从客户视角把品牌解释为一种消费体验和情感体验，从企业的角度品牌是能够用来建立资产的营销工具，一个品牌就是企业某一产品的有形资产和无形资产之和。李自琼、彭馨馨、陆玉梅（2014）认为，品牌是名称、标识和符号，或这些要素的组合运用，以辨别其他销售者的商品或服务，进而与自己的商品或服务相区分，其增值的源

---

[1] 李想、付雪松：《关于品牌建设的理论思考》，《大庆社会科学》2012年第6期。

第四章　乡村振兴战略背景下乡村旅游形象的塑造

泉是客户心中形成的关于其载体的总印象。[①]

（一）品牌的内涵

1. 品牌是资产

当产品具有响亮的品牌之后，市场认可度将极大提高，有利于提高品牌的营销资产价值，对于扩大市场销量和提高营业额都具有重要的意义。

2. 品牌是符号

品牌由名称、标志、象征物、代言人、包装等要素组成，这些识别要素形成了一个有序的符号体系，能让消费者轻松识别。

3. 品牌是个性

品牌能推动追随者或者认同者表达强烈的个人情感，以示与众不同。消费者常以消费某种品牌的产品来展示个人性格特征。

4. 品牌是定位

品牌的识别意味着产品具有独特的形象，对市场具有强烈的辐射能力，常具有较大规模的潜在消费者群体，品牌设计与潜在市场形成了对应关系。

5. 品牌是文化

从消费者角度来看，品牌消费形成了口碑效应，蕴含了消费者的认知评价。从产品生产者的角度来看，品牌蕴含了企业精神和企业理念。

（二）品牌建设 CI 理论

CI 理论的目的是通过创造良好的企业形象，从而构建企业商品或服务与客户共存共享的和谐的经济生态关系（吴琼、徐娟燕，2003）。CI 理论主要包括三部分，分别是理念识别（MI）、行为识别（BI）、视觉识别（VI）（张向飞，2010）。

1. 理念识别（MI）

MI（mind identity），即理念识别系统，包括企业的战略思想、经营方针和管理理念，是 CI 的灵魂。

[①] 王成荣：《品牌价值评价与管理》，中国人民大学出版社，2011，第 22 页。

2. 行为识别(BI)

BI(behavior identity),即行为识别系统,包括企业管理行为和市场营销行为,是 CI 的行为表现。

3. 视觉识别(VI)

VI(visual identity),即视觉识别系统,包括企业的品牌、商标、代表色,是 CI 的视觉传达。

理念识别(MI)、行为识别(BI)、视觉识别(VI)要保持文化内涵和逻辑概念的一致性,行为识别(BI)、视觉识别(VI)以理念识别(MI)为核心,进行构架和拓展。品牌建设 CI 理论对于乡村旅游品牌建设具有重要的参考价值。

(三)乡村旅游品牌建设的必要性

品牌建设对于树立乡村旅游的鲜明形象、提高市场占有率、获得产业发展规模效益具有重要意义。

例如,山西省乡村旅游的发展处于全国中下游的水平,乡村旅游市场的吸引力不足,山西乡村旅游整体还处在粗放经营的价格竞争阶段。山西乡村旅游发展应该充分认识到品牌建设的必要性和紧迫性,不断完善基础设施建设、完善乡村旅游产业链条、提高管理水平和服务水平,走乡村旅游品牌化发展道路,通过塑造不同的乡村旅游品牌,使得各地乡村旅游特色更加鲜明,提升乡村旅游市场的吸引力。

旅游传承文化的本质基于旅游者的消费体验,因此乡村旅游需要挖掘自身的文化内涵,通过旅游这一载体使得文化得以保护、传承和发扬。乡村旅游品牌建设的过程就是对文化的发现、整理和传播的过程。通过品牌的塑造、宣传和发展,向各地人民展现中国优秀的传统文化,增强民族凝聚力和自豪感。

作为朝阳产业的乡村旅游,在乡村振兴和建设美丽乡村中起到了重要的推动作用,为农村经济发展带来新的增长点,调整了农村产业结构,推动了农村现代化进程。乡村旅游的发展符合新时代低碳、绿色、环保、和谐、可持续发展的要求,要想在竞争中取胜,必须独具特色,进行品牌建设,进行有力的品牌宣传,提高品牌知名度和信誉度,实现旅游产品差异化,吸引更多的消费者。

第四章　乡村振兴战略背景下乡村旅游形象的塑造

（四）乡村旅游品牌建设体系构建

1. 旅游品牌定位

乡村旅游品牌定位，首先要深入挖掘乡村旅游特色，即有地域风格的乡村性，选择差异化市场营销策略来进行市场定位；其次，以原真性应用展示乡村旅游的乡村性，将原汁原味的乡村旅游资源呈现给乡村游客，提升乡村游客的消费体验。

2. 旅游品牌打造

在特色定位、产品定位、市场定位的基础上，进行乡村旅游产品包装设计。系统化打造乡村旅游品牌，包括设计品牌的理念识别系统、行为识别系统和视觉识别系统，具体包括经营理念、管理服务体系以及品牌的名称和标志，建立有特色、有吸引力的品牌形象。

3. 旅游品牌营销

旅游品牌的营销是提高品牌知名度的重要途径。在现代社会，市场营销的途径和平台愈加多元化，这为乡村旅游品牌体系的营销带来了更多的发展机遇。可以根据乡村旅游的市场需求定位，有效选择营销渠道和手段。

4. 旅游品牌保障

品牌建设与营销的成果需要转换为持久的发展动力，这就需要有坚实的品牌保障，包括品牌建设保障和品牌组织保障。品牌建设保障主要通过完善的配套设施、优质的旅游服务、全程化的旅游品牌检测与危机管理，来维持旅游品牌的正面形象及其持久的市场影响力。而品牌组织保障是在政策层面给予品牌建设和运行充分的支持（樊春梅、李松志，2017）。

（五）乡村旅游品牌建设发展路径

1. 打造品牌个性，保持品牌特色

品牌名称要有市场冲击力和影响力，体现出乡村旅游资源的特点，以增强对目标市场的吸引力。所以，品牌名称在简明易辨的同时，还需要与品牌特色相结合。此外，品牌标记作为品牌特色符号，也应该遵循上述设

计理念。品牌口号的设计,也应充分体现品牌及旅游产品本身所蕴含的丰富价值观,引起目标市场的情感共鸣。

2. 发掘品牌潜能,深化品牌内涵

打造乡村旅游品牌,首先要通盘掌握本地的乡村旅游产业发展潜能,持续开发其产业资源,发挥产业资源特长,有指向性地开发旅游产业的商品与服务。在目前发展形势较为旺盛的体验型旅游产品体系之外,更应该深入发掘本地丰富的历史文化资源,通过有机结合的方式融入当前的乡村旅游开发之中,打造极具本地特色的旅游产业资源,丰富乡村旅游品牌的内涵和产业结构。

3. 掌握产业动态,明确市场定位

开展广泛的具有针对性的市场调研,及时掌握省内外旅游产业发展动态及动向,重点分析乡村旅游目标游客群体的需求特征。积极学习运用旅游市场细分方法和大数据技术,准确统计分析调研数据,结合乡村旅游资源特点,充分挖掘其乡村性和原真性,并对乡村旅游客源进行更加明确、科学的市场定位,打造坚实的品牌营销管理基础。

4. 融入新型业态,强化品牌促销

首先,可以通过开发特色乡村旅游活动,树立独一无二、具有一定影响力的品牌形象与特色。其次,积极融合新业态发展,实现线上线下营销活动"双管齐下",共同发展。积极开发新兴媒体平台与网络营销渠道,提升品牌的线上市场的知名度与影响力,促进潜在客源的了解与互动,及时掌握产业新动态,不断开发新客源,建立线上游客反馈机制,及时获取游客反馈建议并有针对性地改进提升旅游产品与服务。最后,积极用好传统宣传媒介,采用丰富多样的形式,在潜在客源较多的地区和人流密集处投放品牌广告。

5. 统筹监管和经营,提升品牌管理水平

规范乡村旅游产业监管机制,培育壮大乡村旅游市场,提升景区服务水平,健全游客反馈建议渠道,切实尊重与维护消费者权益,营造健康有序的旅游市场氛围(樊春梅、李松志,2017)。近年来,随着经济社会发展水平的提升以及发展战略的调整,各级政府更加重视与支持乡村旅游产业的发展,这是乡村旅游产业发展的重要机遇。因此,乡村旅游目的地更加应该加强自身建设,提升品牌意识,不断健全品牌体系,积极适应市场需求,为经济社会的发展做出持续性的贡献。

第三节　乡村振兴战略背景下乡村旅游形象的评价

一、设立评估机构

乡村旅游形象绩效评估是一项复杂的系统工程,必须设立专门的执行机构,方能保证其按计划推进。评估小组成员一般由旅游管理部门领导和相关专家代表来组成。评估小组的职责是领导、组织、协调旅游形象绩效的评估工作,包括评估工作计划的制订、指标体系的设定、经费预算、进度、人员培训等。

二、建立评估指标体系

评估小组根据目的地自身特点、旅游形象实施进展情况,建立一套较为客观且可操作的指标体系,制订评估指标应遵守科学性和可操作性原则,使形象绩效评估工作能够全面、客观地反映出目的地旅游形象设计实施效果。

三、收集与整理具体的资料

乡村旅游形象绩效评估依赖于对乡村旅游形象实施情况的调查研究。资料的收集是评估工作的一项十分重要的基础工作。它关系评估结果的客观、准确与否。资料收集可采用访问式、问卷式以及查阅统计资料等方式。资料整理主要指将获得的资料、数据进行分类和统计。在整理过程中,应采用较为科学的分类方法和统计方法,使计算结果客观和可靠。

四、展开具体的评价与反馈

利用上述统计结果,与前期的有关数据进行比较。如果是初次评估,则将统计结果与有关历史数据进行比较,或者与其他地区进行横向比较。如果统计数据优于前期数据或其他区域数据,说明旅游形象较佳,应当对现有形象进行强化,反之说明旅游形象欠佳,并且分析其中存在的问题,对现有形象进行修正,最后将评估中所反映出的问题反馈给乡村旅游形象管理部门,为形象管理部门修改、调整旅游形象计划提出建设性建议。

第五章　乡村振兴战略背景下乡村旅游设施的建设

良好的乡村旅游设施建设,是促进乡村旅游健康发展的一项重要保障。目前,我国乡村旅游设施的建设还不够完善,还比较滞后。针对这一情况,有必要提升我国乡村旅游设施水平,建设乡村旅游解说系统与网络信息平台。本章就对乡村振兴战略背景下乡村旅游设施的建设展开分析。

第一节　乡村旅游设施研究

一、乡村旅游配套设施的概念

当前,国内很多研究对于乡村旅游配套设施进行了界定,并且从宏观视角出发,认为旅游设施即旅游经营者向旅客提供衣、食、住、行等各个层面的服务的媒介,如住宿设施、交通设施、购物设施、娱乐设施等。但是这样的定义并未从旅游活动类型出发进行定义。

从不同类型的旅游活动的特殊性出发,旅游配套设施可以这样定义,即指的是乡村旅游活动开展、产品设计等存在的各种的专项设施以及公共设施,其服务对象不仅针对的是旅客,还针对当地的居民。

这一概念是从乡村旅游配套设施的对象考虑的,本书也是从这一定义出发来做其他层面的分析的。

二、乡村旅游配套设施分类

根据乡村旅游活动的特殊性,并结合一般旅游设施共性的基础,可将乡村旅游配套设施分为乡村旅游基础设施、乡村旅游辅助设施、乡村旅游服务设施、乡村旅游休闲游憩(乐)设施四大类型,具体如下。[①]

(一)乡村旅游基础设施

乡村旅游基础设施主要包括交通道路设施,停车场,给水、排水、排污设施,供电、供冷、供暖设施,消防设施,治安防范设施,邮政、电信设施,广播电视设施,提供医疗保健服务的医院、卫生所等。这类设施作为当地居民生产与生活的必要基础设施已经存在,只是在当地发展乡村旅游产业后,若能以旅游产业规划与发展为标准,有可能使该类设施得到进一步的整改与完善,以便更能符合旅游者的需要,并能改善当地社区的生活环境和提高居民的生活质量。

(二)乡村旅游辅助设施

这类设施主要建设在开展各项乡村旅游活动的区域范围内,是发展乡村旅游的必要设施。其主要包括乡村旅游管理设施,如乡村旅游景点的大门、售票点、管理处等;乡村旅游引导设施,如指示牌、标志牌、解说中心等;乡村旅游环保设施,如环境改造和景观生态整治设施、生态厕所、垃圾桶箱、垃圾中转站等环卫设施;旅游安全保障设施,如护栏、扶手等;保障人身安全的防护设施,如陡险路段警示牌以及医疗急救设施等。

(三)乡村旅游服务设施

1. 乡村旅游接待设施

这类设施主要是提供给乡村旅游者住宿的乡村旅馆,包括农家旅馆、旅社、度假村、招待所等各类住宿设施。其主要功能是在为乡村旅游者提供住宿服务的同时,也为乡村旅游者提供一定的餐饮服务。随着乡村旅游产业的进一步发展,乡村旅馆已不是传统意义上的只满足旅游者旅游过程中简单食宿需要的场所,其服务范围已扩展到旅游者活动的许多方面,在许多乡村旅游区,由于乡村旅馆的建筑风格体现了景观合一、功能

---

① 陈秋华、曹辉、陈贵松:《福建乡村旅游发展研究》,中国旅游出版社,2008,第81页。

导向、民族与地方特色等特点的人文与自然相和谐的人文地理现象,从而也使这些乡村旅馆成为当地旅游吸引力要素的重要组成部分。

2. 乡村旅游餐饮与购物设施

这类设施主要包括满足乡村旅游者餐饮需要的餐厅、饭馆、茶楼、酒吧、咖啡馆、冷饮店及相应的购物设施等。近几年,乡村旅游餐饮设施的建设与发展快速,市场竞争激烈,行业管理趋向规范化,但是乡村旅游购物设施的建设与管理比较薄弱,缺少地方特色,乡村旅游购物设施的建设和旅游商品的种类雷同现象严重,乡村旅游者对旅游商品的投诉的主要原因也基本类似。

(四)乡村旅游休闲游憩(乐)设施

这类设施主要包括游赏型设施:游憩步道、徒步游径;休闲型设施:主要包括野餐桌、野餐火炉、休息棚、路边座椅、瞭望设施、露天剧场等;天然泳浴区设施:通常包括沙质或是卵石岸,附近有可供野餐和游戏的草坪;浮动平台,保障安全的漂浮线或是分界浮标;沐浴室、更衣室、救生服务;各种不同的特许服务;帆船活动和驾船活动:池塘或湖泊水面的游憩使用标准根据水域面积大小以及所使用的船舶类型不同而不同,包括帆船游艇、摩托艇、风帆冲浪、小型手滑船和脚踏船、岸上设施等。

第二节 乡村振兴战略背景下乡村旅游的基础设施建设

一、乡村旅游设施规划原则

旅游设施规划是旅游规划与设计中的重点,直接关系到旅游地开发的规模、效益以及旅游地发展的生命力长短。由于乡村旅游地的特点,乡村旅游设施的规划和设计在实践中需要考虑发挥乡村旅游特色,利用现有的各种资源为旅游服务。乡村旅游设施的规划应结合乡村旅游资源特色,遵循以下原则。

(一)生态性原则

随着我国经济的迅速发展和人民生活水平的显著提高,旅游事业在我国发展很快,无论是旅游地居民、政府还是开发商都为旅游带来的经济效益所吸引,而对于景区的可持续发展考虑的比较少,典型的就是我国许多旅游区的设施建设,出现了道路城市化、建设公园化、建筑时尚化等趋势,很多旅游设施与自然景观、人文生态相悖,没有自身的特色和相互协调的风格,使得景区自然景观原生性逐渐弱化,地方性人文景观逐渐灭绝,严重破坏了旅游景区的个性化和整体旅游形象。乡村景观资源以自然、生态为吸引点,在旅游设施规划中更应该重视生态性原则。生态性原则可体现在以下几个方面。[①]

(1)在旅游设施规划中,遵循少介入与可还原原则。

(2)在旅游设施规划中,遵循整体性原则。

(3)在旅游设施规划和设计中,旅游设施材料和风格的确定应遵循自然性原则。

(4)在旅游设施规划和设计中,应加强对机动车道路及机动交通工具的限制。

(二)实用性原则

旅游设施规划要与旅游区性质和功能相一致。设施的建设必须按照旅游区的性质和规划确定的功能与规模进行,不能与上述的原则相违背。设施的配套要与使用要求相适应,既不能配套不周全,造成旅游区在使用上的不便,也不能盲目配套造成浪费。

(三)灵活性原则

旅游设施规划要有一定的弹性。波动是旅游市场的显著特征,设施配套应考虑这一情况,使之有一定的灵活适应力。特别是我国五一、十一长假期间,旅游过于饱和,与旅游淡季形成鲜明对比,在设施规划中应灵活掌握,要做到既能满足旅游需求又不浪费资源。

二、乡村旅游基础设施规划

(一)接待服务设施规划

乡村旅游接待服务设施与乡村旅游区域规划、旅游产品相对应,应分级设置,因地制宜。

---

① 王云才、郭焕成、徐辉林:《乡村旅游规划原理与方法》,科学出版社,2006,第233页。

第五章　乡村振兴战略背景下乡村旅游设施的建设

1. 建立健全乡村旅游游客服务网络体系

建立市—区县—乡村旅游景区(景点)三级游客服务网络体系。以重点乡村旅游区县、乡镇村为主,分阶段、分批次实现游客服务网的全面覆盖。例如,依托重庆市旅游集散中心,设置主城都市区乡村旅游集散中心,为主城都市区居民、外地游客提供乡村旅游信息咨询、旅游集散换乘、景点大型活动、客房预订、票务预订等乡村旅游综合服务,其建筑面积规模在3000平方米以上;各区县(自治县)乡村旅游接待部分中心建筑面积规模在2000平方米以上;大型旅游区游客接待服务站建筑面积规模在500平方米以上;乡村旅游景区内设置相应服务点,建筑面积规模在200平方米以上。

2. 加快游客服务中心的信息化建设进程

要积极利用数字化的技术和通信手段,加速推进市级和区县级游客服务中心的信息化,对于乡村旅游网站和相关的乡村旅游网上的电子商城进行开发,并给予一定的鼓励,对于乡村旅游中的电子产品要进行大力开发。进行乡村旅游网站建设的同时,也需建立区域中的乡村沟通网络,保证其跨部门的联合和实现。

3. 完善游客服务中心功能

不止要对旅游者提供基本的旅游信息咨询服务,同时推进游客服务中心的建设,对于旅游中的预定、体验和投诉等体系进行建设,保证游客在游玩的过程中享受到的是一体化服务。

4. 突出游客服务中心特色

游客服务中心主要是乡村旅游景区的景点,其游客服务中心在视觉效果和服务理念上需要进行设计和统一,其建设需具有一定的乡土气息,也应具有一定的特色。

(二)餐饮设施规划

应合理利用特色主题餐厅,在乡村主体的农家乐和酒店要推出乡村旅游餐饮特色,符合游客的品质和档次;对于其地方特色应进行创新和挖掘,保证其菜肴是具有地方特色的,也是符合当地民俗的,体现出乡村的美食体验是多元化的。

1. 加快乡村餐饮设施建设与完善

按照"分级规划建设,体现地区特色,融入地方文化"的原则,建成特色主题餐饮街区乡村旅游主题酒店、农家乐餐饮等形式多样、档次各异,融餐饮、娱乐、文化、休闲于一体的乡村旅游餐饮服务体系。

2. 丰富和发展特色的乡村旅游餐饮产品

构建以地方风味菜肴、养生食疗菜肴、特色风俗菜肴、鲜花盛宴菜肴,梵音禅斋菜肴等为代表的多元化、特色化乡村美食产品体系。

3. 加强管理,营造良好用餐环境

充分发挥农家乐协会、乡村旅游协会或合作社的作用,加强乡村旅游餐饮行业经营管理,餐饮场所要达到卫生标准,旅游部门要会同卫生部门、工商部门等,制定相关的餐饮卫生、经营、服务和管理等政策法规和奖惩激励机制,保证食品卫生安全,为游客营造良好的用餐环境。

(三)住宿设施规划

1. 建立健全乡村旅游住宿接待设施体系

根据游客需要的不同,对综合型酒店进行规划时要保证其在功能上的合理的搭配,保证其在档次上具有全面性的住宿设施体系。

2. 优化乡村旅游住宿的类型结构

各区县需在突出地方及乡土民俗的特色化的基础上,建立观光体验型、休闲度假型、疗养型、商务型等多元化的住宿类型结构体系,针对不同乡村旅游产品类型开发不同住宿产品。针对观光型旅游产品,主要依靠大型景区发展星级酒店、旅馆;针对休闲型旅游产品,主要依靠村内新建、改建的旅馆,要求卫生、舒适、方便、经济实惠;针对生态型旅游产品,选址修建乡村度假酒店和生态旅馆,借鉴国外乡村旅馆的经验,严格按照国际标准运作;针对文化探秘型、体验型旅游产品,主要使用农家乐、家庭旅馆等,要求卫生、方便、有特色。[①]

---

① 贵州省旅游局:《贵州乡村旅游规划》,贵州人民出版社,2007,第75页。

3. 加强住宿设施的管理

根据各区县实际情况,制订出相应的住宿设施质量等级划分和评价条例、服务标准等,对区内住宿设施进行统一管理。

(四)交通设施规划

1. 交通设施建设规划

以高速公路和铁路为骨架,以航运为辅助,积极推进支线机场的建设,配合建设直升机场,发展旅游空中交通,构筑快速便捷、安全舒适的乡村旅游交通网络,实现"快旅慢游"的目标。

例如,重庆市的旅游规划如下。

(1)依托重庆市"三环十一射多联线"高速路网基本骨架,解决市内各个景区之间的快速、便捷交通。

(2)从县城到主要乡村旅游景区、片区的路应达到二级公路及以上标准,景区、片区间的道路应逐步达到三级公路以上标准。

(3)完善重点乡村旅游点及村落之间公路,达到三级公路及以上标准。

(4)公路建设应将自然生态保护建设与公路观光相结合,使之融为一体。

(5)联系旅游景区、村寨的中心地段,选择景区、村的边沿地段建立停车场,通过步行道进入景区、村寨。

(6)停车场、步行道的建设材料,应尽量因地制宜、就地取材,要充分考虑生态因素和地方特点,反对简单地使用水泥铺设,造成生态和景观的破坏。

2. 交通组织规划

(1)常年与季节性乡村旅游交通组织规划

对于适宜常年旅游的景点,立足和依托现有交通资源。根据交通枢纽布局现状,结合旅游集散中心的建设,整合现有旅游专线,提高景点直达率;充分利用轨道交通和市区县公交快线资源,实现市—区之间的快速通达,并配置区级旅游专线,串联相邻景点。以自驾车出行为重点,以其他交通方式出行为辅助,完善交通标志指引和交通信息引导。以地面公交为辅助,合理调整现有镇域公交线路,在充分考虑绕行距离的条件下,使其覆盖更多的景点。

对于季节性特征较强的乡村旅游景点，主要依托季节性的旅游专线，在区域层面上统筹配置，统一由市旅游集散中心开设一些由旅游集散中心、区县级集散中心或交通枢纽站发往景点的旅游专线。

（2）市区至郊区、郊区之间及内部乡村旅游交通组织规划

以重庆市为例，重庆乡村旅游市区与郊区之间的交通联系要依托旅游专线、轨道交通、自驾车以及地面公交。

市级旅游专线：市区与郊区之间的交通联系宜以市级旅游专线为主，整合市区和郊区线路。根据景点的积极性，实现景点和客运企业共营专线车辆，车辆选用高等级车辆，同时在车上适当配备导游，为乘客讲解沿途和目的地景观。车载电视播放旅游景点信息，可与景点实现联营，代售景点优惠门票。

轨道交通：结合重庆主城"六横七纵一环七联络"规划，对于主城近郊的乡村旅游景点要依托轨道交通，开设区级旅游专线。根据区内景点的区位和轨道站点的位置，选择合理的轨道站点开设用于接驳的区级旅游专线。结合景点的季节性和时段性特点，对线路的发车班次、走向、站点设置进行合理的统筹规划调整。

自驾车：对于提供特产购买服务、面向高消费群体以及那些客流规模不足的景点，主要依托自驾车交通，突破各景点在道路设施方面的障碍；加强乡村旅游信息网络建设，利用信息平台发布交通信息；完善道路交通指引标志，旅游景区须由远至近依次连续引导，结合《道路交通标志和标线》（GB5768—1999）的规定，距离旅游景区500米以外范围须设置旅游景区方向距离标志，距离旅游景区500米以内范围须设置景区方向标志，旅游景区指引标志第一次出现后，需在转向分叉时设置旅游景区方向距离标志或旅游景区方向标志，在大于5千米的直行路段宜增设旅游景区方向距离标志；在乡村旅游景区入口位置设置停车场指引标志。结合道路交通建设配套修建停车场，乡村旅游景点停车位高峰日每百位游客配备旅游大巴车位0.2~0.5个、小汽车车位3~6个，停车场的选址原则是兼具便捷和环境保护，在区域内生态旅游区布置停车场时减少对环境的污染，停车场须建设在距离景区有一定距离的地方，再通过其他环保型交通方式（如景区电动车、步行景区道路）将游客引入景区。停车场建设的同时配建信息咨询、餐饮、休息和车辆维修设施。

地面公交：一是结合市通郊高速快线，针对一些有积极性的区县，建立区级旅游集散枢纽，开通其发往区县内各景点的区级旅游专线；二是立足现状常规地面公交线路资源，以尽量减少成本和降低对周边居民的影响原则，结合景点的季节性和时段性特点，对线路的发车班次、走向、站

第五章 乡村振兴战略背景下乡村旅游设施的建设

点设置进行调整。

（3）区域内部、景点之间的交通组织规划

郊区区域内部、景点之间的联系由区级旅游专线、郊区常规地面公交线路连接为主，对于近期确实难以依托区级旅游专线或郊区常规地面公交线路，自身交通条件存在障碍的景点，可依托特色辅助交通方式（如微型车、自行车、步行）进行接驳。

区县级旅游专线：对于该旅游专线而言，其应该从原本的"一点发车，结站停靠"的模式向着"多点发车，快速便捷"的方式进行转变，其停靠地点仅包括旅游景点，对于区内交通枢纽和轨道交通相结合的，要针对性开设相关的旅游专线。同时，根据其场景的不同和季节上的不同，对于其绕行距离进行充分考虑，保证其所覆盖的景点更多。对于旅游专线所具有的灵活性进行发挥，同时保证线路本身的稳定性。对于重庆乡村旅游信息网而言，其可以发布相关的内容，同时还可以借助更多渠道，对于线路的走向和发车时间进行展示，保证其线路标志的明确。

镇域公交：结合镇域交通规划，根据村村通公交线路的调整来服务旅游景点。在充分考虑周边居民出行、地面公交运营的成本直线系数等因素的情况下，结合区县的积极性，兼顾游客出游，对镇域公交的走向、班次、站点设置等进行适当调整。考虑出游需求的特殊性，在站点设置上距离景点不宜超过500米，结合景点客流的季节性特征，合理安排常规地面公交线路的发车班次，更新地面公交站点和站牌设施，积极推广新型环保节能公交车的使用，结合区县积极性，展开实施可行性的研究。

特色辅助交通方式：对于那些客流不成规模，公共交通和自驾车配套设施又难以在短时间得到改善的景点，利用特色辅助交通方式（如景点微型车、游览观光车、自行车、步行）进行接驳。

（五）水电设施规划

1. 供水系统规划

加强国家级城市供水水质监测站对供水质量的监督和查处，进一步完善各区县水务中心职能，为各乡村旅游点供水、排水、水处理、水资源、水环境等整个水行业的发展提供技术支持，并力争建成具有国际先进水平的国家级城市供水水质监测系统。各供水系统应建立在对该区域发展规模合理化预测并适当超前的基础上，建立相对独立的供水系统，以保证该区域正常的用水供给，并加强对饮用水水源地的污染控制和消毒处理，对已经建立的供水系统进行改造，保证供水符合国家标准。同时，建立严格管理措施,加强监控,严防供水污染,防止供水成为影响区县旅游形象的障碍。规划在各乡村旅游点根据各地用水量的大小,建蓄水池和水塔,水经过滤沉后,统一用管道供生活、环卫、日常绿化等使用。规划给水管沿道路埋地铺设,有步骤、分阶段更新现有的供水管道,利用新技术、新材料完善输配水管网,改造屋顶水箱,杜绝供水的二次污染。

2. 电力系统规划

统筹电、煤等能源建设,构建经济、安全、清洁的能源保障体系。全面完成全市各区县农网改造,实现同网同价。优先保障乡村旅游用电,确保乡村旅游用电的安全和稳定。在加快电源建设的同时,加快配套输变电的建设,逐步优化电网的网架结构以提高电力输送效率。

(六)安全卫生发展规划

1. 安全规划

各乡村旅游点游览内容和旅游服务设施的建设,首先必须充分保证游客和工作人员的生命、财产安全,使游客能够安全、顺利地到达各个游览景点,达到"高兴而来,满意而归"的效果。

(1)在地形复杂、坡度较陡、相对高差较大的地方,建设坚固的防护设施。

(2)安排紧急救助车辆,在游览过程中游客一旦出现意外,救援人员可以及时赶到,并实施救助。

(3)在电力设施周围,应根据具体情况配置应有的防范性设施,以保护游客人身安全。

(4)设置固定咨询点和投诉服务电话,以最快的速度处理游客在旅游过程中遇到的困难。

2. 卫生规划

(1)加强乡村旅游卫生管理。对各旅行社相关人员及食品从业人员进行全面的卫生知识培训,坚持食品从业人员必须持健康证上岗。确保大规模乡村旅游点配备医务人员,加大各乡(镇)、村医务人员培训工作。

(2)加强食品卫生监督管理,卫生监督部门进行全程监厨,同时对就餐人数过多超过接待能力的单位可采取适当分餐措施,以防止备餐时间过长和超负荷生产经营而使食品卫生质量下降。

(3)相关部门要采取有效措施,确保安全,采购食品严把质量关、实行索证备案制度。

（4）严格控制乡村旅游卫生标准，以能向广大旅游者提供卫生安全健康食品为前提条件，通过全面的指导和管理，提高旅游饮食卫生安全水平，预防和杜绝食物中毒事件的发生，确保食品安全。

三、村庄建设与规划

以行政村范围为地域单元开发的规划，可以按照《中华人民共和国城乡规划法》和相关规划标准的要求，编制村庄总体规划。与乡镇域层面的"村庄总体规划"不同的是，村庄总体规划是以行政村为单位的村规划，其中的村庄人口规模、用地规模、结构和布局都会有明确的论证，量化指标也较为具体。[①]

在农业相对发达、农村规模大、居民点相对较为分散的地区，当乡镇域层面的"村庄总体规划"没有界定乡、村的规划区时，一般需要先编制村庄总体规划，以论证和明确控制、改造、整治的自然村和新建的村庄建设规划范围，作为村庄下一层面改造、整治和建设规划的依据。

（一）村庄总体规划编制的必要性

1. 村庄规模大、布局相对分散

人口多、村落布局分散是农业社会长期形成的特征。这已不适应现代农业生产、农村居民生活方式和土地开发建设条件。村庄总体规划的首要任务是将分散的村落化零为整。因此，编制村庄总体规划的首要问题是解决自然村落多、布局相对分散的现状。

2. 外向型基础设施布局的影响

村庄内的外向型基础设施不仅为村庄内的居民服务，而且也为周边的村镇居民服务。因此，考虑这类基础设施的布局，不应局限于该村庄的自身特点与条件，而应考虑更大区域层面的城镇、村镇体系的布局特点。区域性基础设施，也是村庄外向型基础设施，对村庄的居民点布局影响很大。

例如，浙江省嘉兴市虹阳村规划时涉及的区域性基础设施就有公共建筑、一二级公路主干线及水电等市政设施等。

---

① 王福定：《农村地域开发与规划研究》，浙江大学出版社，2011，第58页。

(1) 公建设施

浙江省嘉兴市虹阳村设小学一所，同时服务于周边村庄。现在校学生为1400人，占地面积约为15347平方米。已经建设完成的幼儿园位于小学西北处，占地面积约为2122平方米。村庄入口处有一卫生院，同时服务于周边村庄，占地面积约为4200平方米。浙江省嘉兴市虹阳村农贸市场位于村部南侧，占地面积约为2262平方米。虹阳村信用社位于老街东端，占地面积约为900平方米。虹阳村大村落设有简易便利小店，其大多位于村落人流出入口处。虹阳村村部位于小学东，用地面积约为2872平方米。公建用地共计面积为30702平方米左右。

(2) 道路与交通设施

乍嘉苏高速公路自南至北穿越虹阳村，建设中的申嘉湖（杭）高速公路东西穿过本村，两条高速路在本村设互通式立交桥。另外，规划的杭嘉城际铁路、轨道交通由北向南穿越虹阳村。虹阳村内另有一条三级公路，是本村集镇与城镇镇区联系的主要道路，村庄内、村落间的联系主要是四级或四级以下的简易公路。

(3) 市政设施

浙江省嘉兴市虹阳村设有一电信大楼，同时服务于周边村庄，位于小学东北，用地面积约为2300平方米。虹阳村大多自然村落设置自来水给水系统。全村自来水普及率为85%，由王江泾自来水厂统一供水。各村落无统一的排水系统，生活废水直接排放至河道。而粪便等生活污水除禽畜养殖户采用沼气池处理设施处理外，一般均用于农用施肥。虹阳村现在尚无垃圾处理设施和垃圾收集点。

3. 村庄耕耘离不开农业规划

农业是农村的基础，农业生产发展对农村生产、生活有重要的影响。农、林、牧、渔业等不同的生产类型对农村居民点的布局有很大的制约作用。从长远来看，即使同一农业类型，如生产作业方式不同，农业技术水平的提高，对农村居民点的布局也将会产生影响。因此，村庄总体规划中，农业区划显得极为重要。

(二) 村庄总体规划的目标与内容

1. 规划期限和目标

规划期限和目标是村庄总体规划必不可少的内容。在实际规划编制过程中，可以先设定规划要达到的短期目标，再根据实施的可能性，确定

第五章 乡村振兴战略背景下乡村旅游设施的建设

相应的规划期限,或者以城镇体系、镇域村镇体系规划等上一层次的规划期限为依据,预测乡村在相应时期的规划目标。规划期限与目标是不可分割的,是实施规划和评价规划操作性的基础。由于村庄总体规划解决的是用地面积的问题,因而在确定规划目标与期限时要注意:一方面,以上层规划有关村庄用地计划指标为依据;另一方面,根据村集体经济水平、村人均收入和可支配能力,明确村庄建设用地需求与土地整理目标。一般情况下,遵循规划的可操作性和中国相关规划标准,村庄规划期限为5年,同时为使村庄建设、改造规划与上一层次规划相协调,可设定远期期限为20年。

除此之外,对于村庄规划目标而言,还需要满足农村现代化和城市化的发展要求,根据城乡统筹发展计划,保证其规划与当地的生活方式和生产方式相匹配,从而满足未来的形势变化和农村社区环境。

2. 规划内容

从用地层面看,村庄总体规划内容包括生产用地的布局与生活居住用地的布局两大类。村庄生产用地包括工业生产用地和农业生产用地。村庄生活居住用地包括村庄住宅用地和社会、市政基础设施用地。而社会、市政基础设施用地包括供电、电信、给水、排水、道路交通和环境环卫设施用地等的总体部署。

3. 规划原则

村庄规划的实施主体是村民,村庄规划主要考虑村民的意愿及其文明演进规律。为此,村庄规划原则主要包括如下几点。

(1)以村庄的社会经济现状和发展为导向,调整村落生活空间与生产空间。

(2)尊重原有特色村落风貌和社区结构,保护村庄原有的自然生态环境风貌。

(3)正确处理非农生产空间与农业生产空间,以及农业内部各种类型的用地空间关系,为现代农业发展提供空间条件。

(4)坚持规划的可行性,协调规划近远期的关系。

(三)村庄总体布局

1. 村庄等级与结构

村庄总体规划的规模等级一般分为两级,即中心村和基层村。就某一个村而言,是否需要设中心村,取决于其服务范围内的人口规模。通常情况下,当村庄服务范围内的常住人口达到2000人以上时,就考虑设中心村。

例如,上例浙江省嘉兴市虹阳村的行政区域范围内的居住人口已达4500人,再者虹阳村历史上就有为周围村庄服务的功能,所以虹阳村可按中心村规划。根据村庄建设用地条件的评价和现状村民点规模的分布特征,规划应分别按照近期和远期的目标要求进行不同等级的结构布局。例如,浙江省嘉兴市虹阳村的近期和远期结构布局如下。(1)近期:1个中心村(集镇),11个基层村,10个整治点,即南浜、东港郎等,在近期规划中根据未来基础设施廊道和城镇建设要求,进行整治迁建。(2)远期:1个中心村(集镇),2个基层村,若干整治点,除近期规划的几个整治点外,按照人口的外流和部分农户就地居住要求,将钱家、木桥、踏墩头等,通过新老建筑的整治和协调处理,使之成为农庄型的农户居住社区。

2. 村庄空间布局

(1)中心村(集镇)

在村部和小学附近,结合商贸等公共建设设施形成一个相对集中的集镇,作为全村及周边村庄的服务中心。

(2)基层村

对规模相对较大的村落,通过村内闲置地、自留地的综合开发和利用,形成相对集中的适应农业和农村生产的村居点。

(3)整治点

通过土地综合利用条件的经济分析,对部分村落规模相对较小而且不宜发展的村庄,在规划期内以整治和疏解为主。整治点内不再批建各类住宅建筑用地,也不强制拆除已有用于居住的住宅建筑,对一些愿意在原地居住的农户的建筑,根据建筑环境情况,分别整治而形成新的村居点。

(四)生产用地布局引导

1. 农业生产用地布局引导

村庄的农业生产用地比例较高,不同农业生产类型应与不同的基层村结合,同时避免农业生产用地对村庄居民点的影响。现继续以浙江省嘉兴市虹阳村为例进行说明。

第五章　乡村振兴战略背景下乡村旅游设施的建设

（1）农业生产用地类型

浙江省嘉兴市虹阳村农业生产用地，包括水稻种植业用地、家禽畜牧业用地等。另外，浙江省嘉兴市虹阳村还有家禽畜牧业的用地，分布于各个自然村。

（2）农业生产用地布局

农业生产用地应与农村居民点建设用地相结合进行布局，大致有如下引导方针。

家禽畜牧业用地。这类用地应远离城镇建设用地、集镇和基层村、规划中的居民点用地，可临近远期规划中的整治点，并且与农庄型村落结合布局。

水稻种植业用地。水稻种植业用地在规划中主要集中在虹阳村的西部，结合整治点的农庄型村落和家禽畜牧业用地统一进行布局；在虹阳村其他地域的水田，均作为水稻种植业用地。

2. 工业生产用地布局引导

浙江省嘉兴市虹阳村中心村作为农村劳动力转移的"蓄水池"，必须有部分工业生产用地等非农业生产用地，规划应为此做前期的引导。对于其中的工业生产用地大都与农村居民点建设用地结合布局，而较为集中的工业生产用地位于集镇西侧。

据此在规划中，应控制并逐步缩小分散非集镇地域的村庄工业生产用地，在中心村（集镇）原工业生产用地基础上，适当向北拓展，扩大工业用地规模。这样既满足未来工业发展需要，又有利于相对集中紧凑开发。

（五）基础设施布局引导

1. 工程规划布局

诸如给水与排水规划、电力、电信系统及道路交通等，一般在村镇体系层面解决。因而，村庄规划中的市政设施规划主要以落实、深化上一层次规划的内容为主。

2. 环境与环卫规划

（1）环境保护规划

村庄的环保规划，主要是对污染源进行有效控制，以维持原有的自然生态环境。就目前与今后一个时期看，主要的污染源有：农用农药化肥污染、禽畜粪便污染、农村生活污水和固体废物污染。规划应通过合理布局和引导,使原有的自然生态污染减至最少。

农用农药化肥污染。苗圃基地生产和林木业是效益高、使用农药化肥少的效益农业,有条件的村庄可以进一步发展,并通过与中心村、基层村等固定村落结合,减少对农业资源的污染及其对居住生活环境的影响。另外,应全面推行农产品生产中控制农药化肥使用量的措施。

禽畜粪便污染。规划的禽畜养殖基地与整治点(即农庄型村落)结合相布局,以减少禽畜粪便对中心村、基层村的污染影响。同时,在禽畜养殖基地中规划配套的沼气池,一方面能保证能源循环使用,另一方面使禽畜粪便这类次生物作为农用肥料,直接用于施肥。

村民生活、工业污水与固体废弃物。中心村、基层村居民的生活污水、生产污水排除和处理,应与城市统一规划相一致。各个分散布置的整治点(农庄型村落)区域,通过人口疏散,让其发展规模得到有效控制。其中,生活废水可在自水体的自净能力范围内直接排放在自然水体中;而粪便等生活废水,一方面通过化粪池进行处理排放,另一方面与农用肥料结合直接用于施肥,从而减少化肥的使用量。

(2)环卫规划

环卫人员与设备。例如,根据村庄人口规模,浙江省嘉兴市虹阳村将配备3～4个环卫工作人员,环卫车辆由城镇(即王江泾镇)统一规划。

公共厕所、化粪池。镇设2～3座公共厕所,基层村设1～2座公共厕所,每个公共厕所均设化粪池。在镇、基层村没有实行管道化排放之前,每家每户的粪便可经公共厕所收集,经化粪池、沼气池处理,其污混残渣物应通过吸粪车定期收集至指定的地点。

垃圾箱、垃圾中转站。镇、基层村小型垃圾转运站,用地面积为200平方米;每一农户设一垃圾箱;镇、基层村、整治点中每30户设垃圾筒,便于袋装化收集。

垃圾处理、污水处理。全村的污水、垃圾收集和处理纳入城镇(王江泾镇)统一规划。

(六)村庄整治规划

除规划的中心村、基层村外,对目前的自然村均要进行整治,称为整治点,整治后成为仅为现代农业生产需要提供服务的农庄型村落。

1. 全村整治示范点

在行政村内选择某一自然村,先行进行整治,为推进其他自然村的整治作为示范。在虹阳村总体规划中,以东蒋自然村为典型,进行示范规划。

第五章　乡村振兴战略背景下乡村旅游设施的建设

东蒋自然村的具体整治内容如下。

（1）房屋整理

清理违章建筑,拆除简易屋,修整院落,增加通户道路,整治建筑立面。

（2）卫生改善

清除卫生死角,增设垃圾收集点,落实屋前屋后绿化。

（3）河道整治

清淤疏浚,河面打捞,整修河岸,修缮河埠。

（4）路面硬化

居民点内,道路维修、加固;增设水泥路,宽度2米以上。

（5）绿化工程

沿河建设3~8米绿化带,道路两侧植行道树。

（6）公共事业

建设图书活动室,适量布置商业点,增设小游园,配备健身设备。

（7）推广新能源

逐步建设沼气系统,积极促进太阳能利用。

2. 自然村整治规划引导

在明确整治村落的基础上,依据不同类的自然村村庄的特点,分别提出整治原因、整治内容和整治目标等。

（1）整治原因

村庄整治的原因主要为有关生态廊道、控制区等的导控需要而必须进行整治提升。其廊道和区域有:自然生态保护区、保护廊道、风景旅游区、区域环境保护设施建设控区;轨道交通、航道沿线廊道控制、高速公路沿线和互通口的留地制区;城市、城镇重大基础设施建设需要控制的地域范围;矿藏等自然资源保护区等。

（2）整治内容

疏解、外迁农村居民点,完善卫生设施,改善道路与交通环境,进行河道设施的治理,整治建筑立面,优化建筑空间环境等。

（3）整治目标

通过整治,使农村居民点成为完整的基层村,对于不具备发展条件而又无法拆迁的自然村落,可以保留现状村庄住宅,作为从事农业生产就业农民的聚居场所,即为农庄村落。

四、村庄空间布局的具体规划

(一)公共空间布局与设计

村庄中的公共空间对于村庄本身是进行公共活动和社会活动的场所,如政治、经济、文化活动等,同时还包括商业服务、文化体育、娱乐活动等,对于一些较大的村庄,还需要配备一定的卫生、医疗和交通方面的内容,对于公共建筑在功能上的不同,和公共活动本身的不同需求,对广场进行配置,同时进行交通和绿地的规划,保证其公共设施是相对集中的。[①]

1. 村庄公共空间的基本内容

村庄公共空间作为服务于村庄的功能聚集区,应满足村庄自身的发展需求,对于有着不同功能的分区而言,其所组合成的村庄公共空间是不同的,同时根据村庄本身规模的大小和不同的需求,对不同类别的公共空间进行设置。

公共空间的基本内容由公共建筑和开放空间组成,大致包括如下。

(1)行政管理类:包括村委会。很多村庄的村委会一般位于村庄的中轴线上,以显示其服务功能和主导作用。近年来,随着我国新农村建设的不断完善,在人口集聚度比较大的村庄形成社区,构建社区服务中心。

(2)商业服务类:包括超市、饭店、饮食店、茶馆、小吃店、洗浴中心等。大一点的村庄还具有集贸市场、招待所等,商业服务是村公共空间功能的重要组成部分。

(3)邮电信息类:包括邮政、电信、电视、广播等,近年来网络也在村庄中迅速发展。

(4)文体科技类:包括文化站(室)、游乐健身广场、老年活动中心、图书室等。根据村庄规模的不同,所设置的项目有多有少,村庄的体育科技设施普遍缺乏,而在村庄的发展中,文化、娱乐、体育、科技的功能会越来越重要,而且作为地方性的代言者和传播者有其独特的价值,特别是一些民风民俗文化应予以重视。

(5)医疗保健类:以卫生室、社区医疗服务站为主,随着人民生活水平的不断提高,人民对健康保健的需求也不断增加,对于人口规模较大的

[①] 唐珂、宇振荣、方放:《美丽乡村建设方法和技术》,中国环境科学出版社,2014,第40页。

村庄,建成一组设备较好、科目齐全的卫生院是必要的。

(6)民族宗教类:包括寺庙、道观、教堂等,这是宗教信仰者的活动中心,尤其是在少数民族地区,如回族、藏族、维吾尔族等少数民族聚居地,清真寺、喇嘛庙等在村庄中占有重要的地位。

(7)环境休闲类:包括广场、绿化、建筑小品、雕塑等,对于改造的村庄,广场在村庄公共空间的构建中越来越具有重要的功能。

2. 村庄公共空间的布局形式

村庄公共空间布局形式常用的有沿街式布置、组团式布置、广场式布置,其基本组合形式如下。

(1)沿街式布置

①沿主干道两侧布置。村庄主干道通常使居民出行方便,中心地带集中较多的公共服务设施,形成街面繁华、居民集中、经济效益较高的公共空间,该布置沿街呈线形发展,易于创造街景,改善村庄外貌。

②沿主干道单侧布置。沿主干道单侧布置公共建筑,或将人流大的公共建筑布置在街道的单侧。另外,少建或不建大型公共建筑。当主干道另一侧仅布置绿化带时,这样的布置借称"半边街",自然是半边街的景观效果更好,人流与车流分行,行人安全、舒适,流线简捷。

(2)组团式布置

①市场街。这是我国传统的村庄公共空间布置手法之一,常布置在公共中心的某一区域内,内部交通呈"几纵几横"的网状街系统,沿街两旁布置店面,步行其中,安全方便,街巷曲折多变,街景丰富,我国有不少历史文化名村就具有这种历史发展的形态,丰富多彩的特色成为一个旅游景点。

②"带顶"市场街。为了使市场街在刮风、下雨等自然条件下,内部活动少受和不受其影响,可在公共空间上设置阳光板、玻璃等,形成室内中庭的效果。

(3)广场式布置

①四面围合,以广场为中心,四面建筑围合,这种广场围合感较强,多可兼作公共集会的场所。

②三面围合,广场一面开,这种广场多为一面临街、水,或有较好的景观,人们在广场上视野较为开阔,景观效果较好。

③两面围合,广场两面开,这种广场多为两面临街、水,或有较好的景观,人们在广场上视野更为开阔,景观效果更好。

④三面开,广场三面开敞,这种广场一般多用于较大型的市民广场、

中心广场,广场拥有重要的建筑,周围环境中山水等要素与广场相互渗透、相互融合,形成有机的整体、完整的景观。

3. 公共设施的配置标准

(1) 公共服务设施布置原则

在对公共服务设施进行配置时,应该保证其与村庄本身的产业特点和人口规模相匹配,同时与经济社会本身的发展水平相适应、相配套,要节约公共服务设施,同时对村民使用的地方进行集中布置,如村口或村庄主要道路旁。根据公共设施的不同设置其规模,其布局分为两种形式,一种就是点状,另一种就是带状。对于点状布局而言,其应该与公共活动场地结合,保证其成为村中公共活动的重要中心;对于带状布局而言,其要与村庄进行结合,从而形成街市。

(2) 公共服务设施配套指标体系

公共服务设施配套指标按1000～2000平方米/千人建筑面积计算。经营性公共服务设施根据场地需要可单独设置,也可以结合经营者住房合理设置。

(二) 村庄宅基地规划

1. 农村宅基地规划

宅基地是村庄建设用地的重要组成部分,其功能以居住为主,在部分地区还兼有生产功能。宅基地的面积规模应依据村庄居民对生活生产的合理需要来确定。一般来说,宅基地由住房、生产辅助用房、生活杂院等组成,随着生活水准的提高还必须保证一定的绿化用地。以上用地的组成应分配得当、有机组合,因为上述项目的指标对其他多项用地指标有直接影响,是当前村庄规划的重点,必须按照实际需求合理制订,不能简单地由设计图决定。因此,为保证村庄规划中居住区规划既合理又能够节时节地,必须做到宅基地选址适当,宅基地策划方案合理,宅基地各组成用地比例科学。[①]

宅基地的选择需要考虑如下几点影响因素。

(1) 自然因素

自然因素包括地形地貌因素、气候因素、水文及当地资源条件等,我国南北、东西跨度较大,地理及气候条件变化幅度也较大,导致村庄宅基

---

① 金兆森、陆伟刚:《村镇规划》,东南大学出版社,2010,第240页。

第五章 乡村振兴战略背景下乡村旅游设施的建设

地选址影响差异也较大。比如,北方村庄住宅对采光要求高;南方住宅注重通风、遮阳,这样便会产生面宽小、进深大的居住形态。平原、山区、草原区以及濒水地区由于地形、气候差别也产生了风格迥异的选址方法与居住形态。

(2)社会、经济、技术因素

我国农村在经济上和技术上有着较大的差距,这往往是因为其资源的分配不均匀,导致其发展水平有着一定的落差,其社会结构也相对复杂,在建立宅基地时,其标准和要求是不同的,根据经济发展水平、人口因素、家庭结构、生活方式、风俗习惯、技术水准、地方管理制度等的不同,其宅基地的建设是不同的。

2. 宅基地规划设计的基本控制指标

(1)宅基地规划技术经济指标体系相关标准

在村庄规划中一般将宅基地分成住宅组群与住宅庭院两级,其中每个级别再细分为Ⅰ、Ⅱ两级。

(2)村庄住宅用地分类与用地平衡

村庄住宅用地类型比城市用地相对简单,包括住宅建筑用地、公共建筑用地、道路用地和公共绿地四类。

(3)村镇住宅人均宅基地指标

为合理保证村镇住宅的使用舒适性、便利性,满足村镇居民生产生活开展及节地要求,必须科学合理地确定人均宅基地的规模。宅基地人均指标依据气候区划不同而存在差异。

3. 宅基地规划设计技术经济指标及其控制

宅基地规划设计技术经济合理性可以用以下指标来考察。

(1)住宅平均层数:指住宅总建筑面积与住宅底的面积的比值,一般层数越高,节地性越高。

(2)多层住宅(4~5层)比例:多层住宅与住宅总建筑面积的比例。

(3)低层住宅(1~3层)比例:低层住宅与住宅总建筑面积的比例。

(4)户型比:指各种户型在总户数中所占百分比,反映到住宅设计上就是在规划范围内各种拟建房(套)型住宅占住宅总套数的比例。该比例的平衡需要依据人口构成、经济承受能力、居住习惯等综合考虑。

(5)总建筑密度:指在一定用地范围内所有建筑物的基底面积之比,一般以百分比表示,它可以反映一定用地范围内的空地率和建筑物的密集程度(%)。

（6）住宅建筑净密度：住宅建筑基地总面积与住宅用地面积的比率（％）。

（7）容积率（建筑面积毛密度）：指每公顷宅基地上拥有各类建筑的平均建筑面积或按宅基地范围内的总建筑面积除以宅基地总面积计算（％）。

（8）绿地率：指宅基地内各类绿地面积的总和与宅基地用地面积的比率（％）。

（9）相关密度指标控制技巧：在进行宅基地的规划过程中，对于住宅建筑密度和人口密度等多项与密度相关的指标都要进行关注。就目前来看，农村用地和城市用地是越来越紧张的，这就导致节约土地成为城镇规划中的一个重要原则，同时要想扩大小城镇，就需占用大量土地，这样看来，节约用地至关重要。对于宅基地而言，其规划需要一个相对合理的经济指标。"合理"主要是指对于宅基地要确定其经济密度，在实现节约用地的同时，还要满足居民的正常生活。

为了实现节约用地，我国的村庄在居住区建设中要对基层数进行增加，加之我国的情况就是人多地少，根据各个省市的不同密度指标来与国外的密度指标进行对比，其指标相对较高，所以无论是高密度还是低密度，其都应该是有着合理数值的密度。

（四）生产用地规划

根据当地产业特点的不同和村民在生产上的不同需求，对其中的产业用地进行相应安排，其中包括村庄规划建设用地范围外的相关生产设施用地。

要集中布置手工业、加工业、畜禽养殖业等产业，这对于生产效率的提高具有重要意义，同时对生产安全有益，为防疫和污染治理提供一定帮助。

第三节　乡村振兴战略背景下乡村旅游解说系统和网络信息平台建设

一、乡村旅游解说系统建设

（一）解说系统的意义

解说是人与人、人与环境之间沟通的工具与互动的桥梁，游客通过解

第五章　乡村振兴战略背景下乡村旅游设施的建设

说人员优秀的解说,可进一步临场体验视、听、触、嗅、味等感觉,也可通过与解说人员的双向交流,提升个人观察与欣赏环境的能力。此外,在各种科技的协助下,解说的形式与媒介越来越多样化,经由解说媒介的转化,可以引导游客去感受环境的多变性与自然之美,让游客留下知性与感性的体验。解说系统的重要性体现在以下方面。

对游客来说,可以充实游客的体验,使游客利用自然环境时,做出明智的选择;可以使游客了解人类在生物界中所扮演的角色,进而尊敬自然;可以广增游客的见闻,对资源有更进一步的认识。

对环境来说,可以减少环境遭受不必要的破坏;可以将游客由较脆弱的生态环境中转移至承载力较强的区域;可以唤起民众对于自然的关心,有效地保护历史遗迹或自然环境;可以促使大众以合理的方式采取行动保护环境。

对经营者或当地来说,可以改善公共形象并建立大众支持;可以唤起当地居民对民俗文化遗产引以为荣的自尊与感受;可以促进观光资源的利用,提升当地的知名度,增加经济效益。

(二)户外解说设施构建

展示解说使用文字、图画、相片、模型及实物等做成解说牌示或展览品,以达到解说服务的目的。解说设施分室内和室外两种类型,乡村旅游区的解说设施主要为室外展示。

室外展示包括路边展示或室外展示,通常是由一些表面附有解说文字和辅助图画的平面木板所组成。室外展示受到环境的限制,其适合使用的媒材与形式不如室内展示来得多元和效果好。户外展示的设立位置,必须放在容易看得到的地方,而且应当使游客能毫无障碍地看到要解说的事物。

二、乡村旅游网络信息平台建设

网络技术的发展与营销手段的更新,使智慧旅游时代到来。基于这一时代背景,要想使乡村旅游可以长足发展,需要建构网络信息平台,以便收集相关信息,对乡村旅游的发展进行评价与反馈。

(一)乡村旅游网络信息平台构建的意义

构建乡村旅游信息平台具有重要意义,具体来说主要有如下几点。

首先,有助于开拓旅游产品的销售市场,为其提供广阔的发展空间。具体来说,通过乡村旅游网络平台,人们可以更多地了解乡村旅游产品,进而选择到当地旅游与购买相对应产品。这样乡村旅游景区也可以吸引更多的游客,从而获得可持续发展。

其次,有助于促进乡村旅游的规范发展,通过乡村旅游网络信息平台,可以对乡村旅游条例、管理措施等进行规范,从而建构一个文明有序的乡村旅游信息环境。

最后,有助于构建乡村旅游信息库。利用乡村旅游网络信息平台,能够对乡村旅游的信息特征加以描述,当收集了这些信息特征之后,便可以构建信息库,从而便于乡村旅游景点的宣传。

(二)乡村旅游网络信息平台构建的思路

乡村旅游网络信息平台是基于网络建构起来的,在建构过程中,需要做好如下几点工作。[①]

第一,确保将自身的特点展现出来。

第二,确保栏目编排清晰有序。

第三,确保旅游者能够准确捕捉信息,并快速进入网页。

第四,要尽可能具备强大、全面的功能,以与旅游者的需求相符。

第五,确保页面形象好。

第六,要注意对信息的发布加以完善,确保条例、法规等符合规范。

第七,设置会员管理功能,便于网站被更多人认可。

第八,注意更新网页内容。

第九,切实抓住客户的心理,制作符合客户心理的页面。

第十,确保客户登录的安全性。

(三)乡村智慧旅游建设

乡村旅游的提档升级迫切需要智慧旅游的支撑,智慧旅游应用于乡村旅游是一种必然趋势(郑艳萍,2016;韩福丽等,2017;尹大禹等,2017)。张凌云等(2012)认为,智慧旅游的本质是指包括信息通信技术在内的智能技术在旅游业中的应用,是以提升旅游服务、改善旅游体验、创新旅游管理、优化旅游资源利用为目标,增强旅游企业竞争力、提高旅

[①] 林业江、庞铁坚:《桂林国际旅游胜地核心竞争力研究》,广西师范大学出版社,2015,第290页。

第五章 乡村振兴战略背景下乡村旅游设施的建设

游行业管理水平、扩大行业规模的现代化工程。[①]将智慧旅游与乡村旅游相融合,结合姚国章(2012)关于智慧旅游的阐释,可知乡村智慧旅游的概念,即乡村旅游业高度融合ICT技术(内联网、物联网、互联网、移动互联网,大数据、云计算、固定和移动终端等信息通信技术),主动感知旅游资源、旅游活动、旅游经济等信息,进而实施智慧政务、智慧管理、智慧营销和智慧服务,使游客快速、便捷地做出购买决策并享用智能服务的现代化乡村旅游经济活动。

1. 乡村智慧旅游职能划分

乡村智慧旅游的职能可划分为乡村智慧旅游政务、乡村智慧旅游管理、乡村智慧旅游营销和乡村智慧旅游服务四大职能,并可根据其概念内涵进行更为细致的职能划分,以建立完善、高效及便捷的乡村智慧旅游体系。乡村智慧旅游政务关注行政管理单位与乡村旅游企业之间的信息交流,以有效提升乡村旅游主管部门的宏观管控能力;乡村智慧旅游管理关注如何提高旅游企业管理信息化水平;乡村智慧旅游营销建设则关注如何有效促进旅游宣传与市场开拓;而乡村智慧旅游服务建设关注如何提升服务质量。

乡村智慧旅游政务以信息通信技术为支撑,将区域内乡村旅游企业发展纳入信息化管理范畴,将办公、教育、监督、分析、评价及指挥功能集于一体,其打破了各自为政和条块分割的局面,从宏观管理层面对乡村旅游产业发展进行监控与指导,能够实施跨部门协调并促进全域乡村旅游的发展。

乡村智慧旅游平台将电子政务专网与各级行政单位和经营单位进行连接,应用主体可通过网络访问业务应用系统。应用主体不需要单独的服务器系统,可根据分级权限来访问与使用乡村智慧旅游平台。乡村智慧旅游平台建立覆盖全时段全方位的精确、便捷、高效、可视的管理体系,全面掌握乡村旅游企业的经营状况,主动获取乡村游客信息,形成游客数据积累和分析体系,全面了解乡村旅游市场需求的变化,为乡村旅游发展的科学决策和科学管理提供依据。

2. 乡村智慧旅游职能细分

在明确乡村智慧旅游的四大职能,即智慧政务、智慧管理、智慧营销和智慧服务之后,可以进一步进行乡村智慧旅游的职能细分。

[①] 张世满:《2016—2017年山西旅游发展分析与展望》,山西经济出版社,2017,第222页。

（1）乡村智慧旅游政务职能细分

①任务控制。建立辖区内乡村旅游企业名录，通过智慧旅游平台实行有效监管，明确任务的发送、接受与监督等工作程序。

②投诉处理。乡村游客投诉信息的添加、修改、查询、删除与反馈，实现对旅游投诉以及旅游质量问题的有效处理，维护乡村旅游市场秩序。

③企业登记。乡村旅游企业（含旅游景区景点）的一般信息（如地址、电话、传真、E-mail等）和详细信息（文字、照片、录像等）的发布、查询与管理。

④资产监管。实现乡村旅游企业基础设施和服务设施的信息管理和实景化观测。

⑤专题统计。可对整体经营状态进行名称统计、数据库字段统计、空间位置统计、选定空间位置统计。

⑥外部协调。与公安、交通、工商、卫生、质检等部门形成信息共享和协作联动机制。

（2）乡村智慧旅游管理职能细分

①管理智能。通过办公自动化和信息化建设，推进业务流程重组，改进乡村旅游企业管理模式。

②产业整合。实现区域内乡村旅游资源整合，明确产业分工与布局，推动乡村旅游规模发展与协同发展。

③科学调度。密切关注游客流量与分布状态，对乡村旅游景区（点）的车辆、工作人员进行合理的调配。

④安全保障。根据乡村旅游信息数据形成预测预警机制，提高应急管理能力，保障乡村旅游安全。

⑤生态监测。实时可视化监测大气、水质、地质和森林等自然环境状态，保护生态资源，保障乡村旅游可持续发展。

（3）乡村智慧旅游营销职能细分

①推介宣传。利用网站与新媒体推送乡村旅游目的地相关的文字、图片和音像资料，提高游客对乡村旅游产品的了解程度，形成现实购买或者潜在意向。虚拟现实技术可运用于虚拟景区建设，以强化宣传效果，并通过知识标签提供面向乡村游客的学习功能。

②产品查询。乡村游客借助乡村智慧旅游平台可进行分类检索，获得旅游产品信息，以"库查图"的方式进行电子地图的精确定位。乡村游客通过产品目录或者输入产品名称，即可检索出符合条件的所有乡村旅游企业的名称并显示产品内容。

③线路规划。乡村旅游企业必须向主流电子地图（百度地图和高德

第五章 乡村振兴战略背景下乡村旅游设施的建设

地图)上报地理信息与服务信息,使得用户在地图上点击一个旅游企业信息点,就可以获得该旅游企业点的一般信息和详细信息,并能够把电子地图作为协助手段来规划乡村旅游线路。

④在线交易。提供多样化在线支付方式,保障游客顺利预订。建立完善的乡村游客评价体系,一方面,约束乡村旅游企业的行为,促使其提供优质高效的服务;另一方面,优质产品的评价内容将形成其他游客的交易参考,有利于促进乡村旅游品牌的建设与传播。

(4)乡村智慧旅游服务职能细分

①信息公布。信息公布涉及乡村旅游企业的重要新闻、天气情况、交通状况、热点推荐、公告警示、服务评级等旅游资讯的发布。具体运用多媒体展示系统与LED信息系统进行操作。

②提升体验。在服务过程中,运用信息技术与人工智能,以高效、便捷、舒适的服务方式提升顾客的满意度与体验度。

第一,智慧交通服务。乡村游客在目的地可以使用手机客户端的实时公交APP或者电子地图APP即时进行旅游线路规划,并予以实施,提高了旅游时效。这些APP平台是全国性共享平台,它需要乡村旅游目的地提供旅游地点的坐标,以完成旅游交通的线路规划。

第二,电子导游服务。乡村智慧旅游平台应开发基于手机GPS定位和基站定位的电子导览地图并配备电子语音导游。当乡村游客到达目的地之后,可以自助完成游览。平台系统应支持电子地图的打印。

第三,餐饮与住宿服务。团购平台APP的周边服务功能及促销优惠信息能够实现O2O无缝接合,即线上即刻交易,线下即刻享用。此时智慧营销与智慧服务融为一体。同时,智慧场景服务也得到了升级,如电子菜单更加便捷、无人酒店手续更简捷。

③客户管理。将CRM(Customer Relationship Management,客户关系管理)作为一种理念、一种技术、一种模式应用于乡村智慧旅游平台,以增强对游客服务的针对性,有效巩固乡村旅游市场。

乡村智慧旅游之智慧政务、智慧管理、智慧营销与智慧服务这四大职能并不是孤立实现的,智慧政务统领其他三大职能,而智慧管理是智慧营销和智慧服务的基础,智慧营销为智慧服务提供了客源,智慧服务又树立了智慧营销的口碑。其细分职能常交织在一起,如OTA的美团既可以承担营销职能,又可以实现即时的、场景化的产品选择与支付服务。

3. 乡村智慧旅游技术应用

（1）乡村智慧旅游体系构建

从以往旅游信息化建设过程来看，我们走过许多弯路。比如，县级市构建的智慧旅游平台，由于体量过小，聚合度较低，加之费用有限、入不敷出，无法维持正常的运营，在硬件投资与软件开发方面造成了巨大的浪费。目前来看，智慧旅游平台建设限于省级以上区域是恰当的，其具有较好的资源整合能力，能够充分发挥智慧旅游的职能功效。乡村智慧旅游建设是否有必要投资建立独立体系？笔者认为，乡村智慧旅游职能是基于智慧旅游平台人为划分的，乡村智慧旅游建设没有必要建立独立体系。我们只需在省级智慧旅游平台的框架中将数据库的内容设置相应的乡村旅游标签，将乡村智慧旅游体系从省级智慧旅游平台中抽取出来，即可让其单独发挥作用，实现乡村智慧旅游的职能功效，而省级智慧旅游平台建设最适用的信息技术就是SaaS（李霞，2013；翟岳辉，2013）。[1]

SaaS是Software as a Service（软件即服务）的简称。以基于SaaS的省级智慧旅游平台为基础，在数据库中添加乡村旅游的标签，在操作界面设计一个省级乡村智慧旅游的职能应用体系，就可以开发出一个能够满足省域内绝大多数乡村旅游业务需求的通用信息系统，可达到以最少的资金投入形成乡村智慧旅游体系的目的。省级乡村智慧旅游体系的数据库是省级智慧旅游平台的一个有机组成部分，通过"乡村旅游"的标签进行数据提取之后，省级智慧旅游平台原有的四大职能，即智慧旅游政务、智慧旅游管理、智慧旅游营销与智慧旅游服务的操作界面就可以对应地转换为乡村智慧旅游四大职能的操作界面。省级乡村智慧旅游体系是一个功能齐全的通用模板系统，可以提供给多个不同行政级别的乡村旅游企业和管理部门重复使用。该系统具有乡村智慧旅游职能细分的可配置性，系统中的有些功能对某些用户来说可能是不需要的，不同的用户可以根据自身需要来定制或选择所需要的应用功能。

基于SaaS的乡村智慧旅游体系应具有强大的统计功能。在科学制订全省乡村旅游发展评价指标体系的基础上，乡村智慧旅游政务职能建设应明确要求各级用户及时上报统计数据，这样既可以对全省、各市和各县的乡村旅游经济数据进行汇总，也可以对各类型乡村旅游企业经济数据进行归类分析。

---

[1] 葛亚宁：《海南省乡村旅游游客体验感及影响因素研究》，海南大学，2018，第16页。

第五章 乡村振兴战略背景下乡村旅游设施的建设

（2）全国智慧旅游平台的应用

基于 SaaS 的省级乡村智慧旅游体系要完全实现四大职能尚需要借助全国性智慧旅游平台的辅助。以营销职能的在线交易为例，利用全国知名的分销中介平台更易促成交易；使用基于 GPS 的电子地图 APP，则可以顺利完成旅游交通导航。

由于交通运输的现代化及私家车拥有量的不断提高，自助游客成为乡村旅游市场的主力军。目前自助游客经常使用的全国智慧旅游平台主要是旅游 OTA 形式，诸如携程、美团、大众点评，其服务涵盖了食、住、行、游、购、娱六方面旅游产品的预订与 O2O 销售。百度地图从最初的导航 APP 发展成为一个新型的 OTA 软件。百度地图发现周边的功能可以查询到周边的六要素旅游产品，还可筛选与排序，并且实现了酒店预订功能。电子地图 APP 在定位功能上依赖于 GPS 或者北斗导航定位技术，要求定位点有明确的坐标，如果坐标上传者附上坐标点企业的详细资料，如餐馆的介绍与图片，那么电子地图 APP 也会全部展示，而且消费者可以在网上发表评价与图片，成为人们的消费参考。所有的 OTA 无一例外地都嵌入了电子地图，以帮助消费者进行定位，因此实现乡村智慧旅游的职能，上传地理坐标并完善乡村旅游企业推介的文字与图片显得尤为重要。

关于是否需要建设省级 OTA 一直存有争议，笔者认为目前尚无必要。因为游客已经形成了借助全国知名 OTA 制订旅游计划与实施旅游消费的习惯，而且建设省级 OTA 需要完善其电子商务功能，需要建立呼叫中心来进行人工仲裁与辅助，运营成本太高。再者，省级 OTA 不如全国知名 OTA 运营专业且有规模效益，对于运营人才的吸引力也有限。因此，开展乡村智慧旅游建设，要在完善智慧管理的基础上树立品牌形象，再入驻知名 OTA 开展 O2O 交易，才可以有效开展智慧营销。关于是否需要建设省级电子商务平台来销售土特产品，也一直存有争议，笔者认为也无必要，除上述原因之外，实物性电子商务的开展需要第三方支付平台实现悬挂支付，以此保障顾客的利益。开通第三方支付相对容易，如支付宝可以开放接口，但是店小二的仲裁机制在没有规模效益的前提下难以维系。我们可以看到，平遥牛肉和雁门清高在淘宝上的销售情况非常好，所谓好产品遇到好平台，智慧营销水到渠成。

相对城市公交，乡村旅游交通多有不便，许多乡村游客担心等不到或者错过旅游班车，草草结束行程去候车，不能够充分利用时间。"车来了""等车来"和"车等我"公交等车软件为乡村智慧旅游的交通服务提供了提升客户体验的机会。以"车来了"为例，它是由元光科技开发的一款查询公交车实时位置的手机软件，不仅能提供公交车的到站距离、预计到站时间，还能显示整条公交线路的通行状况，让用户不再盲目等待，有效缓解用户候车的不安全感，同时改变用户出行方式。"车来了"目前在实时公交领域APP排位全国第一，已经覆盖全国66个城市，服务4000万用户，能为公交出行人群每人每天节省约11分钟时间，2021年"车来了"将进军100个城市，同时用户实现倍数增长，用户量达到1亿。这样的软件可以应用于乡村智慧交通服务，旅游班车运营单位将车载GPS数据上传该APP即可实现，一方面满足了乡村游客的需要，另一方面也为乡村居民出行提供了便利。

（3）乡村景区的信息化建设

基于SaaS的省级乡村智慧旅游体系实质是政府主导的管控平台，它以一套软件满足了多层级多用户需求，且能不断开发新功能。这种多用户租用共享平台的模式无疑为市县级用户节省了机房建设和软件购买的费用。但是，乡村旅游企业的信息化建设仍然需要购置智能设施和配套软件。餐饮企业的智能设施投资较少，如物理的电子平板菜单已经可以被微信电子菜单这样的小程序所取代，而其智能营销与智能服务较多依靠外部中介平台，如美团团购与外卖、百度周边服务与外卖。但是乡村景区的信息化建设则要耗费大量资金来购买信息设备并开发集成软件。

乡村景区信息化建设需要把物联网技术、电子通信技术与景区经营管理服务相结合，统筹和规范景区信息的收集、处理和应用，整合资源、信息共享，建立功能强大的旅游资源保护系统、信息服务与管理系统，为游客提供及时准确的信息服务，为景区管理、服务、资源保护提供决策支持数据，以实现景区数字化管理下的可持续发展，具体内容包括办公自动化、营销网络化、即时全区监控、电子门禁管理、电子客服信息系统、安全报警与求助系统。乡村景区信息化系统结构可分为两个层次：基础平台层和应用系统层；三个方面：资源保护数字化、管理运营智能化和产业整合网络化。基础平台层包括基础设施（电力、网络）、系统数据库、数据安全容灾设施和遥感技术支持。应用系统层交叉涵盖了资源保护数字化的环境监测系统与智能监测系统，以及管理运营智能化的办公自动化系统、多媒体展示系统、车辆调度系统、门禁票务系统与电子商务系统等。资源保护数字化的各系统与运营智能化的各系统发生交互，形成了产业网络整合化的决策，用以动态调整商业协同的相关问题。

乡村景区信息化建设工作不可能一蹴而就，应分步完成。首先，根据规划蓝图，确立调整性差的硬件建设，完成供电设施与网络系统的建设。网络光缆的铺设要设置线缆专用渠道，以便二次修缮加装时方便揭

第五章 乡村振兴战略背景下乡村旅游设施的建设

盖工作。第二步建设 RS 采集点、门禁系统、多媒体展示系统、LED 告示牌。第三步架设服务器与电脑终端,调试 3S 系统、CRM 系统、门禁系统软件。至此一个景区的信息化系统建设便具备了雏形。要重视 3S 建设与应用。"3S"技术是指遥感技术(Remote Sensing, RS)、地理信息系统(Geographical Information System, GIS)、全球定位系统(Global Positioning System, GPS),它们是乡村景区信息化系统的重要技术保障。RS 具有卫星遥感影像处理、开展专题监测等主要功能,可以对乡村景区的各类开发活动和规划实施情况进行动态监测。GIS 可对乡村景区内地形地貌特征、景区基础设施(能源、交通、通信、自来水及排污管道等)进行动态记录和识别。GPS 技术可对景区车流量、区域分布情况实时监控,管理者可根据景区客流状况,对车辆进行分配调度,有效地加强观光车的管理。

乡村信息化建设取得的成就为进一步开展乡村智慧旅游建设,驱动乡村旅游业转型升级创造了条件。但是我们也要清楚地认识到,乡村智慧旅游的职能功效只有在完善基础设施、改善乡村可进入性的基础上,才有可能进一步发挥其重要作用。

第六章 乡村振兴战略背景下乡村旅游市场的开拓

面对有不同旅游需求和欲望的游客,任何乡村旅游产品都不可能满足市场上全部游客的所有需求。乡村旅游经营者只能根据自身的优势与资源,从事某方面的生产、营销活动,选择适合自己经营的目标市场,以满足一部分旅游者的相关需求。因此,乡村旅游要通过基本的市场细分来选定自己的目标市场,进行市场定位,以便制订有效的旅游市场营销战略和对策。通过市场细分的作用可以帮助乡村旅游经营者发现市场机会,掌握目标市场的特点,从而制订市场营销组合策略,提高乡村旅游企业的竞争能力。

第一节 乡村旅游市场分析

一、市场及旅游市场的定义

从经济学的角度来定义市场,是指人们交换商品的场所。哪里有商品交换,哪里就有市场。市场随着商品经济的发展而发展,故而市场的概念在不同时期具有不同内容。例如,我国古代北方的"赶集"或"集市"、南方的"赶场"或"赶圩",都是指最简单的市场。但随着商品经济的发展,后来出现了庙会、店铺、物资交流会、贸易货栈、交易所、百货商场以及今天的"超市"等市场形式,并且有了狭义市场和广义市场之分。[1]

狭义市场即指商品交换的场所;广义的市场则体现为影响、促进商

---

[1] 杨载田、章勇、刘沛林:《湖南乡村旅游研究》,华龄出版社,2006,第62页。

第六章　乡村振兴战略背景下乡村旅游市场的开拓

品交换的一切机构、部门与商品买卖双方的关系,即某一特定产品的供求关系。同一般商品市场一样,旅游市场它是社会分工进一步深化、商品生产发展到一定阶段的产物。新兴的现代旅游业出现之后,社会上出现了需要进行旅游消费的旅游者,二者之间的交换便形成了旅游市场,其是实现旅游生产需求者与旅游商品供应者之间经济联系的场所。旅游市场也就同样有着狭义和广义之分。狭义的旅游市场是指旅游产品交换的场所,广义的旅游市场则是指旅游产品交换过程中所反映的各种经济观和经济联系。

二、乡村旅游的需求类型

人们对乡村旅游最重要的需求可以抽象概括为一种对乡村"意象"的梦想,它是对"乡村之美"的追求,这种由乡村的"意象"给人们所带来的"乡村之美",是乡村旅游业赖以生存和发展的永不衰竭的源泉,这不仅包含对乡村田园风光、民俗风情的审美欣赏,还包括对乡村生活与农业生产劳动体验的向往。随着乡村旅游市场从观光旅游向休闲旅游和康体度假旅游发展,乡村旅游的需求类型大致分为以下五类。

（一）对回归自然的渴望

由于我国城市生活环境越来越拥挤,城镇居民已厌倦了喧嚣紧张的城市生活,希望通过乡村旅游暂时远离喧嚣的生活环境,寻求一种回归自然的享受并通过参与各种农事活动获得身心的放松和娱乐。

（二）求新求知需求

我国城镇居民,平时跟农村很少有往来,由于长期生活在都市,他们缺乏对于农村、农事和大自然的基本了解,尤其是少年儿童,对乡村旅游地各种独特农村设施和淳朴民风民俗的好奇,使得越来越多的城市居民前去乡村旅游景区旅游,了解当地的文化习俗、民间艺术等,拓宽视野,感受文化艺术之美,扩大知识视野和陶冶情操,以满足自己求知求新的需求。

（三）怀旧情结驱使

由于特殊的历史原因,很多人都曾下乡插队当过知青,有过在农村生活、劳动的经历,这部分人多有重新感受那种田野风情、缅怀当年往事的怀旧情结。

（四）康体养生需求

随着我国老龄化时代的到来，除了传统乡村旅游业态以外，更出现了康体养生、山地运动等乡村旅游新需求，为乡村旅游的发展开拓了新的空间。乡村旅游者，希望能够享受城市环境所不能带来的精神上的感受及物质上的需要，因此他们会更加注重农村的生态环境是否良好，食品是否绿色卫生，空气是否清新等，同时在这里进行一些体育活动，强身健体。

（五）参与互动意识

随着旅游者的日益成熟，城市居民越来越期望能够主动参与到乡村旅游活动中。例如，以往对农家乐的需求，主要体现在餐饮上，最近几年游客期望"参与互动性娱乐"的要求越来越高，不但要求欣赏到独具特色的乡村旅游，而且还可以亲自采摘果实和干农活，或让游客参与乡村旅游商品的生产、制作过程，既充分调动了游客的好奇心，又能让游客体验到自己创作的意义，满足游客的心理需求。游客能够全方位地主动体验乡村生活，这样更能加深游客对乡村生活的印象。当然，我国城市居民参加乡村旅游的需求是多方面的，并由此构成人们对乡村旅游的复合型需求。

三、乡村旅游市场细分的原则及一般程序

乡村旅游市场细分，第一，必须遵循其可测量管理原则，即每一个细分市场包括什么，不包括什么，必须划分清楚，并要在细分市场中找到真正的消费行为，做到确定的标准能够从消费者那里得到确定的情报，以及可以测量这些标准各占的主要程度；第二，可占领性，即经过细分的市场其企业可利用现有人力、物力、财力去占领；第三，效益性，即企业在细分的市场上取得良好经济效益，这就要求要有适应本企业发展的相对稳定的规模；第四，稳定性，即细分市场具有相对稳定性，企业必须制订较长时期的营销策略，从而有效开拓并占领目标市场，以获取经济效益。细分乡村旅游市场一般程序由七个步骤构成。

（1）确定市场范围。

（2）了解市场需求。

（3）分析可能存在的细分市场。

（4）确定细分市场标准。

第六章　乡村振兴战略背景下乡村旅游市场的开拓

（5）为可能存在的细分市场命名。
（6）进一步了解各细分市场消费者的消费需求和购买行为。
（7）分析各细分市场和规模的潜力。

四、乡村旅游的客源市场

（一）乡村旅游客源市场概念

旅游市场有广义和狭义之分，广义的旅游市场指在旅游产品交换过程中所反映出来的旅游者与旅游经营者之间各种行为和经济关系的总和。狭义的旅游市场是指在一定时间、一定地点和条件下对旅游产品具有支付能力的现实和潜在的旅游消费者群体。[1] 乡村旅游规划中对旅游市场的分析与定位主要针对旅游者，即狭义的旅游市场，因此乡村旅游客源市场指的是在一定时间、一定地点和条件下对乡村旅游产品具有支付能力的实际和潜在的旅游消费者群体。

（二）乡村旅游客源市场分析与定位的国内外研究现状

经过近 160 年的发展，国外乡村旅游的发展已经处于成熟阶段，客源相对稳定，国外学者关于乡村旅游客源市场的研究取得很多有价值的成果，包括客源市场的主体、旅游动机和客源市场的细分等。国内关于乡村旅游客源市场的研究近几年才比较多，借鉴国外的研究成果，目前国内对乡村旅游客源市场的研究包括乡村旅游者的消费行为、消费理念、客源市场细分及定位等；在研究方法上，定性与定量相结合也逐步增多并逐步向实证研究、案例分析过渡；总体上国内关于乡村旅游客源市场的研究还处于起步阶段。

1. 乡村旅游客源市场分析与定位的国外研究现状

（1）乡村旅游客源市场的消费行为分析

根据国外学者的研究，乡村旅游客源市场以中老年人和带孩子的家庭为主，具有一定经济实力（Frater，1983；Cavacn，1995；Sharpley，1996；Oppermann，1996），但乡村旅游主体的支出普遍比海滨旅游主体和都市旅游主体低 20% ~ 30%（Oppermann，1996；Scottish Tourist Board，1996；Walmsley，2003）。Royo Vela M.（2009）根据对西班牙乡村文化

---

[1] 陈秋华、纪金雄：《乡村旅游规划理论与实践》，中国旅游出版社，2014，第 86 页。

旅游者的研究,得出西班牙乡村文化旅游者以受过教育的成年人为典型,他们对旅游地的忠诚度高并有乡村旅游体验,主要的旅游信息来源于亲朋。[①]

（2）乡村旅游客源市场的消费心理分析

国外学者对乡村旅游客源市场的消费心理研究包括旅游动机和影响因素等内容。在旅游动机方面,部分学者得出美国、英国的乡村旅游者参与乡村旅游活动的主要目的是探亲访友、游览名胜、乡村漫步（Davidson,1995；Scottish Tourist Board,1996；Ryan, et al.,2000）。部分学者提出乡村旅游者的主要动机是摆脱都市的疏离感、寻找满足感和踏实感、求证自身生活方式和地位（Mackay,1997；Kneafsey,2001；Walmsley,2003）。Molera L.（2007）通过对细分市场的研究,得出4/5的旅游者关注自然和环境,2/5的旅游者关注乡村旅游活动,1/5的旅游者关注与朋友相聚。RoYo-Vela M.（2009）提出西班牙乡村旅游主体参与乡村旅游的主要动机是希望暂时逃离世俗生活,放松心情和肌体,通常选择到新地方旅游。[②]

此外,在影响因素方面,Albaladejo-Pinal P.（2009）提出旅游者对西班牙乡村住宿的选择除了受乡村和自然环境的内特性影响外,还受农屋规模、建筑类型、设施质量以及可提供的活动和服务等其他因素的影响。Oppermann（1996）根据对德国南部乡村旅游的研究,得出便宜的食宿是德国南部乡村旅游发展的主要推动因素之一。

（3）乡村旅游客源市场细分分析

Greffe（1994）根据研究,认为乡村旅游者主要以家庭度假和主题度假为目标；Oppermann（1996）将德国南部的乡村旅游客源市场细分为有小孩的家庭市场和老年人市场；Frochot（2005）根据乡村旅游主体的偏好将乡村旅游市场细分为乡村型（the rurals）、消遣型（the relaxer）、活跃型（the actives）和观览型（the gazers）；Molera（2007）等把西班牙东南部的乡村旅游市场细分为家庭型乡村旅游市场（family rural tourists,30.45%）、放松型乡村旅游市场（relaxing rural tourists,25.37%）、积极型乡村旅游市场（active rural tourists,17.31%）、乡村生活型旅游市场（rural life tourists,15.52%）和乡村住宿型旅游市场（tourists of rural accommodation,11.4%）五个细分市场。[③] Park D., Yoon Y.（2009）根据

[①] 陈秋华、纪金雄:《乡村旅游规划理论与实践》,中国旅游出版社,2014,第87页。
[②] 同上。
[③] 徐芳:《东源县乡村旅游社区治理问题研究——基于利益相关者理论》,仲恺农业工程学院,2018,第18页。

第六章　乡村振兴战略背景下乡村旅游市场的开拓

对252名旅游者的调查,将旅游者按旅游动机分为寻找家庭归属感的旅游者、被动的旅游者、希望寻找一切的旅游者、学习和兴奋的旅游者等四类。Cai(2002)提出会务旅游是乡村旅游的一个重要细分市场。[1]

2. 乡村旅游客源市场分析与定位的国内研究现状

(1)乡村旅游客源市场的消费行为分析

2005年以来,国内学者对乡村旅游客源市场的研究逐渐增多,一般都采用问卷调查的形式,结合数学统计方法进行分析。总体上,学者们研究的乡村旅游地可以分为都市郊区型和景区依托型两类,其中以都市郊区型为主。都市郊区型乡村旅游目的地的研究包括粟路军、王亮(2007)以长沙市周边乡村旅游为例,对城市周边乡村旅游市场特征进行研究;徐宏、宋章海(2008)以贵州板桥艺术村旅游为例,分析了贵州"农家乐"消费者消费行为的共性与个性,其中共性包括消费的季节性,消费目的地距离选择的近程性,出行方式的集体性、自主性,消费的经济性,消费方式的趋同性及游客重游率高等,个性表现在季节性更为明显,自驾游比重更大,重游更高,多为一日游,民族风情元素突出;[2]林明太(2010)以泉州双芹村旅游为例,对乡村旅游游客的旅游决策行为、旅游偏好行为、旅游空间行为、客主交互效应和旅游体验评价认知等旅游前、中、后的行为进行研究;同时,杨华、尹少华、王俊增(2010)对长沙市乡村旅游消费者行为进行调研,王显(2010)对嘉兴市农家乐旅游客源市场进行研究,刘旺、孙璐(2010)对成都城市居民乡村旅游目的地选择行为进行研究,董正秀、周晓平(2010)对江苏地区乡村旅游客源市场分析与营销策略进行研究,张颖(2011)对北京郊区乡村旅游市场进行研究,邢夫敏、丁会会(2012)基于对苏州乡村旅游的调研对乡村旅游客源市场分析及拓展进行研究。[3]景区依托型乡村旅游目的地的研究比较少,张文祥、陆军(2005)对阳朔乡村旅游的国内外游客的行为特征、消费特征、需求特征和倾向进行调查与分析。[4]

(2)乡村旅游客源市场的消费心理分析

除了消费行为,国内学者对消费心理的研究也较多,主要包括对乡村

---

[1] 汪惠萍、王玉玲:《乡村旅游市场细分研究:以安徽西递、宏村为例》,《江苏农业科学》2012年第1期。
[2] 陈秋华、纪金雄:《乡村旅游规划理论与实践》,中国旅游出版社,2014,第91页。
[3] 张祖群:《当前国内外乡村旅游研究展望》,《中国农学通报》2014年第8期。
[4] 中国文物学会古村镇专业委员会、广西壮族自治区文物局、谢日万、张囷生:《城镇化与古村落保护论文》,文物出版社,2015,第10页。

旅游需求、乡村旅游动机、乡村旅游感知、乡村旅游消费意愿及影响因素等方面。

①乡村旅游需求研究。乡村旅游客源市场的消费心理中关于乡村旅游需求方面的研究较多,乡村旅游的需求大致可分为以下几类。第一类,将旅游需求归纳为回归自然、主动参与、求新求知,代表性的学者有杨旭(1992),杜江、向萍(1999),范文赫(2008)等。第二类,将旅游需求归纳为乡村文化,代表性的学者有潘秋玲和黄进,潘秋玲(1999)提出乡村旅游产品的需求具有围绕乡土文化为主题的需要趋势;黄进(2002)提出对乡村"意象"的梦想是人们对乡村旅游最重要的需求。第三类,将旅游需求与旅游者行为相结合,如宋玲、吴国清、丁水英、谷艳艳(2009)通过对上海市城市居民的调查与分析,得出上海城市居民乡村旅游需求有以下特征:电视媒体与亲友介绍是最主要的信息渠道;以休闲放松为主要期望利益;注重观赏性及参与性的结合;文化体验型主题最受欢迎;偏爱古朴型住宿设施;注重亲情,偏爱自驾;季节差异明显,偏爱春秋两季出游等。

②乡村旅游动机研究。万绪才(2007)提出参与乡村旅游者的动机包括欣赏乡野风光、体验回归自然的感觉、体验与了解乡村农事活动、参观高科技农业、寻找怀旧的感觉、品尝土特产、购买新鲜的农产品等。[①]徐培、云明(2009)在文献研究的基础上,根据庐山的特点,设定放松身心、景观吸引、体验生活、增长知识、社会交往、从众心理六个主要动机。[②]张颖(2011)通过对北京郊区乡村旅游客源市场的调查,得出大多数乡村旅游者的出游动机是享受大自然,其次是参加乡村活动和了解乡村文化。[③]

③乡村旅游感知研究。吴国清(2009)以上海市为例,对都市居民乡村旅游的需求认知、体验评估等进行分析与研究,得出消费者对乡村旅游的认知度很高,乡村旅游给消费者的印象是悠闲、清新、风景秀丽的,消费者对农家生活、民风民俗的认知率最高,"住""食"方面最关心卫生问题,对"生态"和"新鲜"的当地特产非常感兴趣。[④]万绪才、钟静、张钟方、赵君等(2011)以南京市为案例,对我国东部发达地区大城市居民对乡村旅

---

① 贾荣:《乡村旅游经营与管理》,北京理工大学出版社,2016,第31页。
② 许芳:《生态农业旅游客源市场调查与研究——以广西北流市罗政村为例》,《市场论坛》2016年第1期。
③ 董正秀、周晓平:《乡村旅游品牌战略研究——以苏南为例》,《改革与战略》2011年第6期。
④ 吴国清:《都市居民乡村旅游消费决策行为分析——以上海为例》,《经济问题探索》2009年第9期。

第六章 乡村振兴战略背景下乡村旅游市场的开拓

游地的感知问题进行调查分析,调查分析结果表明目前大城市居民对乡村旅游地的总体印象与对各具体要素感知评价的水平普遍不高,特别是对通往乡村旅游地的交通感知评价最差;总体印象和各具体要素的感知评价人口学特征方面所表现出的差异性不尽相同;乡村旅游的总体印象与各具体要素感知评价间表现出高度的正相关关系,其中乡村风光、餐饮、旅游服务、住宿四个方面的感知评价对乡村旅游地总体印象影响较大。[①]

④乡村旅游消费意愿及影响因素研究。安萌(2012)通过对青岛市267位潜在乡村旅游消费者进行调查,应用多变量排序选择模型进行实证分析。[②] 结果表明,潜在消费者的乡村旅游消费期望与受教育程度、家庭收入水平、平均每年旅游次数、期望旅行时间和期望餐饮水平这五个因素呈正相关,与年龄呈负相关。同时,女性潜在消费者对于乡村旅游的消费期望低于男性潜在消费者,也显得更为理性。吴国清(2009)以上海市为例,调查得出娱乐项目数量少,产品雷同且缺乏新意;乡村景点规模小,布局分散;农家乐卫生、环境条件较差;商业氛围太浓,"乡村性"弱;服务意识低规范及管理不够到位等是影响都市居民乡村旅游决策的主要问题。[③]

(三)乡村旅游客源市场细分研究

不同的学者从不同的角度对乡村旅游客源市场的主体及其细分进行研究,其中认为乡村旅游客源市场的主体是临近的中心城市,包括周末工薪阶层、城市学生、城市离退休职工等的研究比较多。谢彦君(1999)以旅游城市作为乡村旅游的客源市场,将这个市场细分为回城知青、城市离退休职工、周末工薪阶层、城市学生和城市输送出来的外国游客等部分;[④] 余娟(2008)认为都市郊区型乡村旅游客源市场主要是市里的居民和在都市中居住的境外人士,景区周边型乡村旅游客源市场主要是来自

---

① 万绪才、钟静、张钟方、赵君:《大城市居民对城郊乡村旅游地的感知研究——以南京市为例》,《人文地理》2011年第6期。
② 张大鹏、刘红纯、夏雪莹:《基于AHP-FCE模型的乡村旅游服务质量评价——以武汉市大余湾为例》,《安徽农业科学》2016年第27期。
③ 吴国清:《都市居民乡村旅游消费决策行为分析——以上海为例》,《经济问题探索》2009年第9期。
④ 谢彦君:《以旅游城市作为客源市场的乡村旅游开发》,《财经问题研究》1999年第10期。

全国各地甚至海外的观光客。①

此外,学者们还从产品、职业、年龄、学历等角度对乡村旅游客源市场进行细分,并分析各细分市场的特点,如粟路军、王亮(2007)进一步对长沙市周边乡村旅游市场进行相关分析,得出年龄方面的分异主要体现在出游方式与总体评价上;在职业方面的分异主要体现在出游方式、出游频次、旅游花费上;其他因素之间呈现显著特征主要体现在住宿与停留时间、出游时间与交通工具、出游时间与信息渠道、总体评价与停留天数上。②宋玲、吴国清、丁水英、谷艳艳(2009)通过对上海市城市居民的调查与分析,得出女性的出游热情高于男性;年轻人群及中低学历人群回归自然动机强,中年人及高学历人群倾向于农家乐,老年人更倾向于享受和舒适;18岁以下的人群对住农家屋、参加农事活动偏好高于中老年人;55岁以上的人群更偏爱观赏田园风光等静态活动;35~55岁人群及高学历人群多采用自驾车方式出游,更重视交通条件,旅游资源的优劣也是影响其出游决策的重要因素。③刘亚洲(2011)以南京农业大学在校本科生为研究对象,分别就旅游认知、旅游偏好、参与意愿、参与动机、出游方式等问题进行调查和分析,得出大学生乡村旅游参与意愿较强,但实际参与度较低,学生参与乡村旅游的主要目的为放松身心、欣赏乡村自然风景和民俗,对农村风俗文化、农园观光、采摘园、养殖垂钓和畜牧观光等观赏、参与性较强的项目比较感兴趣。多以班级、社团等集体出游为主,并且在交通工具的选择上更希望采用包车方式出游。④

(四)乡村旅游客源市场定位研究

对于乡村旅游客源市场定位开展研究的国内学者较少,近三年才有。赵昕、张灿(2011)在对环京津乡村旅游的客源市场进行细分和定位的基础上,从区域、年龄、产品等层面确立乡村特色旅游资源的市场定位策略。⑤

---

① 余娟:《成都乡村旅游资源特色及客源市场分析》,《当代经济(下半月)》2008年第2期。
② 粟路军、王亮:《城市周边乡村旅游市场特征研究——以长沙市周边乡村旅游为例》,《旅游学刊》2007年第2期。
③ 宋玲、吴国清、丁水英、谷艳艳:《上海城市居民乡村旅游市场需求实证研究》,《旅游研究》2009年第2期。
④ 刘亚洲:《基于大学生群体的乡村旅游市场开发研究》,《安徽农业科学》2011年第17期。
⑤ 蔡芳、李淑娟、陈延亭:《旅游市场学》,电子科技大学出版社,2007,第45页。

第二节 乡村旅游的产品与价格策略

一、乡村旅游产品策略

（一）乡村旅游产品的概念

广义产品是指能够满足人们的某种需要和欲望的东西。狭义产品是指由经营者提供给市场，能引起人们注意、获得、使用或消费，以满足人们某种需要和欲望的一切东西。作为旅游者这一具体消费者群所购买的乡村旅游产品，它是一种消费品，具有一般产品的共性。但它是旅游者这一特定消费者群所购买的产品，因而在消费范围及消费特性等方面，与一般消费品有一定的区别。它不是单纯旅游者在乡村旅游活动过程中所购买的一般性商品，而是旅游者在旅游活动过程中所得到的产品和服务的总和。就乡村旅游产品的形式而言，它既以综合乡村旅游产品的形式出现，如各种特定的乡村旅游线路，包括旅游者所需要的乡村旅游线路中住宿、饮食、交通、娱乐等综合性内容；又以单项乡村旅游产品的形式出现，如酒店等旅游企业直接向旅游者所销售的各项产品，旅游购物品则更是以单项旅游产品的形式出现。

（二）乡村旅游产品的构成

从乡村旅游供给角度来看，狭义的乡村旅游产品是指乡村旅游服务；广义的乡村旅游产品不仅包含旅游服务，还包括服务凭借的物质条件，即乡村旅游资源、乡村旅游设施、乡村旅游购物品和乡村旅游目的地可进入性。从乡村旅游需求的角度看，乡村旅游产品是乡村旅游者的消费经历和感受（陶汉军、林南枝，1994）。

1. 乡村旅游产品层次划分

（1）核心产品

乡村旅游核心产品是乡村旅游供给方向游客提供的服务的基本效用或利益，即使用价值，它是游客购买和消费的主体部分，对于提升客户的核心体验具有重要意义，也是吸引乡村游客到来的动力源泉，具体表现为基于乡村景观和乡村文化的乡村性、原真性及其审美感受。

（2）外延产品

乡村旅游的外延产品是指乡村旅游资源和乡村旅游设施，即乡村旅游供给的物质形态，是旅游服务依赖的物质条件。乡村旅游资源包括自然景观和人文景观两大类，为乡村游客提供了审美和学习的物质载体，乡村旅游设施为乡村游客提供了食宿、休闲和娱乐的物质凭借。当然，设施建设应保障基本旅游供给的系统性和完整性。

（3）辅助产品

乡村旅游辅助产品包括乡村旅游产品形象、乡村旅游品牌建设、乡村旅游管理和服务水平。乡村旅游辅助产品是乡村旅游市场竞争的抽象要素，对于提升游客的体验具有重要意义，在互联网时代要充分利用信息与通信技术提升经营管理水平，并开展乡村游客便捷服务。

2. 乡村旅游资源划分

（1）聚落建筑旅游产品

聚落建筑旅游产品是指耕地之外的村民居住、生活、休息、劳作和进行社会活动的场所分布形态，其形态有分散型的农家庭院，集聚型的团状、带状和环状聚落，特殊型的水村、土楼、窑洞和堡寨。乡村建筑包括当地民居建筑、公众活动场所的各类建筑，以及规模化和专业化的旅游接待设施，它是乡村聚落的具体建筑形式，多取材于当地的建筑材料，具有独特的传统范式和地域风格。

乡村地域由于长期的区位经济弱势，交通设施相对落后，受都市化和现代化的影响进程缓慢，不但保持着古朴的乡村聚落形态，还保存有大量的古代建筑、民族建筑和特色建筑，成为现代乡村旅游资源开发的重要支撑。例如，山西的晋商大院、浙江的乌镇、江苏的同里古镇、安徽的西递和宏村、江西婺源古村落群、贵州的西江苗寨、福建永定土楼群落、河南的郭亮村等。在乡村旅游产品设计中，要注重保护与开发并举，去掉落后与弊端，留住乡愁和传统，传承古老文明。有些乡村地区虽然没有丰富的传统文化资源，但因地制宜、合理规划，在乡村建设过程中展示了社会主义新农村的风貌。

（2）民俗风情旅游产品

乡村民俗风情包括民族民俗和制度民俗，这些与城市化迥异的异质文化，吸引了诸多城市游客。民族民俗是传统的乡村民俗文化和民族文化长期积淀的结果，既有物质的形态，也有抽象的内容。乡村制度民俗也是广义的民族民俗文化的特殊组成部分，包括乡村的权力民俗和礼制民俗两方面。

第六章 乡村振兴战略背景下乡村旅游市场的开拓

乡村民族民俗包括:(1)生产民俗,如农耕民俗、手工业民俗;(2)商业民俗,如集市、交易民俗;(3)消费民俗,包括饮食和服饰等方面;(4)游艺民俗,如民间竞技、民间游戏、口承语言民俗、民间音乐和舞蹈、民间戏曲和曲艺等;(5)信仰民俗,如宗教、禁忌、崇拜等;(6)节日民俗,如传统节日、民族年节等。

乡村制度民俗中权力民俗包括:(1)家族民俗,如称谓民俗、排行民俗、继承民俗等;(2)组织民俗,如行会民俗、社团民俗等。乡村制度民俗中礼制民俗包括婚嫁、寿诞、葬礼等方面的民俗。

(3)田园生态旅游产品

田园生态旅游产品是在乡村的田园生态环境背景下,将各种农事活动、乡村社会活动与旅游活动相结合而开发形成的乡村旅游产品,可分为农业景观游、农业科技游和务农体验游三种类型。

①农业景观游。农业景观游包括田园风光游、林区风光游、渔区风光游、草原景观游等。农业景观游融入了生态旅游和绿色旅游理念,再加上农耕文化元素,旨在让游客感受到丰富的景观审美情趣和深厚的农业文明底蕴。

②农业科技游。农业中的科技应用提升了农业现代化的水平,激发了"农业+科技+旅游"新业态的创新活力。例如,农业科技示范园和农业园艺博览园,将农业生态科技和农业生产过程相结合,促进了乡村一、二、三产业的融合发展。

③务农体验游。城市居民分为原居民和迁入居民。历史上乡村经济长期弱势,故有乡村人口主动迁入城市寻求生存空间。在城市扩张和城乡一体化的发展进程中,一部分乡村人口纳入城市人口范畴。对于城市原居民而言,农耕生活是新奇而有魅力的。对于城市外来居民而言,乡愁和怀旧成为体验农耕生活的动机,于是催生了专门的务农体验游。

(4)自然风光旅游产品

乡村自然旅游资源丰富多样,涉及地质地貌、水域风光、气象气候和多种生物,因此乡村自然风光旅游产品包括地质地貌旅游、水域风光旅游、气候气象旅游和生物景观旅游。

3. 乡村旅游体验划分

(1)乡村观光旅游产品

乡村观光旅游产品是以乡村自然旅游资源和人文旅游资源为观光对象的旅游活动形式,涉及基于乡村旅游资源划分的所有产品形式,如聚落建筑、民俗风情、田园生态、自然风光。乡村观光改变了城市游客的居住环境,在游玩的过程中游客开阔了眼界,增长了见识,陶冶了性情,提高了自然与人文之美的鉴赏能力。

（2）休闲娱乐旅游产品

乡村民族民俗具有浓厚的传统文化底蕴,许多内容被评定为非物质文化遗产,为乡村休闲娱乐活动提供了重要支撑。其中的游艺民俗内容丰富,诸如庙会、戏曲、秧歌、锣鼓、旱船、龙舟、杂技、竞技等活动,增强了游客休闲娱乐的参与度。乡村旅游中的瓜果蔬菜采摘、特色饮食品尝、主客互动演艺、风俗礼仪参与和乡村工艺品制作等体验性活动,使得游客更多了解到乡村地域的风土人情,进而深刻体会到乡村生活的欢乐和美感。

（3）体育康养旅游产品

乡村地域生态环境优美,空气质量普遍较好,拥有辽阔的空间、多样化的地质地貌、丰富的药膳食材,可以开展登山游、乡村跑、日光浴、温泉浴、森林浴等活动,还可以进行心理治疗、康复疗养以及药食养生等。

（4）乡村度假旅游产品

靠近都市周围的乡村地域,常凭借美丽的自然风光和温泉疗养条件开辟乡村旅游度假村。乡村旅游度假村对于喜爱一日游、周末度假和近距离旅游的城市居民来说具有较强的吸引力。公司会议、会展旅游、家庭聚会常在这里举办。此外,乡村旅游度假村还通过举办节庆娱乐活动和农耕文化研学活动吸引了众多亲子游的城市游客。

（5）乡村研学旅游产品

通过乡村旅游活动开展研究性学习和旅行体验相结合的校外教育活动,让孩子和学生感受乡土风情,体验乡村生活方式。乡村研学旅游活动引导青少年亲身参加亲近社会与自然的实践活动,促进其社会化,增强其群体交往的能力,充分体现了体验性和群体性的教育特色。乡村研学旅游作为综合实践育人的有效途径,可以有效承载道德养成教育、社会教育、国情教育、爱国主义教育、优秀传统文化教育、绿色环保教育、创新精神和实践能力培养。

（6）户外探险旅游产品

乡村地域常具备地质条件多样化的特点,为开发户外探险旅游提供了条件。户外探险旅游因具有探索自然界奥秘的吸引力,成为乡村旅游产品的一个突出的主题形式,也是体育活动和户外娱乐的形式,它提高了人类对自然与艰险的适应性,磨炼了人们的意志和品格,深受驴友、背包客和探险旅游者的喜爱。

（7）乡村节日旅游产品

乡村节日对游客的吸引力和聚合效应常形成规模旅游市场,形成了

第六章　乡村振兴战略背景下乡村旅游市场的开拓

乡村节日旅游产品。乡村节日旅游产品根据节日活动内容的不同大致可以分为以下五种：农村风光节日、农业产品节日、民俗文化节日、历史典故节日和综合类节日（如各地的乡村生态旅游节）。

（8）乡村会议旅游产品

乡村会议旅游产品指的是以乡村自然生态环境和人文社会环境为背景，将举办会议作为切入点而开发的一种乡村旅游产品。会议举办单位比较关注为与会者提供一个良好的环境，以期得到与都市会议不同的氛围。

（9）乡村购物旅游产品

乡村购物旅游产品即具有乡村地域特色的旅游纪念品、工艺品、生活用品和土特产品，亦即有形的乡村旅游商品，它丰富了乡村游客的购物体验。乡村企业和手工业者可就地取材进行加工，许多物品同时具有纪念性、观赏性和实用性。例如，乡村和民族服饰、包具、收纳盒以及微缩景观等，深受乡村游客的喜爱。此外，乡村地域食材丰富，可手工制作多样化的食品，这也是游客返回住地后馈赠亲朋的上好选择。

（10）其他专项旅游产品

体验型的乡村旅游产品除上述常规分类之外，还有其他小众市场所青睐的专项产品，如野营旅游、怀旧旅游、摄影旅游、影视旅游、遗址旅游、亲子旅游、童趣追忆体验、忆苦思甜体验等。

乡村旅游满足了都市人"乡村怀旧"和"回归自然"的心理需求，迎合了中国旅游产品结构化调整的客观要求，是旅游开发形式转变的新探索，成为中国旅游业的重要组成部分。

（三）乡村旅游产品不同生命周期阶段的特点与策略

处于不同生命周期阶段的乡村旅游产品有着不同的特征，旅游企业必须对其所经营的产品在市场中的位置和发展状况进行正确的判断和预测，采取针对性的策略，随着市场形势的发展变化不断做出调整。

1. 乡村旅游产品的投入期

（1）特点

在投入期内，乡村旅游新产品正式推向旅游市场，表现为新的乡村旅游景点、旅游饭店、乡村旅游娱乐设施建成，新的乡村旅游线路开通，新的乡村旅游项目、乡村休闲旅游服务推出等。这一阶段包含如下内容。

①目标市场的绝大部分消费者不熟悉该产品，对旅游企业生产的产品还缺乏信任或了解，购买者较少。

②由于购买者较少,销售量很小,增长也较慢。

③由于以上两个原因,再加之旅游企业需要对新产品花费较多的促销费用和当前生产批量小、没有规模经济效益,所获利润少。

④竞争者还没有加入竞争,市场竞争不激烈。

(2)策略

在投入期,市场营销工作的重点是不断完善旅游产品,促进市场需求,使产品尽快度过投入期阶段,在市场上站稳脚跟。具体包括以下内容。

①致力于生产少而精的品种。从市场来看,有助于旅游者更好地了解乡村旅游产品,并激发他们的尝试心理,购买新产品。从乡村旅游企业来看,可以集中有限的资源,保证产品的质量。同时,通过市场调查研究,了解那些尝试者的购后评价及反应,改进乡村旅游产品之不足,不断完善,逐步定型,初步满足市场需求。

②采取适当的市场进入策略,对于乡村旅游产品来说,有两种进入策策:全面进入,乡村旅游产品一上市,便迅速地推向所有市场;逐步进入,在预期市场中,选择某一细分市场作为突破口,乡村旅游产品在该细分市场取得成功后,再分阶段进入其他细分市场。

③重点宣传。由于新产品在投入期还鲜为人知,为了广泛吸引旅游者的注意,乡村旅游企业应下大力气进行宣传。具体来说,应侧重对整体产品的宣传,扩大其知名度,使广大旅游者知晓其存在并了解它的基本功效,从而激发他们尝试的愿望,由于乡村旅游产品的其他要素在整体产品这个概念还未被旅游者接受之前,很难促使他们下决心购买,故可做一般性的宣传。

④选择销售渠道。通过各个渠道的努力,加速旅游者了解并熟悉旅游产品,打开市场局面。

其一,双高策略。乡村旅游企业运用高价与较高的广告宣传费用策略,一方面可使旅游企业迅速收回成本,给潜在消费者以"高质"的感觉;另一方面,可使潜在市场迅速了解产品,有利于产品迅速占领市场。

其二,密集式渗透策略。低价配合高强度的促销,使产品迅速挤入目标市场,目的在于以最快的速度占领尽可能大的市场份额。低价策略可能会使旅游企业在一开始时发生亏损,但价格较低能快速打开市场销路,减少潜在的竞争者,使旅游产品具有较高的市场占有率。

其三,选择性渗透策略。以高价和低促销相配合,降低推销费用,以赚取较高的利润。这种策略适合在市场上具有高度垄断性的乡村旅游产品。

其四,双低策略。以低价和低促销进入市场,不急于占领市场,逐步

第六章　乡村振兴战略背景下乡村旅游市场的开拓

扩大市场。采取这种策略的前提是目标市场对乡村旅游产品有相当程度的了解,市场容量较大,消费者对价格较为敏感。

2.乡村旅游产品的成长期

(1)特点

在成长期,乡村旅游景点、乡村旅游设施建设初具规模,旅游产品基本定型并具有一定的特色。成长期具有如下几个市场特点。

①消费者对产品相当熟悉,消费欲望逐渐增强,加入购买的人越来越多。

②销售增长很快。

③营销利润以较快速度增加,产品显出较大的市场吸引力。

④竞争者已能看清该产品的市场前景,不断地进行仿制和跟随,加入竞争。

(2)策略

乡村旅游企业在这一阶段要及时抓住市场机会,迅速扩大接待能力。策略重点应提高产品质量,增加产品品种,提供系列服务,明确真正的目标市场,努力扩大市场占有率,挖掘潜在乡村休闲旅游市场,探索重点目标市场。

①产品方面。乡村旅游企业应改进产品或提高产品的质量,保持产品对目标市场消费者的吸引力,在品种和规模上下功夫。根据旅游产品在投入期的销售情况,及时发现和纠正产品的不足,完善和改进产品的形态、功能和质量,打造企业拳头产品。

②促销方面。应从介绍产品转为树立旅游企业形象,提高企业声誉,创立名牌,为旅游企业开发系列产品做准备。例如,日本文通公社经营的旅游产品都以"展望"为标志来对产品和旅游企业进行促销。在旅游业中,旅游企业形象起着"过滤器"的作用,影响人们对旅游企业产品质量的感知。所以,乡村旅游企业在这时应把促销的重点放在争取潜在顾客上,促使乡村旅游消费者增强对产品和企业的信任。

③分销方面。旅游企业处于成长期时,特别要对中间商进行选择,选出对企业和产品的销售有利的中间渠道。对选定的中间商给予相应的优惠,或者及时建立新的分销渠道,以适应销售的快速增长。

④价格方面。对于高价产品,由于市场上消费者对价格的敏感度是相当高的,选择一个适当的时候降价,使另(或下)一层次的消费者加入购买,扩大产品份额和增加销售量。例如,对团体旅游及包机、包船旅游给予一定的优惠,以合理的、有竞争能力的价格,阻止竞争者进入市场。

3. 乡村旅游产品的成熟期

（1）特点

由于游客迅速增加,在产品的成熟期内,潜在顾客已经很少,大多属于重复购买的市场,乡村旅游产品的市场需求量已达饱和状态,销售量达到最高点,后期的销售增长率趋于零,甚至会出现负增长。利润也达到最高点,并有逐渐下降趋势。很多同类产品和仿制品已进入市场,扩大了旅游者对产品的选择范围,市场竞争十分激烈,还有来自更新产品的竞争,差异化成为竞争的核心。

（2）策略

乡村旅游企业在产品成熟期的经营,重点应放在保护市场规模和开拓新市场上,以产品和价格的差异化来吸引顾客。

①产品方面。旅游企业应集中力量改进产品质量,提高服务水平,创建名牌产品;根据需求迅速设计和生产旅游新产品,改造现有产品,增加服务项目,注重设施的现代化等,或者根据主客观条件的变化,提前淘汰前景不利的产品,开发新产品,开创新市场。

②促销方面。此阶段的促销有所降低,但还需要大量广告和人员推销等活动,以保持和扩大市场,力保名优产品的地位。

③分销方面。在此阶段企业要认真评价中间商,对中间商进行检查、更换,由选择性渠道策略向专营性渠道策略发展,进一步疏通销售渠道。同时,给中间商以促销帮助,鼓励他们支持本企业的产品,提供给中间商有关产品的宣传材料,为中间商培训推销人员,对绩效显著的中间商给予奖励。另外,旅游企业应适当增加直销的比例。

④价格方面。旅游企业应实施灵活的定价策略,实行优惠价格,运用多种定价技巧以保持原有市场和吸引新的市场。

4. 乡村旅游产品的衰退期

（1）特点

衰退期指产品的更新换代阶段。在这一阶段,旅游新产品已进入市场,正在逐渐代替原有产品。原来的产品中,除少数的名牌产品外,市场销售量日益下降。市场竞争突出地表现为价格竞争,价格不断下跌,利润迅速减少,甚至出现亏损。

（2）策略

企业应适当保留有利润的项目,积极进行产品的更新换代。一旦老产品的销售量和利润下降到最低限度,旅游企业应当机立断,使之退出市

第六章 乡村振兴战略背景下乡村旅游市场的开拓

场。促销应集中于最好的市场面和销售渠道上,运用营业推广、广告等方式,提醒老顾客。促销的重点应放在有利润的产品上。在分销方面,保留最忠诚的中间商,剔除无利润的销售渠道,做一些乡村旅游新产品的分销计划。价格上或保持原价,或降价以争取游客,阻止销售量的大幅度下降。当产品进入衰退期,旅游企业应进行认真思考,慎重决定营销策略,以确定产品在什么时间以什么方式退出市场,处理好善后事宜,使旅游企业能有序地转向新产品的经营。

(四)延长乡村旅游产品生命周期的策略

处于成熟期的产品,能给旅游企业带来丰厚的利润,乡村休闲旅游企业的营销策略应着重于延长旅游产品的成熟期。旅游企业通过对产品生命周期客观规律的认识,可运用各种经营策略,延长产品的成熟期,使企业获得最大收益。延长乡村旅游产品生命周期策略概括起来有以下几种。

1. 产品改革策略

对成熟期的乡村旅游产品做某些改进以吸引新的旅游者。产品改进可从产品的质量、功能、形态等几方面进行。例如,提高服务质量,改进旅游服务设施设备,增设新的旅游服务项目和旅游景观等。每进行一个产品的改进,相当于刺激出一个新的增长点,使产品的成熟阶段得以延长。

2. 市场改变策略

市场改变策略就是为成熟期的乡村旅游产品寻找新的顾客,开发新的市场。具体做法如下。

(1)开发产品的新用途。

(2)开辟新市场。为产品寻找新的使用者,使产品进入新的细分市场。例如,我国的观光旅游产品在欧美主要传统市场上已无潜力,保持这一产品生命力的有效方式就是为观光产品寻找新的市场。

(3)市场营销组合改进策略。这是对产品、促销、流通渠道和定位进行改进,将这四个因素的组合加以改变,刺激销售量的回升。例如,提供更多的服务项目,改变分销渠道,增加直销,增加广告,或在价格上加以调整等。

(4)产品的升级换代策略。这是产品根据市场不断涌现出的新需求,不断地实现产品的升级换代。

(五)乡村旅游产品的开发

随着经济、科技的发展,旅游产品更新的速度非常快。随着消费者需求的不断改变,乡村旅游需求也不断发生变化。同时,旅游者对旅游产品质量的要求也越来越高。现在,单纯的乡村休闲观光旅游已不能满足旅游者的需要,旅游者更多地要求乡村休闲旅游目的地的参与性。所以,旅游企业应不断进行新产品开发,适应乡村旅游的发展,是乡村旅游企业在市场上求得生存和发展的重要条件之一。

旅游产品的开发具有综合性,涉及旅游吸引物、住宿、餐饮、交通、娱乐、购物等多方面的工作。乡村旅游新产品开发是一个从搜集新产品的各种构思开始,到把这些构思转变为投入市场的旅游新产品止的前后连续的过程。这个过程包括七个阶段。

1. 构思的搜集

任何产品都是在一定构思的基础上形成的。发展乡村旅游新产品也需要有充分的创造性构思,从中发掘出最佳的可供开发的项目。乡村旅游新产品构思的来源是多方面的。依照市场营销的理论,顾客的需求和欲望是寻找新产品构思的合乎逻辑的起点。乡村旅游企业生存和发展的条件就是满足旅游者的需求和欲望。所以,旅游者对旅游企业和产品的意见及建议,应成为乡村旅游经营者高度重视的产品构思来源。通常,进行市场调查,向旅游者询问现行产品存在的问题来获得新产品构思,比直接要求他们提供新产品构思要更为有效。

2. 构思的筛选

第一阶段产生的构思并非都是可行的,筛选的目的是尽早地发现和放弃那些明显不具可行性的构思,以免造成浪费。一般要考虑两个因素:一是该构思是否与乡村旅游企业的战略发展目标相适应,表现为利润目标、销售目标、旅游形象目标等几个方面是否一致;二是乡村旅游企业有无足够的能力开发这个构思,如乡村旅游产品开发所需要的资金能力、技术能力、资源供给能力、市场营销能力等是否完备。对新产品构思的筛选涉及以下过程。

其一,对旅游企业资源进行总体评价,分析旅游企业的设备设施状况、技术专长及旅游企业生产和营销某种产品的能力。

其二,判断新产品构思是否符合旅游企业的发展规划和旅游企业目标,包括利润目标、销售目标、产品组合等目标。

第六章　乡村振兴战略背景下乡村旅游市场的开拓

其三,进行财务可行性分析,旅游企业是否有足够的资金发展新产品。

其四,分析市场性质及需求,分析产品能否满足市场。

其五,竞争状况和环境因素的分析。

3. 产品概念的发展和测试

产品构思经过筛选后需要发展成产品概念。所谓产品概念,是指旅游企业从消费者的角度对这种构思进行的详尽的描述。产品构思并不是一种具体产品,它只是经营者本身希望提供给市场的一个可能产品的设想;产品概念是用有意义的消费者术语表达的构思。一个构思可能形成几个产品概念。概念测试就是和合适的目标消费者一起测试这些产品概念。通过消费者回答一系列问题,旅游企业可了解消费者的购买意图,以确定对目标市场吸引力最大的产品概念。

4. 商业分析

所谓商业分析,就是要预测一种产品概念的销售量、成本、利润额及收益率,预测开发和投入产品的资金风险和机会成本,预测环境及竞争形势的变化对产品未来收入、成本、利润的影响,确定目标市场,预测市场规模,分析消费者购买行为等内容。这项工作比筛选工作更为复杂,要求的精确度也更高。乡村旅游企业在进行商业分析时,要搜集的信息涉及社会和竞争等方面的多种因素,其中主要有旅游地人口特征、地方经济信息、交通、需求或客源、经济法规、周围环境、行业形势等。在商业分析阶段,乡村旅游企业还必须做出关于营销战略的基本决策,如目标市场定位、营销目标、主要的促销决策等。

5. 产品的研制、开发

乡村旅游企业在产品的具体概念的基础上进行新产品的设计。这一阶段,除了专业技术人员、工程人员、旅游企业管理层外,市场营销人员一般也要介入。进行产品的设计与开发时,要考虑新产品的功能及质量两个方面。其中,功能决策包括新产品的使用功能、外观功能和地位功能的决策;质量决策则需要注重新产品的适用性及经济性。例如,建一座乡村旅游饭店,应考虑其地理位置、交通条件、饭店的设计与建筑、设备的安装、内外部装潢和职工的招募等多方面因素。

6. 试销

试销是指一种产品小批量地投放到经过挑选的具有代表性的小型市

场内进行试验营销,以检验旅游者可能做出的反应。试销的目的在于了解经销商和消费者对于经营、使用和购买这种新产品的实际情况以及市场大小,再酌情采取适当对策,使新产品失败的风险最小化。

7. 商品化

新产品通过试销取得成功后,就可全面投入市场,进入生命周期的投入期阶段。在这一阶段,旅游企业应注意投入新产品的时间、目标市场、渠道等方面的决策,即何时、何地、给谁、用什么方法投入市场的问题。何时是指新产品入市的正确时机;何地指的是新产品是推向一个区域还是几个区域、国内市场还是国际市场。一般的做法是随时间逐步推行有计划的市场扩展。在扩展中,旅游企业必须对不同市场的吸引力做出评价,即目标市场展望,就是根据前一阶段的市场试销了解的主要预期销售对象,把分销和促销目标对准最有希望的销售对象。旅游企业还要制订新产品入市的实施计划,在营销组合中分配营销预算,对营销组合做必要的调整。

二、乡村旅游产品价格策略

(一)旅游价格的概念

由于旅游商品是旅游消费者在旅游活动中所需要的各种商品和服务的组合,涉及很多部门,因此乡村旅游价格不同于一般商品价格,而是一个综合性价格概念,包括住宿费价格、餐费价格、购物价格以及服务收费等。[①] 从广义上看,乡村旅游价格包括了乡村旅游消费者在乡村旅游过程中所涉及的食、住、行、游、购、娱等活动的所有价格。因乡村旅游消费者的乡村旅游活动不同,需求不一致,乡村旅游价格所包括的内容也不同。

(二)旅游差价和旅游优惠价格

除一般旅游价格外,旅游价格还有旅游差价和旅游优惠价两种特殊的价格类型。

旅游差价是同种旅游产品由于时间、地点或其他原因而引起的有一定差额的旅游价格。旅游差价主要有地区差价、季节差价、质量差价及团体旅游和散客旅游差价(批零差价)四种。旅游需求在不同地区、不同时间存在很大差异,旅游供给质量因不同企业也各不相同,导致与旅游供求

---

① 傅汉章、何永祺:《旅游市场学》,广东高等教育出版社,1991,第124页。

第六章 乡村振兴战略背景下乡村旅游市场的开拓

密切相关的旅游价格也会有一定差别。

1. 优惠价格

旅游优惠价格,指在明码标价的旅游价格的基础上,给予顾客一定比例的折扣或其他优惠条件的价格。旅游优惠价格主要有三种:一是给予同行业者的优惠;二是根据顾客购买数量的多少实行优惠;三是对老顾客和经常有业务往来的单位的优惠。旅游优惠价格是旅游企业争取市场、应付竞争的有力手段,便于旅游企业同旅游客户保持长期良好的合作关系,这也是旅游业市场营销取得成功的关键因素之一。旅游企业在经营中如果能恰当运用旅游优惠价格这一营销工具,不仅能保持稳定的市场份额,形成稳定销售,而且能加强与客户之间关系,获得有利于企业的口头宣传效果。

2. 乡村旅游价格形成的基础

乡村旅游商品是指旅游消费者在乡村旅游活动中所需要的各种商品和服务的总和,它与一般商品具有明显差别。但是,乡村旅游商品也是用来交换的劳动产品,商品生产的基本属性,乡村旅游商品也同样具备。所以,乡村旅游价格也同样由乡村旅游商品价值决定,即乡村旅游商品的价格形成的基础是生产这种商品的社会必要劳动时间。不过,乡村旅游业是一项综合性的经济活动,乡村旅游商品具有两种不同形态:一种是有形的物质产品,如乡村休闲旅游购物、乡村旅游纪念品等;另一种是无形的服务劳动,如旅行社的导游服务、住宿与饮食服务等;这种无形的服务劳动给乡村旅游消费者不同享受。比如,具有观赏价值的乡村休闲旅游风景点提供给乡村旅游消费者视觉和情趣享受,交通部门、酒店、旅行社又为乡村旅游消费者达到乡村旅游目的提供运输、住宿和导游服务,这些服务是乡村旅游部门具体劳动创造的,形成服务产品的使用价值。同时,乡村休闲旅游产品是用来交换的劳动产品,乡村旅游部门提供的这些服务是这些部门劳动者体力和脑力的支出,其抽象劳动凝结在一定的物质产品中,但也是无差别的人类劳动,这种服务劳动的价值也由社会必要劳动时间决定。

乡村旅游产品的价格由乡村旅游商品价值决定,一些价值大的乡村旅游产品价格就高,一些价值小的乡村旅游商品价格就低。比如,豪华酒店与一般酒店就有所不同,豪华酒店设施完善、服务周到、环境优雅、管理科学、人员素质高,付出更多更复杂的劳动,豪华酒店提供的服务转移价值和新创造的价值高于一般酒店,豪华酒店的价格也就高于一般酒店的价格。但是,商品价值是理论上的抽象,现实生活中无法度量,在实际工作中只能借助价值的货币表现形式如成本、流通费用、利润和税金等进行间接测算。

第三节 乡村振兴战略背景下乡村旅游的宣传模式

乡村旅游促销是指乡村旅游企业通过各种传播媒介向目标旅游者传递有关企业和乡村旅游产品的信息、帮助旅游者认识旅游产品所能带来的利益,引起旅游者的注意和兴趣,刺激旅游者的需求,影响旅游者的购买行为,从而达到促进乡村旅游产品销售的目的。简言之,乡村旅游企业促使旅游者对旅游产品产生消费愿望的行动,就是旅游促销。通过乡村旅游促销可以提供乡村旅游信息,沟通供需关系;刺激乡村旅游需求,引导消费;突出产品特点,强化竞争优势;树立良好形象,加强市场地位;冲销淡旺季差异,稳定销售。乡村旅游促销组合策略是企业为了满足市场营销战略目标的需要,综合运用各种可能的促销策略和手段,组成一个系统化的整体,使企业获得最佳的营销效益,实现营销战略目标,谋求乡村旅游企业长期稳定的发展。由于促销目标、主体、产品形式等的不同,促销组合在方式的选择和编配上也存在差异,人员促销、销售促进、公共关系及人员推销等各种促销方式要齐头并进,综合考虑促销对象、推式策略与拉式策略及旅游产品生命周期阶段。

推式策略,即乡村旅游企业利用人员推销或中间商把产品推入分销渠道,最终推向市场。这种推销策略要求人员针对不同顾客、不同产品采用相应的推销方法。常用的推式策略有示范推销法、走访销售法、网点销售法、服务推销法等;拉式策略也称吸引策略,一般是通过使用密集型的广告宣传、销售促进等活动,引起大众旅游者的购买欲望,激发购买动机,促进产品需求。

一、乡村旅游广告策略

(一)乡村旅游广告的概念

乡村旅游广告主要是指由旅游企业出资,通过各种媒介进行有关乡村旅游产品、服务和信息的有偿的、有组织的、综合的、劝服性的、非人员

第六章　乡村振兴战略背景下乡村旅游市场的开拓

的信息传播活动。乡村旅游广告不同于一般大众传播和宣传活动,有着传播面广、有强烈的表现力与吸引力、有偿性,通过传播媒体间接传播,具有声音、色彩、影像等艺术和技术手段优势等特点。随着新媒介的不断增加,依媒介划分的广告种类越来越多,有报纸广告、杂志广告、电视广告、电影广告、网络广告、包装广告、广播广告、招贴广告、POP 广告(卖点广告)、交通广告、直邮广告、车体广告、门票广告、餐盒广告等。[①]

乡村旅游广告是乡村旅游企业投资发布的、推动乡村旅游产品销售的一种重要手段,要求广告制作人掌握广告宣传的特点与方法,并紧密结合乡村旅游产品的特点和特性,通过有形的视觉效果或劝服性的宣传途径,以迎合旅游者的消费行为与消费心理为目的,有效地推介乡村旅游产品。运用得当,可以很好地树立乡村旅游企业与产品形象,提高知名度;传播乡村旅游信息,促进市场开拓;宣传乡村旅游企业产品特点;激励需求,传播乡村社会文化,丰富文化生活。

(二)乡村旅游广告媒体决策

乡村旅游广告必须通过一定的媒体才能传达给旅游者。旅游广告媒体就是选择传播广告信息的媒体类型。乡村旅游企业要突出强调媒体报道的作用,重视广告的营销价值。旅游广告可选择的媒体很多,作为乡村旅游产品,我们可以通过户外广告如候车亭广告、楼顶广告、车体广告等有助于潜移默化地推广和宣传乡村旅游产品的手段,让乡村旅游产品"上媒体"。

(三)乡村旅游广告的创意营销

首先,创意是灵魂之所在。乡村旅游广告策划中的创意,必须是整个广告活动的中心,是旅游广告活动的灵魂,是乡村旅游的卖点。乡村旅游广告创意要取得成功,可以从新颖出奇、逆向思维、乡土文化是永恒的源泉、寻找新的渠道、农耕文化再造、唯有真善方为美、感情是通向心灵的捷径、选择名人等方面入手。

其次,口号是点睛之笔。旅游地要在主要客源市场树立起较高的知名度,这需要有力的促销活动。将乡村旅游的特点、风格浓缩成一个形象化的标志,将促销主题提炼成一句口号,以此统领对外促销的各种活动,使产品简短易记、节奏鲜明、便于上口、合乎韵律、顺应时尚,一经使用,能

---

① 昆明市旅游发展委员会:《乡村旅游经营手册》,中国旅游出版社,2016,第123页。

较快地在旅游市场上树立一个整体、生动的形象。乡村旅游广告中的口号经常与乡村旅游企业名称、标志放在一起使用,形成企业的重要标志。例如:

千岛湖旅游广告的创意营销

  2008年,浙江省杭州市千岛湖做了一个广告叫"到千岛湖,用农夫山泉洗澡"。交广传媒旅游策划机构当时做了好几个标语,比方说"中国最美丽的湖泊""环境旅游县"等好几个概念,唯有这个概念马上就有反馈。好多从北京去千岛湖的人都看到了这个广告。随着千岛湖品牌的不断提升,如今千岛湖已经成为长三角地区国人首选的旅游胜地。目前千岛湖是人人住景观房,天天吃野生鱼,每天每夜都用农夫山泉洗澡,达到很好的广告效果。像千岛湖这样的景观有一定的独特性,但是不具备排他性,这种景点需要大力宣传,广泛营销。新的广告模式有针对性地为游客提供个性化的资讯,创意而个性地表达品牌魅力,便于他们选择喜爱的旅游线路和旅行方式,用更少的广告费用赢得更多的客户。

  乡村旅游广告语、宣传语如下。
  (1)"安"逸之旅,"吉"美乡村。
  (2)竹·动我心,乡·约安吉。
  (3)相约魅力安吉,心泊绿色竹海。
  (4)心泊安吉竹海,梦栖美丽乡村。
  (5)美丽乡村游,诗画安吉行。
  (6)游中国美丽乡村,品安吉竹海神韵。
  (7)且听山水交响乐,细品竹海无言诗。
  (8)十里竹海生诗意,万种风情醉安吉。
  (9)百里生态画卷,千年人文英山。
  (10)原汁原味原生态,多姿多彩新英山。
  (11)醉·乡村诗境,赏·竹海风情。
  (12)大别画卷,神秀英山。
  (13)寻梦毕昇故里,心泊大美英山。
  (14)千年大别神韵,一品人文茶乡。
  (15)富甲一方美,盛揽天下境。
  (16)相约富盛乡村,共享天然氧吧。
  (17)越中古胜地,活力新富盛。
  (18)古越山水游富盛,富盛山水话江南。
  (19)客家摇篮,魅力花乡。
  (20)寻梦千里赣江,情醉客家摇篮。

第六章　乡村振兴战略背景下乡村旅游市场的开拓

（21）六陵松风观山水，青瓷御茶论古今。
（22）美丽田园有情，魅力乡村有请。
（23）梦里老家，江西婺源。
（24）平分江南美，利及天下人。
（25）平利，女娲开"史"的地方。
（26）游女娲圣地，赏平利乡村。
（27）昔日江南大寨，今天农家齐乐。
（28）心的港湾，梦的村庄。
（29）灵动山水画卷，休闲生态家园。
（30）生态画廊，休闲乐园。

二、乡村旅游营业推广

营业推广又称为销售促进，是指乡村旅游企业在某一特定时期与空间，通过刺激和鼓励交易双方，并促使旅游者尽快购买或大量购买乡村旅游产品及服务而采取的一系列促销措施和手段。乡村旅游营业推广具有非常规性、灵活多样性、强刺激性、短程高效性的特征，强调的是在特定的时间、空间范围内，采用一系列的促销工具，对供需双方的刺激与激励，其直接的效果是使旅游者产生立即购买或大量购买的行为。

乡村旅游通过营业推广可以迅速、有效地加速新的乡村旅游产品进入旅游市场的进程；可以有效地抵御和击败竞争者的营业推广促销活动；有助于诱导旅游者重复购买；有利于增加旅游产品的消费、提高销售额，并带动本企业关联产品的销售，如一些客栈对旅游者的标准间的促销活动常常也能带动套房、餐饮及其他娱乐活动的销售。当然，营业推广只可能在短时期刺激购买，一旦营业推广结束，可能会面临"销售冷淡期"，因此不能过分依赖营业推广招揽生意。

针对消费者目标来说，其目的是使已有购买意愿的消费者尽快做出购买决定，包括鼓励现有消费者大量购买乡村旅游企业的产品、吸引更多的潜在消费者购买，或争夺竞争对手产品的市场等。常采用的推广方式有：邀请消费者和旅游中间商到乡村旅游目的地进行免费旅游活动，举办或参加国际旅游展览会或博览会，赠送优惠券，赠送各类小纪念品、小礼品等。

第七章 乡村振兴战略背景下乡村旅游资源的挖掘

旅游资源挖掘是旅游开发的重要组成部分,是针对旅游资源所进行的开发活动,乡村旅游资源开发指在一定的乡村社区范围内,以盈利为目的,以发展旅游业为前提,以市场需求为导向,以旅游资源为核心,以发挥、改善和提高旅游资源对游客的吸引力为切入点,为招揽吸引和接待乡村旅游者而进行的旅游吸引力塑造、旅游基础和接待设施建设、旅游环境培育等综合性的经济社会、科学、生态、技术活动。乡村旅游资源挖掘是一项复杂的系统工程,涉及区域背景、旅游资源状况和前景资源开发模式时序和规模、客源市场调研、分析与预测、功能分区和布局、产品设计、创新和推广、形象定位、环境保护、人力资源开发旅游管理政策措施等因素。本章就对乡村振兴战略背景下乡村旅游资源的挖掘展开分析。

第一节 乡村旅游资源研究

一、旅游资源

旅游资源是旅游业发展的基础,是推动旅游者在空间上移动的主要吸引物。我国旅游资源非常丰富,具有广阔的开发前景。随着旅游业的发展,能够吸引旅游者外出旅游的资源越来越多,资源范围不断扩大,很多我们原来忽略的要素,如城市形象、环境氛围、城市地位、当地人好客程度、当地人精神面貌等都显示出对旅游者的强大吸引力。所以,在新时期我们应该有更为广阔的旅游资源观,从旅游者的需求出发,重视现状的、

第七章 乡村振兴战略背景下乡村旅游资源的挖掘

潜在的、正在形成的旅游资源。[①]

国家旅游局在《旅游资源分类、调查与评价》中认为旅游资源是：自然界和人类社会凡能对旅游者产生吸引力,可以被旅游业开发利用,并可产生经济效益、社会效益和环境效益的各种事物和因素。

二、乡村旅游资源的构成

乡村旅游资源是一种综合性的概念,按其形成和属性可分为乡村自然景观资源和乡村人文景观资源及其作为二者基底和背景的乡村环境景观资源;按其功能可分为乡村观光游览型资源,乡村体验型资源,乡村购物型资源;按其资源的客体属性可分为物质性旅游资源、乡村非物质性旅游资源和物质与非物质共融性旅游资源;按资源的发育背景可分为乡村天然赋存型旅游资源、乡村人工创造型旅游资源和二者并具的乡村复合型旅游资源;按资源的开发状态可分为已开发乡村旅游资源,乡村待开发旅游资源和乡村潜在性旅游资源;按资源的可持续利用潜力可分为乡村再生性旅游资源与乡村不可再生性旅游资源,共同构成了乡村旅游资源综合体系。不过乡村旅游资源中最具吸引力的还是那些迥别于城市的乡村性景观资源,分析乡村旅游资源的构成也就主要是其乡村景观资源的构成。

（一）乡村自然环境景观与自然景观

乡村自然环境景观是由地貌、气候、水文、土壤、生物等要素组合的自然综合体,是形成乡村景观的基底和背景,也是整个乡村景观的核心景观特征。人们在自然环境景观的基础上,创造了各色与当地自然环境相协调的乡村景观。因此,乡村自然环境景观是一种显露生态的语言,是原生态的自然界所呈现的一种美的形态。同时,乡村的自然环境景观作为一种与人类历史发展及实践活动相关的社会现象,人的本质力量直接展示凝固在物态化的自然环境景观上。但今天在地球表面上所有的自然现象的综合体都或多或少地受到一定的人类作用影响,完全纯的自然现象综合体是很少存在的(王云才,2003)。因此,依照其自然度把乡村自然景观分为自然景观(自然产生的动植物系基本上没有受到人类的影响、亚自然景观完全或是绝大部分属于自然产生的动植物,一定程度上受到人类

[①] 蒙睿、周鸿：《乡村生态旅游：理论与实践》,中国环境科学出版社,2007,第81页。

的影响)、半自然景观(绝大部分属于自然产生的动植物,受到人类的激烈影响)和农业景观(主要由人类活动产生的景观群体,受到人类的强烈影响),作为自然环境景观当然还应包括地貌形态、气象气候的变化等,那些至今仍保留着原始自然美和清新幽雅自然生态环境的绿色乡村自然环境景观及其自然景观,对来自城市的旅游者是最有吸引力的。

(二)乡村经济景观

乡村内部的农业生产、工业生产和第三产业以及乡村城镇化水平与乡村经济环境,是乡村经济景观的重要组成。乡村三大产业结构、技术效率与特征构成乡村经济景观的重要特征;同时,反映乡村经济发展水平和经济环境特征的乡村收入、交通水平、通信水平、教育水平和乡村经济的市场化程度等组成乡村经济景观的重要特征。但作为乡村经济景观主体的农业景观应该是对城市旅游者形成吸引力的核心景观资源。故此,按其景观类型有种植业景观,即指具有观光功能的现代种植园,如茶园、果园、菜园、花园;林业观光,如具有观光功能的人工林场、天然林地、林果园、绿化造型公园等;牧业观光,指具有观光功能的牧场、养殖场、狩猎场、森林动物园等;农村副业景观,包括与农业相关的具有地方特色的工艺品及其制作过程参示等;生态农业景观,即具有科学生态性、趣味性、艺术性的农业景观,如珠江三角洲的桑基鱼塘农业、洞庭湖区的稻田养鱼等。按其乡村景观的功能可分为观赏型农业景观、品尝型农业景观、购物型农业景观和娱乐型农业景观等。

(三)乡村聚落景观

乡村聚落是人们居住、生活、休息和进行各种社会活动的场所,也是人们进行劳动生产的场所。这些场所构成了乡村特有的建筑景观。乡村聚落景观引人注意的是有其与城市景观的差异。因此,它是乡村景观体系中最为重要的景观类型之一。

乡村聚落景观是乡村聚落的空间组织形态,它不仅包括聚落建筑本身,还包括聚落的经济空间、社会空间和文化空间。其中,乡村聚落空间是乡村聚落景观中的核心部分,这种差异是人际关系和地域文化的影响,使得我国各地的聚落景观在结构、功能、规模及其风格上千差万别,乃至造就了我国丰富多彩的旅游资源而成为乡村旅游产业中的亮点和看点。经济活动是乡村居民的主要活动形式,它以特殊的方式、方法和表现形态参与到乡村聚落景观体系中,构成乡村特有的经济空间。从旅游开发的

第七章　乡村振兴战略背景下乡村旅游资源的挖掘

角度看,乡村经济空间的旅游价值一是农事活动的参与性,二是经营景观的观赏性。社交活动是人与人之间的相互联系、相互交换的一种重要手段,其形式有以群体为单位的社会活动,也有以个体为单位的社交活动,其主要目的就是表达友谊或进行经济活动。这些社交活动以某种表达形态参与到乡村景观中来,如传统聚落中的宗祠就是宗族成员活动和交换的场所,乡村中的戏台也是居民逢年过节和迎神赛会时进行交换看戏的地方;农村的集市和街区又是乡村居民以商品买、卖活动为形式的社会交换场所。这些对城市旅游者都具有相当的吸引魅力。文化是乡村聚落景观中的灵魂思想和乡村旅游特色产品创造的源泉。

（四）乡村文化景观

文化景观是文化的一面镜子,它反映不同文化集团的差异与特征(王恩涌,2000)。乡村文化景观是乡村区域文化现象的综合体,是乡村景观地方性和特色性的体现,是乡村旅游中的核心和主体。乡村文化景观内涵丰富,内容多样,除乡村聚落景观外,最为重要的还有乡村田园景观、乡村建筑景观、乡村农耕文化景观、乡村民俗文化景观等。自然田园景观是乡村景观中的主要构成部分,是乡村旅游景观的基础,受复杂而多样的地域性自然环境及不同耕作习俗的综合影响,而形成了各种不同风格和特色的田园景观。例如,我国南方的茶园、竹园、橘园;北方的苹果园、石榴园;热带地区的蕉园、荔枝园、椰林;以及南方的稻浪、北方的麦垅、西北的牧场羊群等乡村田园景观,无不引人入胜。乡村建筑包括乡村民居、乡村宗祠以及其他建筑形式,是乡村历史、文化、人地观、宗教、建筑技术、建筑材料与建筑环境的综合体,是乡村文化景观的关键,具有特定的文化内容。山西的大院民居,皖南的山水型民居,福建永定的客家土楼,广东梅州的围龙屋,云南的一颗印,傣族的竹楼,黄土高原的窑洞,青藏高原的碉楼,北京的四合院,以及古村中的家祠和戏台,古镇上的庙和塔,侗寨的花桥、鼓楼等,无不为城市旅游者所青睐。我国农业生产源远流长,乡村劳作方式多种多样,乡村农耕文化景观地域特色鲜明、时令性强烈。例如,春种秋收、春华秋实;传统乡村的水车、筒车提水,牛耕田、马拉车,现代乡村的抽水机、打谷机、拖拉机,以及一般乡村都能看到的养猪、放牛、采茶摘果、菜园培育蔬菜等乡村农耕景观,都会使城里人耳目一新。包括民风、民俗与节庆等乡村文化景观,在形式上多表现在祭祀、庙会、传统节日庆典、歌会(山歌、民歌、儿歌、情歌等)、民族舞蹈、民族曲艺、民间体育、结婚、丧葬、方言、禁忌等方面;在内容上多表现为农事生活,农业时令,民族节庆、婚丧嫁娶、民间信仰以及传统的民间工艺如木版年画、剪纸、蜡染、手工刺绣、手工编扎艺术、民间小吃等方面,无不因其浓浓乡味而大受城市旅游者所赞赏。

三、乡村旅游资源分类

乡村旅游资源的基本分类是从人文地理学角度来阐释的,可分为乡村自然旅游资源、乡村人文旅游资源和乡村衍生旅游资源。

（一）乡村旅游资源的基本分类

1. 乡村自然旅游资源

乡村自然旅游资源包括:乡村地质地貌、乡村水域风光、乡村气候气象和乡村生物景观。

（1）乡村地质地貌包括地质构造、岩石、化石、地壳运动遗迹、海岸地貌、山岳地貌、岩溶地貌、沙漠和草原地貌等。

（2）乡村水域风光包括江河湖泊、瀑布溪涧、温泉、海域等风景。

（3）乡村气候气象包括云雾、雨景、冰雪景、云霞、旭日、夕阳、日晕等景观。

（4）乡村生物景观包括植物景观和动物景观。

2. 乡村人文旅游资源

乡村人文旅游资源是乡村地域文化的积淀,具有一定地域性、时代性、民族性特点,分为有形和无形两类。有形的乡村人文旅游资源包括特色地域建筑、典型民族村寨、聚落分布形态、乡村遗迹遗址、乡村古建筑、乡村农业景观、生产工具遗存、宗教建筑、特色服饰、特色饮食、土特产、工艺品和纪念品。其中农业景观最为丰富,包括水利工程、各形态的农田、农作物景观、养殖畜牧基地、园艺园林基地、农业科技园区、农业博览园、农业教育基地等形式。无形的乡村人文旅游资源以历史文化和传统文化为底蕴,呈现出乡村农耕文化、民族民俗风情以及传统礼制和礼仪等多种形态。

3. 乡村衍生旅游资源

乡村旅游经济活动围绕着旅游资源,形成了直接服务于游客的多样化旅游设施,如:农家乐、乡村客栈、休闲农庄和度假村,当基于这些设施的乡村旅游经济活动以独特的风格吸引了游客的注意时,也往往衍生出

第七章　乡村振兴战略背景下乡村旅游资源的挖掘

新的旅游资源。

（二）乡村旅游资源的主题分类

在乡村发展进程中,开发建设者为了突出特色,将乡村旅游资源的基本分类进行组合,衍生出多样化的主题分类。

1. 乡村农业景观

乡村农业景观主要是大规模连片农田、多种类型的经济果林与蔬菜园区,呈现出大面积的农林作物景观,并以山地风景和水域风光为背景和衬托,其特点是场面辽阔,具有浓厚的乡村风情。

2. 乡村聚落景观

乡村聚落是村民们居住、生活、休息和进行社会活动的场所分布形态,也包括除耕地之外的生产劳动的场所分布形态,其分布形态包括如下。

（1）分散型：这种聚落呈点状分布,每户房前屋后常有庭院。
（2）集聚型：这种聚落呈团状、带状和环状分布。
（3）特殊型：如水村、土楼、窑洞和堡寨。

乡村聚落景观具有历史性、传统性、整体性和独特性等特点,是当地村民社会活动的载体。

3. 乡村建筑景观

乡村建筑是乡村聚落的具体建筑形式,多取材于当地的石材和木材。不同地方的乡村建筑往往具有风格迥异的地域特色,从而给游客留下深刻的印象,建筑的特色往往是乡村之间区别的显著标志。在旅游业发达的乡村地区,规划齐整的乡村客栈群、食品一条街等旅游接待设施,也组成了乡村建筑的亮丽风景线。

4. 乡村农耕文化

农耕文化是农民在长期农业生产和农业生活中形成的风俗文化,它存在于人类历史的早期,对人类文明发展进程影响巨大。乡村农耕文化与生产力水平和自然地理环境密切相关,表现出不同的文明进程和文化特色,包括乡村物质文化、乡村制度文化和乡村心理文化三个方面。中国农业生产源远流长,农耕文明决定了汉族文化的特征。

5. 民族民俗文化

民族民俗文化包括民族文化和民俗文化两方面,民族文化和民俗文化发展演变的结晶,既有物质的形态,也有抽象的内容。狭义的民族民俗包括生产民俗、流通民俗、消费民俗、游艺民俗、信仰民俗、节日民俗。广义的民族民俗风情还包括乡村制度文化和乡村精神文化。

四、开发乡村旅游资源的重要意义

我国乡村分布着丰富的旅游资源,市场空间和需求潜力巨大,发展前景良好。开发乡村旅游资源是我国旅游事业不断发展及经济形势发展的需要,主要有如下几点现实意义。

(一)为农村经济找到了新的增长点

将乡村自然资源和人文资源经过规划设计,开发乡村旅游,一是可以使原本闲置的乡村资源发挥经济和社会价值;二是提高了传统农业经济的附加值;三是在第一产业的基础上直接进行第三产业的嫁接,发展了新型的乡村服务业,促进农村经济的繁荣,旅游业成为农村经济的新增长点。

(二)有利于保护乡村文化和古迹资源

开发乡村旅游资源,不仅仅是建设观赏风景,让游客游山玩水,还要满足旅游者对当地历史、文化等遗产资源的追求、探索、欣赏和向往,尤其是对于外国游客。乡村资源的开发是对乡村历史文物古迹,如古城池、古墓、古战场等遗址,以及现存的各种古代建筑加以利用,这无疑也是保护乡村遗产文化资源,弘扬中国文化的一条重要途径。

第二节 乡村振兴战略背景下乡村旅游资源的调查与评价

乡村旅游资源分布广泛,多种多样。一方面,乡村旅游资源随着时间

第七章 乡村振兴战略背景下乡村旅游资源的挖掘

的变迁和利用方式的改变,自身的构成及其在周边环境中的地位不断发生变化;另一方面,随着人们生产力水平的不断提高和认识能力的增强,乡村旅游资源的深度和广度都得到了拓展。为了使乡村旅游资源得到充分而合理的利用,首先必须摸清"家底"。所以,对乡村旅游资源的调查和评价,是实施开发之前的两项基础性工作。通过资源调查和评价,我们能系统地查清调查区域内可供利用的乡村旅游资源状况,相对全面地掌握乡村旅游资源的数量、质量、规模、性质、成因、特点、级别、时代及价值等基本情况。这两项基础性工作紧密联系,相辅相成,调查是评价的基础,评价是调查的深化。其共同目的都是为乡村旅游资源的科学开发和合理利用做好准备,为乡村旅游发展提供决策依据。

一、乡村旅游资源调查

要加强资源普查和开发统筹工作,提高乡村旅游农业资源的综合利用率,协调旅游资源的合理配置,保持乡村旅游发展的多样性。在对乡村景观资源进行旅游开发前,必须进行系统的调查。调查的主要目的是围绕乡村旅游发展的需求,为其查明可供利用的自然和文化景观旅游资源状况,为乡村旅游景观资源评价分级分区、开发规划和合理利用等做好准备,为乡村旅游发展提供决策依据,为合理开发利用与保护乡村自然和文化景观旅游资源打下基础。[①]

(一)市场研究

乡村旅游项目的开发必须以市场为导向。要通过实地考察、查阅资料座谈、问卷和抽样调查、咨询专家等形式,做好项目的市场调查。只有对市场有较准确的把握,才能保证开发和经营的顺利进行。要结合自然条件、旅游资源、开发现状和发展预期等众多因素后,对经营方向、经营理念和经营产品等综合分析。在产品选择的基础上,确定产品的组合特征(如主导产品、特色产品、功能性产品和伴生性产品)。主导产品、特色产品和功能性产品是产品组合的核心。产品组合的目的一方面在于促进资源的深层次开发和促进景观设计的多样化;另一方面在于满足旅游者多层次的需要和增加旅游消费效用。以增强产品的市场覆盖面和市场的适应性。调研与分析要以科学的数据为依据,根据旅游项目的类型、开发周期对客源市场进行定位、定性和定量的分析。市场研究的要点如下。

---

① 徐学书:《旅游资源保护与开发》,北京大学出版社,2007,第68页。

（1）确定旅游项目开发后市场定位、类型、规模、特色和档次。

（2）游客来源的区域范围，如附近城市人口规模、与项目地的距离、交通条件和交通费用等。

（3）游客类型，包括休闲游、民俗游、度假游、农业体验、研究考察、乡村购物等。

（4）周边市场的客源状况、项目近期与中远期预计增加的客源数量，客源城市社会经济发展水平、居民收支状况、平均出游率、居民消费喜好、旅游特点、方式等，客源城市居民与项目地在政治、历史、经济、文化、民族、民俗、宗教信仰等方面的联系等。

（5）周边旅游景区的特点、客源市场情况，游客流量、年龄、性别、职业、兴趣、旅游时间、旅游方式（团体活动、散客、家庭亲友结伴等）、消费档次、旅游费用来源（公费、自费和公私结合等）、逗留时间、流向、收入和消费水平、家庭结构、文化传统和文化程度等；尤其是与本项目相类似的景点客源流向、流量和淡旺季情况。

（6）投资数额和投资回报率，测算项目开发与经营中的用工，不同的客源情况对员工数量、业务技能与水平要求也不相同。

（二）场地研究

场地研究包括人文地理环境条件，包括行政归属与区划、人口与居民、地理位置、地形地质景观、田园景观、动物资源和植物资源、交通及经济条件、电力、邮电通信、供水、食宿、医疗、环境卫生设施等；旅游资源状况，包括自然和文化旅游景观资源的类型、数量、结构、规模、级别、成因、现场评价等，并提供调查区的景观旅游资源分布图、照片、录像及其有关资料，以及与主要景观旅游资源有关的重大历史事件、名人活动、文艺作品等。然后对自然资源的质量（分区）、景观改进的需求、土地管理场地出入便捷程度和交通等进行分析，还要考虑不同利益主体间的关系等社会因素。要因地制宜，就地取材，挖掘具有当地特色的农事活动、传统手工艺、土特产及地方特色的民间歌舞等活动，把农事活动与田园情趣的参与和观赏连为一体，扩大乡村旅游内涵。

（三）成立机构，拟订项目

成立开发机构，组织相关人员具体负责项目资金，并就目标市场、经济状况、生态环境的保护等进行综合性的分析、研究，并咨询当地的居民，与当地的居民进行交流、沟通以获得当地居民的大力支持。乡村旅游资

第七章　乡村振兴战略背景下乡村旅游资源的挖掘

源的开发要充分考虑社区利益,既要立足于资源优势,又要考虑市场的需求,同时结合地方特色和文化特征等具体实际,在资源优化配置的基础上,根据地区的特点和实际,拟订具体的开发项目。开发机构要对研究报告进行评估,对项目进行修订和进一步的完善。

二、乡村旅游资源评价

乡村旅游资源评价是指按照一定的标准确定某一旅游资源的地位,以确定被评价资源的重要程度和开发利用价值。通过资源评价,有助于了解、认识其旅游吸引力的强弱,明确其市场定位及发展方向。故而资源评价的准确性直接关系到旅游资源的开发前景,因此乡村旅游资源评价是乡村旅游发展的重要基础性工作。

(一)乡村旅游资源竞争态势评价

乡村旅游资源竞争态势评价是对乡村旅游资源互补性和替代性评价的进一步市场化评价。以需求为导向的乡村旅游资源评价是立足市场需求特征对乡村旅游资源的识别,是乡村旅游规划的重要工作基础。以满足市场需求为目标的资源评价并不一定符合乡村规划区内的资源、产品结构特征,而且单纯以市场需求为导向的发展模式往往具有成本高、风险大的特点。以供给为导向的乡村旅游资源评价是立足乡村能够提供的资源体系为基础进行的供给评价,同样是乡村旅游规划重要的资源基础。由于供给型资源评价所决定的供给体系经常是最直接和最廉价的发展模式,因而往往成为乡村旅游发展初期重要的发展途径,形成以下突出特点。[①]

(1)环城游憩休闲带休闲度假旅游需求旺盛,具有适宜多种类型游憩休闲旅游资源。环城游憩休闲带是以大中城市为中心,以城市居民需求为核心,形成的环城市游憩休闲地带。这种类型的旅游已成为我国现今旅游发展的重要趋势。

(2)具有开展农家乐和乡村旅游休闲的丰富旅游资源。农家乐的形成具有两个客观条件,一是农业发展的多功能化和乡村旅游的发展;二是城市居民对休闲农业和乡村旅游呈现出的旺盛需求。立足于特色农业和多民族聚集形成特色的民族旅游村发展,具有开展以休闲农园、教育农

[①] 王德刚、葛培贤:《田园季风——乡村旅游开发与管理》,天津教育出版社,2007,第95页。

园、市民农园以及休闲农场等为主体的农家乐和乡村旅游休闲度假的丰富旅游资源。

（3）求新求异旅游心理突出，具有重要互补性的旅游发展的资源基础。求新求异是旅游者的基本心理特征，塑造时空错位的强度越强，游客的旅游消费的满意度就越高。一是可借鉴周边地区旅游资源开发与旅游产业发展经验；二是进行错位开发和互补开发，强化和突出发展特色；三是为周边地区旅游消费者提供一种选择，能满足其求新求异的需求心理。

（4）特种旅游成为时尚，具有开展探险旅游的资源基础。探险旅游、自驾车旅游、汽车运动、帆伞运动、登山运动、漂流运动、文化考古、自然体验、文化经历等特种旅游成为现今旅游者追逐的时尚。这类高消费旅游方式，虽然不是大众的旅游市场，但可吸引中青年群体、公司高层管理者以及各界成功人士等阶层的消费者。

（5）文化崇拜成为现今旅游追逐的热点，具有开展特色文化崇拜旅游的资源基础。从世界旅游业发展的大趋势来看，以自然生态为主体的生态环境体验和以文化生态为主体的文化生态认知、体验与经历成为大旅游发展的核心，其中地方性的文化旅游独具吸引力，尤其是文化崇拜更为人文生态旅游的精华。

（6）文明教育已成为旅游资源开发的重要特征，具有开展特色教育旅游的资源基础。旅游业的发展具有经济振兴、社会进步和环境提升这三大功能。产业文化和城市文明教育已经成为旅游的重要功能，也成为重要的旅游项目和活动。以先进的农业生产技术、工业生产工艺、城市居住文化为代表的文明教育在推动经济发展、社会进步和人居环境提升的同时，成为开展旅游的重要资源基础。

（7）生态旅游已成为时尚，具有开展生态旅游的广阔天地和丰富资源。生态旅游的发展不仅是一种发展理念和发展模式，更是一种发展产品。生态旅游具备以下基本条件：①生态旅游是不以破坏环境为基本特征的旅游；②自然生态和人为生态都是生态旅游的重要内容；③生态旅游以亲近自然、感受自然、热爱自然和接受大自然教育为基本内容和特征。

（二）乡村旅游资源价值评价

1. 乡村旅游资源的价值评价

乡村旅游资源的价值评价主要从三个方面考虑，即历史文化价值、艺术欣赏价值和科学考察价值。乡村的一些历史文化遗迹遗址及保留下来

第七章　乡村振兴战略背景下乡村旅游资源的挖掘

的匾额、碑刻、楹联等具有较大的历史文化价值。乡村有着我国公布的多数国家级、省级和县级文物保护资源。例如,山东省济南市章丘龙山镇东北武源河畔"城子崖"的台地上有着城子崖龙山文化遗址,这是山东龙山文化的代表遗址和命名地,也是中国考古学者发现和发掘的第一处新石器时代遗址。又如,山东省泰安市郊区大汶口镇南发现的大汶口文化遗址,是我国新石器时代黄河流域母系氏族深化向父系氏族社会演变的重要历史阶段等等,这些具有重要历史文化价值的资源大部分都是从乡村中发现和发掘的,具有相当高的历史文化价值意义。艺术观赏价值主要指客体景观的艺术特征、地位和意义。乡村旅游资源包含丰富的自然风景,其种类繁多,因而构成的景观也是丰富多彩的,如高原、平原、盆地、山地和丘陵地貌景观;江河、湖泊、水库、泉水、瀑布等水体景观;银杏、银杉等植物景观等资源所形成的景观,都具有很高的艺术性和观赏性。

　　乡村旅游资源的科学价值也非常突出。特别是现代科技农业、生态资源等,都具有很大的科研、科普价值。另外,很多诸如历史遗迹、遗址等历史资源也都分布在广阔的乡村中,它们在自然科学和社会科学方面为科学工作者提供了重要的科学价值。例如,20世纪80年代初,由北京大学考古系、山东大学历史系和山东省博物馆联合组成的考古队,在位于淄博市沂源县城北土门镇九会村骑子鞍山上发掘出一批猿人化石,其年代为更新世中期(40～50万年前),相当或晚于"北京猿人时期"。这次出土的古人类化石之多,也是山东首次发现猿人头骨化石,具有相当大的科学考察价值。另外,齐长城遗址、故城遗址等旅游资源都源于最本土的乡村,增强了乡村旅游资源的科学考察价值,具有深远的意义。

2. 地理位置及交通条件评价

　　如果没有发达的交通条件就无法转化为现实的游客。方便快捷的交通条件是乡村旅游成功的关键。假如村庄位置偏僻,交通不便,游客难以到达,即使很有特色往往也会被游客放弃。所以,乡村旅游的"可进入"直接影响着乡村旅游市场状况,而"可进入性"在很大程度上取决于新资源所处的地理位置和交通条件。乡村资源来源于乡村,分布在乡村的各个地方或角落,一些古村落位于乡村闭塞的地方。而大部分有待于开发的资源所处的地理位置,可以通过依托周边的大中型城市已经完善的交通体系,开辟从旅游地到中心城市的旅游线路。这样路途交通费用也不会过高,旅行时间也不会过长,不会影响旅游客源市场。例如,位于四川南部的凉山彝族自治州过去因为交通不便,外界对它了解不多,使它蒙上了神秘的面纱。如今凉山已是交通便捷,公路、铁路、飞机,条条大道通凉山。

3. 乡村旅游资源的质量评价

乡村资源是否具有吸引力,是否能被旅游者认知,乡村资源之间是否协调等问题都是评价乡村资源质量的重要标准。由于经济、文化传统、社会的影响,一般来说,乡村资源既包括乡村自然风景、动植物、农产品、村落风格形貌、村民农事活动、日常饮食起居、礼仪祭祀等表层旅游资源;又有只能被一部分人感知得到的诸如乡村的景观美学价值、环境生态价值、社会伦理价值、道德美学价值、历史文化价值和地方文化价值等深层的乡村旅游资源。同时,乡村资源的原生性、淳朴性符合了城市旅游者对大自然的追求和向往的需求,往往能够吸引大量的城市旅游者。自然和人文资源的互补性,资源要素的自然协调组合,往往能够更大地提高新资源的质量价值。

4. 乡村旅游资源的其他价值评价

乡村旅游资源评价主要是根据其以市场需求为中心的景观资源开发与实现景观资源应用价值对其自身品质和丰度进行评价。

（1）美学观赏价值

这是乡村旅游资源最基本的旅游价值,它以其形态美、形式美、色彩美、韵律美、嗅觉美、动态美、意境美,使旅游者运用感观领略其自然美景,获得赏心悦目的审美感受。具有美学观赏价值的乡村旅游资源,具有遍在性特点,但以那些最独特、最稀缺的景观最具美学观赏价值。例如,至今保留着原始天然自然生态环境的古村落、古集镇,已经数百年风雨而至今保存完好的古建筑及其建筑艺术,还有小桥流水人家茅舍炊烟牧笛,以及茶园、竹园、果园等,无不让人心醉神迷。

（2）历史文化价值

中国的古老乡村大地,至今保留着具有文化遗产价值的资源、环境。那些历史年代悠久、文化特征独特的乡村古聚落景观及其建筑艺术文化最具价值。例如,北京四合院、山西晋中乔家等大院民居,安徽省黟县的西递、宏村,浙江永嘉的苍坡村,江西婺源的理坑、延村、晓起以及湖南的张谷英村等山水型民居,多完好地保留有明清式古建筑群及其风格独特、造型典雅的府第、厅堂、宗祠、家宅,内涵丰富、古风犹存的楹联、匾额等,还有精致的古代雕刻、字画等,都是古代丰厚历史文化的见证。

（3）科学考察价值

这是指乡村旅游资源的某种特性在自然科学、社会科学和教育科学

第七章 乡村振兴战略背景下乡村旅游资源的挖掘

方面的独特性,能引起人的科学兴趣,能提供科学考察的场所和条件。例如,广泛存在于湖南省农村的潮泉、含羞泉、拍手泉、鱼泉等泉眼;铁树开花、竹子结籽、桂花结果、双头龟、三脚鸡等非常规的自然现象;以及湖南省岳阳张谷英村的天井中的排水设施只有进口没有出口,水排到什么地方去了?湖南侗寨鼓楼、花桥不用一颗钉为什么那么牢?湖南衡阳壶子酒为什么久藏不发酸等,都是旅游者进行科学考察的课题。

(4)规模和组合状况

乡村旅游资源的规模是指景观对象的数量、体量及占地量等。乡村旅游资源的组合,一是指自然景观资源和人文景观资源的组合和互补情况;二是指各要素的组合及协调性;三是指景观的集聚程度。只有在一定区域范围内拥有的资源密度最大、类型最丰富、搭配协调,且形成了一定规模的旅游资源才具有较大的旅游开发价值。

(5)旅游功能评价

旅游功能主要是指乡村旅游资源能满足乡村旅游活动需求的作用。大概可以归纳为五种功能。

①观赏型功能,指资源能为旅游者提供蔬菜观赏、瓜果观赏、花木观赏、制造艺术观赏、生态农业观赏等功能。

②品尝型功能,指能提供野菜、瓜果、山珍、奶制品、地方风味特产等品尝功能。

③购物型功能,指能为旅游者提供鲜活农产品、山珍野菜、地方工艺品和风味食品等购物性商品功能。

④参与休憩型功能,指能为旅游者提供自摘瓜果、挤奶、捕捞、垂钓、沽酒以及农家饭菜制作等操作体验的条件和场所。

⑤娱乐型功能,指能为旅游者提供跑马、狩猎、野营等娱乐型观赏或参与性体验,以及提供学习地方戏、民间乐器技艺等乡村娱乐活动的条件等。

(6)旅游环境容量

旅游环境容量又称旅游承载力,是指在可持续发展条件下,在一定时间范围内旅游资源所能承受的旅游及其相关活动在规模和程度上的极限最小阈值。乡村旅游环境容量及其资源特性、旅游功能、旅游方式等多种因素,涉及旅游者的心理需求、旅游资源保护、乡村生态平衡、旅游社会经济效益等多方面的问题。王云才(2003)提出"乡村景观行为相容度评价",表示旅游者的不同行为特征与不同类型景观之间存在着相应与冲突两种作用。只有在景观环境容量限度以内的行为具有相容与冲突特征;超越景观环境容量的行为则会破坏景观平衡,对乡村景观与人类环境造成严重破坏。①因此,乡村旅游资源环境容量除评价环境本身外,还包括对旅游者行为方式进行评价,是一个综合性的概念。

（7）乡村景观吸引力

乡村景观吸引力是指景观客体对景观消费者形成特殊魅力,是乡村旅游开发的关键性结构。其评价指标包括乡村景观自然吸引力、文化吸引力、宗教吸引力和主体对观形成的个体偏好特征,如表5-1。

表5-1 乡村景观吸引力评价指标

乡村景观质量评价要求		乡村景观吸引力评价指标
乡村景观的自然吸引力	自然景观的美、奇、特、稀缺、特殊的象形含义等	乡村自然景观的高低(美景度),乡村自然景观的奇特性(自然奇观),乡村自然景观的稀缺性,乡村自然景观的特殊价值
乡村景观的文化吸引力	文化渊源、文化传统、特殊的文化价值	乡村景观的文化品位,乡村景观特殊的民俗风情,乡村景观特殊的民间节庆,乡村景观优美的历史传统,名人遗迹,传奇经历等
乡村景观的宗教吸引力	景观文化的特殊性	宗教建筑,宗教活动
景观主体的个体偏好	自然追求、文化喜好、宗教信仰等	个人爱好,宗教信仰,社会时尚

（三）乡村旅游资源开发利用条件评价

乡村旅游资源评价除资源条件本身外,还有区位条件、环境条件、社会经济条件等。

1. 区位条件

乡村旅游资源的区位条件主要是指是否接近大中城市、旅游风景名胜区和交通干线,这些都关系到乡村旅游地的可进入性和门槛游客。据吴必虎、黄琢玮等(2004)的研究成果表明,城市近郊地区通常都与中心城市有通达的公路和便捷的班车,旅游时间短,乘客乘车方便,为城市居民周末出游提供了方便,100公里距离内的旅行成本能为多数城市居民所接受,并且成为围绕城市开展乡村旅游的一个重要分水岭。②其研究成

---

① 王云才、郭焕成、徐辉林:《乡村旅游规划原理与方法》,科学出版社,2006,第40页。
② 杨载田、章勇、刘沛林:《湖南乡村旅游研究》,华龄出版社,2006,第37页。

第七章　乡村振兴战略背景下乡村旅游资源的挖掘

果还表明,近城乡村旅游地形成20公里和70公里两个相对集中的地带。但乡村旅游地在大中城市周围的分布除30公里范围内其余总体上呈距离衰减趋势。另根据有关研究成果表明,处于风景名胜区周边的乡村旅游地分布具有同样的规律,并认为距风景区周围5公里范围左右效果最佳。

2. 环境条件

环境条件包括自然环境和人文环境。前者指乡村旅游资源所在地的地质、地貌、气象气候、水文、土壤空气等自然因子。良好的乡村自然生态环境是吸引城市旅游者的基础,天然度、纯净度和优美度是其考量的重要指标。人文环境包括乡村聚落、乡村建筑、乡村民俗、农耕文化等。人文环境的评价主要看是否与城市旅游形成强烈反差,乡村旅游资源所在地应该是古朴的,具有亲情味和乡土味,以满足游客对传统文化的真诚留恋(唐代忠、池静,2005)。

3. 社会经济条件

社会经济条件主要是指乡村旅游地的政策法令、社会治安、政府和当地居民对旅游开发的态度、卫生保健状况,以及经济发展水平、劳动力素质与就业状况、物质供应能力、基础设施建设等条件,这些都为乡村旅游开发提供背景基础,良好的社会经济条件是乡村旅游发展的必要前提;同时,乡村旅游的重要客源市场是其附近的城市居民,因此客源地城市的社会经济条件和城市化水平也成为其社会经济条件评价的主要内容。

(四)乡村旅游资源开发的评价方法

1. 定性评价方法

卢云亭的"三三六"方法、一般体验性评价方法和美感质量评价等定性评价方法尚未过时。所谓"三三六",即三大价值、三大效益和六大条件;"三大价值"即指乡村旅游资源的艺术欣赏价值、历史文化价值和科学考察价值;"三大效益"即指乡村旅游资源的社会效益、经济效益和生态效益;"六大条件"是指乡村旅游地的位置、可进入性、设施状况、自然条件、旅游环境结构和市场客源条件。

一般体验性评价就是由乡村旅游的评价者(一般是旅游专家或游客)根据自己的亲身体验定性评价。其结果可以形成一个评价序列。这种评价方法的显著特点是评价的项目很简单,甚至根本没有评价的细项,只要要求就旅游资源(或旅游地)进行印象式的评估,或在问卷上按序号填上评价者认定的旅游资源(或旅游地)即可。"中国十大名胜"就是这种方法的产物。美感质量评价,这是一种专业性的旅游资源美学质量评价,一般是基于对旅游专家或旅游体验的深入分析,建立规范化的标准模型,评价的结果多具有可比性的定性尺度或数量值。其中,对于自然风景质量的视觉美评估技术已经比较成熟,而且在世界上形成了专家学派、心理物理学派、心理学派和现象学派四大学派。他们认为,凡符合形式美原则的风景就具有较高的风景质量。因而,对风景的分析基于其线条、形体、色彩和质地四个元素,强调多样性、奇异性、协调统一性等形式美原则在风景质量中的主导作用。其评价过程均由少数训练有素的专业人员来完成,评价方法突出地表现为一系列的分类分级过程。

2. 定量评价方法

对乡村旅游资源的定量评价方法,一般是指通过统计分析、计算,用具体数量来表示旅游资源环境及其等级的方法。定量评价较之定性评价,具有指标数量化、评价模型化、评定公式化等特色,结果更直观、更准确。目前最常用的是共有因子综合评价方法。共有因子旅游资源评价法是旅游资源分类、调查与评价(CGB/T18972-2003)中采用的方法。依据乡村旅游资源共有因子评价系统赋分,进行打分评价。本系统设评价项目和评价因子两个档次。评价项目为资源要素价值、资源影响力、附加值。其中资源要素价值项目中含观赏游憩使用价值,历史文化科学艺术价值,珍稀奇特程度,规模、丰度与概率,完整性5项评价因子。附加值含环境保护与环境安全1项评价因子。

评价项目和评价因子用量值表示。资源要素价值和资源影响力总分值为100分。其中"资源要素价值"为85分,分配如下:观赏游憩使用价值30分,历史文化科学艺术价值25分,珍稀奇特程度15分,规模、丰度与概率10分,完整性5分。资源影响力为15分,其中知名度和影响力10分、适游或使用范围5分。附加值中环境保护与环境安全分正分和负分:每一评价因子分为4个档次,其因子分值相应分为4档。

旅游资源评价赋分标准如表7-2。

第七章 乡村振兴战略背景下乡村旅游资源的挖掘

表 7-2 旅游资源评价赋分标准

评价项目	评价因子	评价依据	赋值
资源要素价值(85分)	观赏游憩使用价值(30分)	全部或其中一项具有极高的观赏价值、游憩价值、使用价值	30～22
		全部或其中一项具有很高的观赏价值、游憩价值、使用价值	21～13
		全部或其中一项具有较高的观赏价值、游憩价值、使用价值	12～6
		全部或其中一项具有一般的观赏价值、游憩价值、使用价值	5～1
	历史文化科学艺术价值(25分)	同时或其中一项具有世界意义的历史价值、文化价值、科学价值、艺术价值	25～20
		同时或其中一项具有全国意义的历史价值、文化价值、科学价值、艺术价值	19～13
		同时或其中一项具有省级意义的历史价值、文化价值、科学价值、艺术价值	12～6
		历史价值,或文化价值,或科学价值,或艺术价值具有地区意义	5～1
	珍稀奇特程度(15分)	有大量珍稀物种,或景观异常奇特,或此类现象在其他地区罕见	
		有较多珍稀物种,或景观异常奇特,或此类现象在其他地区很少见	12～9
		有少量珍稀物种,或景观异常奇特,或此类现象在其他地区少见	8～4
		有个别珍稀物种,或景观异常奇特,或此类现象在其他地区较多见	3～1
	规模、丰度与概率(10分)	独立型旅游资源单体规模、体量巨大;集合型旅游资源大,单体结构完整,疏密度优良级;自然景象和人文活动周期性发生或频率很高	10～8
		独立型旅游资源单体规模、体量较大;集合型旅游资源大,单体结构很和谐,疏密度良好;自然景象和人文活动周期性发生或频率很高	7～5

· 145 ·

续表

评价项目	评价因子	评价依据	赋值
资源要素价值（85分）		独立型旅游资源单体规模、体量中等；集合型旅游资源大，单体结构和谐、疏密度较好；自然景象和人文活动周期性发生或频率较高	4～3
		独立型旅游资源单体规模、体量较小；集合型旅游资源大，单体结构和谐、疏密度一般；自然景象和人文活动周期性发生或频率较小	2～1
	完整性(5分)	形态与结构保持完整	5～4
		形态与结构有少量变化，但不明显	3
		形态与结构有明显变化	2
		形态与结构有重大变化	1
资源影响力（15分）	知名度和影响力（10分）	在世界范围内知名，或构成世界承认的名牌	10～8
		在全国范围内知名，或构成全国性的名牌	7～5
		在本省范围内知名，或构成省内的名牌	4～3
		在本地范围内知名，或构成本地区的名牌	2～1
	适游或使用范围(5分)	适宜游览的日期每年超过300天，或适宜于所有游客使用和参与	5～4
		适宜游览的日期每年超过250天，或适宜于80%游客使用和参与	3
		适宜游览的日期每年超过150天，或适宜于60%游客使用和参与	2
		适宜游览的日期每年超过100天，或适宜于40%游客使用和参与	1
附加值	环境保护与环境安全	已受到严重污染，或存在严重安全隐患	－5
		已受到中度污染，或存在明显安全隐患	－4
		已受到轻度污染，或存在一定安全隐患	－3
		已有工程保护措施，环境安全得到保证	3

根据旅游资源共有综合因子评价总分，将其分为五级，从高级到低级为：五级旅游资源，得分值域≥90分；四级旅游资源，得分值域75～89分；三级旅游资源，得分值域60～74分；二级旅游资源，得分值域

45～59分；一级旅游资源,得分值域30～44分。此外还有未获等级旅游资源,得分≤29分。其中五级旅游资源称为"特品级旅游资源"；五级、四级、三级旅游资源被通称为"优良级旅游资源"；二级、一级称为"普通级旅游资源"。

第三节　乡村振兴战略背景下乡村旅游资源的深度开发与整合

一、乡村旅游资源开发与整合的意义

乡村旅游资源的潜在的优势不容忽视,合理进行乡村旅游资源开发与整合,能为乡村带来经济、社会、文化、环境等方面的积极影响,从而促进旅游精准扶贫和乡村产业发展,有利于减缓城乡二元经济结构对乡村地区的负面影响。有学者就认为,乡村旅游是21世纪最具潜力的产业,能够在带动农民脱贫致富、推动农业产业结构调整等方面发挥重要作用。

在经济方面,乡村旅游资源开发与整合有利于农业增效、农民增收、农村和谐,其直接受益对象是农民。乡村旅游业可以调整产业结构,促进农业向第三产业转移,增加农民的收入。同时,乡村旅游开发也成为各级政府和私人投资的热点,一方面为地方吸引大量的资金,另一方面旅游开发推进了乡村的基础设施建设。

在社会方面,旅游业的发展具有显著的就业效应,可为农村剩余劳动力提供大量就业机会。一方面,发展旅游业可以推动农民就业；另一方面,就业的扩大反过来促进旅游业的发展,实现发展旅游业与扩大就业的良性互动。

在文化方面,乡村文化一直以其独有的淳朴、善良为世人所称赞,地方民俗文化、节庆文化、民间艺术,乃至历史文化遗产等文化资源构成了乡村旅游发展的独特吸引力。旅游资源的开发可有力促进优秀乡村文化的对外传播,促进本土文化的弘扬和保护。同时,通过城市资金和项目的引进,吸引市民到乡村休闲旅游,促成城乡文化的互动与交融。

在环境方面,随着乡村旅游资源开发与整合的推进,乡村地区可以积极申请省市、各部门的扶持资金,或统筹利用部分乡村旅游经营性收入,从改善乡村生产和生活条件的角度出发,加大乡村基础设施投入,改善农村用电、用水、交通、卫生条件和农业生态环境。

二、乡村旅游资源开发与整合的流程

乡村旅游资源的开发是一项复杂的系统工程,要从资源固有的客观规律着手,有计划、有步骤地进行,避免旅游资源的浪费甚至破坏。根据开发主体、开发内容的不同,乡村旅游资源的开发流程也各有差异,但是一般来说,乡村旅游资源在开发与整合时有以下几个步骤。

(1)组建开发小组。负责对整体开发工作进行筹划、规划、监督和执行。

(2)筹措开发资金。依据"谁投资,谁受益"的原则,预估资金投入和回报,自筹或融资,合理投入于资源开发的各环节中。

(3)规划和建设。基于对乡村旅游资源的调查和评价,制订旅游开发规划方案,有的还需要制订单体项目的设计方案,并由投资主体严格按照开发和设计方案进行各种项目建设工作。

(4)经营和营销。就目前而言,大多数的乡村旅游开发者就是乡村旅游的经营者,但很多乡村旅游点只重建设不重管理,只重噱头不重品质,常常造成了盈利能力低下和发展后继无力。在经营过程中,如何加强宣传、拓展渠道,通过营销来激发游客出行欲望,也是一项容易被忽略的难题。因此,组建更专业的经营和营销团队,实施合理的经营和营销策略,也是乡村旅游资源开发流程中的重要环节。

(5)定期更新和升级。为保持乡村旅游项目的长期竞争力,需要有计划地进行更新升级。例如,浙江省湖州市从1998年开始每隔5年左右,就在市场和政府的双重引导下,进行一次乡村旅游产品的全面更新,其发展阶段不断提升,目前已经由"农家乐"到"乡村旅游"再到"乡村度假"和"乡村生活",被称为"中国乡村旅游第一市",就是因为其始终领先竞争对手一步,进行乡村旅游产品的更新和升级,维持乡村旅游的竞争力。

第八章　乡村振兴战略背景下乡村旅游生态环境的保护

在过去,我国以自然环境为代价换取经济增长,一方面有效推动了经济社会发展,但另一方面也对自然环境造成了严重破坏。为了转变不可持续的发展方式,我国提出了生态文明建设这一新课题。从本质上而言,坚持科学发展观与建设生态文明具有显著的一致性。贯彻科学发展观和建设生态文明有一个共同的出发点,即尊重和维护生态环境,强调构建和谐的发展关系,也就是实现人与人、人与社会、人与自然的和谐统一发展,因为只有这样才能实现可持续发展的目标。这就要求我们,在发展乡村旅游环境的过程中要保护生态环境,必须遵循生产发展、生活富裕、生态良好的基本原则。为此,本章重点分析乡村旅游生态环境的保护措施。

第一节　生态旅游环境概述

一、旅游环境的内涵

(一)旅游环境的概念

环境是相对主体而言的,旅游环境的定义应从旅游环境中心、旅游环境范围和旅游环境内容三个方面来进行定义。我们认为,旅游环境是以游客为中心,涉及旅游目的地和旅游依托地,由自然生态环境和人文生态环境构成的复合环境系统。

(二)旅游环境分类

通常,我们把旅游环境分为自然旅游环境、人文旅游环境和自然与人文相结合旅游环境三类。自然旅游环境包括水系、地貌、空气、土壤、生物等自然要素构成的背景；人文旅游环境包括建筑、聚落、服饰、语言、精神风貌等人文要素构成的背景；自然与人文相结合的环境包括田园生态系统、乡镇生态系统等。

（三）旅游环境的特点

（1）旅游环境与一般环境之间是包含与被包含的关系，旅游环境是一般环境的一部分，旅游环境的好坏受一般环境的制约和影响；同时，旅游环境是一般环境中发展较快的部分，环境质量明显高于、优于一般环境，因此旅游环境是带动一般环境发展的"增长点"。

（2）景区景点借助自然、人文风情营造一种旅游氛围，这种环境是在自然和人文生态环境基础之上形成的人工旅游环境。几乎所有的旅游环境都渗透着人为因素的影响，所以自然与人文相结合是我国旅游环境的普遍特征。

（3）旅游环境具有时间和空间上的多变性。构成环境的自然要素和人文要素在自然力和人为干扰的作用下会发生变化。当然，根据"干扰"的不同性质、不同程度，旅游环境会朝着相反的两个方向演化——变好或变坏。

二、乡村旅游环境问题

（一）环境污染

部分区域在乡村旅游开发时，缺少调查论证和科学研究的过程，忽视旅游项目规划的科学性和生态环境的保护，只顾追逐乡村短期经济效益，不重视生态环境效益和可持续发展，致使乡村旅游发展中出现各种环境污染问题。

1. 固体污染

固体污染控制是乡村旅游环境整治的重点工作，固体污染源主要包括无机固体垃圾和有机固体垃圾两类。无机固体垃圾包括企业生产过程中产生的垃圾，如包装材料和废弃原料，具体有废纸、废玻璃、废塑料、废金属；也包括旅游者在消费过程中产生的无机垃圾，如食品的塑料包装。有机固体垃圾主要是乡村饮食消费产生的生活垃圾，如瓜果皮核和残羹剩饭（张卫军、王传震，2018）。

第八章 乡村振兴战略背景下乡村旅游生态环境的保护

2. 水污染

依托水域风光开发乡村旅游是常见的资源开发方式,但是随意排污的行为经常污染水质。近岸的客栈、餐馆、游船等所产生的油污和固体垃圾等对水质的破坏非常严重。许多近水服务设施没有处理方案,直接向水体排污,水面常出现白色垃圾、食品饮料包装和固体垃圾漂浮物,不仅影响了水体风光的美感,降低了乡村游客的审美体验,而且长此以往,会污染地下水源,乡村居民与游客的生命健康面临危害。

3. 大气污染

大气状况对经营者、当地居民和乡村游客都会产生深远的影响。乡村旅游目的地的大气污染源有燃油车辆的废气排放,居民生活和企业经营产生的废气的排放。在有市场规模的乡村旅游目的地,车辆调度非常频繁,燃油车辆的废气排放量非常巨大。居民生火做饭、企业经营的废气排放不达标的现象依然存在,也造成了大气污染。

4. 噪声污染

游客聚集而不保持秩序和安静时会产生噪声,尤其是各种场馆、旅游接待服务区域,游客聚集时的大声喧哗会产生噪声污染,影响游客消费体验。燃油机动车的发动机运作时会产生巨大噪声,娱乐场所的扩音设备控制不当也会产生噪声。

(二)土壤植被的破坏

在有市场规模的乡村旅游目的地,部分游客缺乏绿地保护意识,经常在绿草地穿行,众人的反复踩踏会使土壤板结、植被被破坏。休闲农业用地过度使用化肥,腐殖质得不到及时补充,造成土壤板结龟裂的现象也时有发生。

(三)文化资源的遗失

乡村旅游的文化资源包括历史文化、农耕文化和民俗文化,其乡村性和原真性是吸引旅游者到来的重要因素。城市居民之所以成为乡村游客,正是因为希望看到与探索这些与城市文化不同的异质文化。但在乡村旅游发展进程中,有急功近利者过度追求商业目的,出现过度商业化,隐没传统乡村文化的现象。

第二节　乡村旅游与农村生态环境的相互关系

一、良好的生态环境是乡村旅游发展的前提

众所周知,我国乡村旅游行业发展好的前提就是良好的生态环境。一般来说,乡村旅游行业的顾客来源于城市。城市居民的城市节奏喧嚣且忙碌,所以乡村旅游让他们感受到宁静与温馨,让他们感受到城市生活中不曾有过的独特的乡村环境。一旦缺乏好的农村生态自然环境,那么我国乡村旅游的顾客就势必会减少,所以就会限制我国乡村旅游的发展。我国乡村旅游能够吸引到顾客的主要原因就是乡村与城市的环境不同,这些不同的地方吸引着城市居民来到乡村旅游。我国城市与乡村的不同主要体现在乡村房屋的建设上、自然环境的差异,还有乡村文化与城市文化的不同。比如说,湖北省荆州市有一个著名的乡村旅游景点就是桃花村。可以说,桃花村是依靠自己独特的桃花资源优势而发展起来的乡村旅游典型。

同样,我国其他地区也因为独特的乡村资源而使乡村旅游得到了很好的发展。所以说,只有把良好的生态环境维持好,才能够发展好乡村旅游行业。

二、乡村旅游能够帮助乡村生态环境质量提高

一般来说,我国乡村旅游行业发展中就有要保护我国乡村生态环境的内在要求。乡村旅游行业的发展要依赖于乡村良好的生态环境,如果乡村生态环境没有得到很好保护,那么势必会影响乡村旅游行业的发展。我国乡村的自然生态环境作为乡村旅游中最重要的一环,不仅要求我们呼吁观光游客保护农村生态环境,而且也需要让乡村居民出于经济考量来保护好乡村的生态环境。纵观乡村旅游目前的发展状况,旅游业的发展极大地带动了乡村地区的经济发展,而这也让我们明白,乡村的自然生态环境保护必须尽可能做到万无一失。所以,当地政府应当尽可能地制订各种措施来保护当地的环境,维护当地的生态资源,加强乡村的绿化建设和管理。这样才能使我国乡村居民的生态环境质量得到明显提升。此

第八章　乡村振兴战略背景下乡村旅游生态环境的保护

外,我国乡村旅游行业提高了当地政府和乡村居民的经济收入。乡村旅游行业生态环境越好,那么他们得到的经济收入就会越高,就会越吸引游客,使越来越多的游客前来乡村旅游。乡村旅游行业同时还给当地提供了很多就业机会。所以说,在这些综合效益之下,乡村旅游行业保护生态环境的意识也得到了提高,并且促使当地政府和村民付诸行动来提高乡村的生态环境。

第三节　乡村振兴战略背景下保护乡村旅游生态环境的具体措施

乡村旅游目的地建设,对环境资源的依赖性较强。乡村旅游的资源优势体现在山水生态优势,其项目开发与空间布局体现为在山地、水体、森林资源富集的乡村区域,开发具备游憩、度假、康养、教育等功能的乡村旅游目的地,推出温泉、冰雪等乡村旅游项目。在生态资源富集区,完善基础设施和生态旅游设施建设,推动乡村旅游项目建设。发挥资源优势,开发具有资源特色和产品创意的乡村休闲度假产品,加快推进环城市乡村度假带建设。无论是国家整体发展战略层面,还是乡村旅游发展的客观规律要求,环境保护工作都要落实到细处实处。加强乡村旅游环境建设,应关注以下举措。

一、加强政府调控

各级政府要充分重视环境保护对于生态文明建设的重要意义,在乡村旅游发展的进程中,设定环境保护红线,完善环境保护法律法规,推行环境保护主体责任制,落实环境保护清单,使得乡村管理人员、服务人员以及乡村游客在环境保护事项上有法可依。强调在乡村旅游开发规划中,明确生态环境保护的战略思想和建设步骤,切实落实环境保护的措施。环境保护工作要层层抓落实,在政府层面,要建立完善的环境保护监督管理机制,约束投资开发主体推行资源节约型和环境友好型的经营管理方式;在企业层面,始终把生态环境保护工作置于所有管理工作和服务工作之上,以可持续发展理念和绿色经营理念,指导乡村旅游产业规划文本的制订和管理运营方案的实施。

二、加大环境保护宣传力度

首先,要加大环境保护相关意识形态教育,让环保理念深入人心。加强可持续发展理念教育,要认识到乡村旅游业不但要满足当代人对旅游目的地山清水秀、环境宜人的诉求,而且要保护优秀旅游资源和良好旅游环境的代际传递,实现人与环境和谐共存。其次,加强生态文明建设法律法规知识的普及。乡村旅游企业要做到知法守法,在遵守环境保护法律底线的基础上,积极践行绿色环保的经营行为和消费行为。号召旅游者和经营者从点滴做起,从细节的消费行为和经营行为上体现对生态环境的珍爱与保护。再次,实施对乡村旅游参与者的全方位环保宣传。宣传教育对象包括当地居民、乡村游客和旅游经营者。教育当地村民珍爱家园,保护好赖以谋生的旅游资源,创建文明、舒适的生态旅游环境,树立乡村旅游目的地的良好形象。引导乡村游客树立爱环境、爱资源的理念,对乡村游客的不文明行为和不环保行为加以劝诫和规范,在旅游活动过程中宣传环保理念,倡导保护环境、保护资源的文明旅游。组织旅游企业人员开展环保知识宣传教育活动,将生态文明建设的理念贯彻到经营管理活动和旅游服务之中。最后,乡村旅游管理部门要在公共活动区域开设环境保护宣传栏,倡导文明出行和文明旅游,申明对污染环境行为的惩戒措施。

三、加强合理的环境规划

(一)容量控制规划

合理布局乡村旅游功能区,依据生态敏感程度与乡村文化保护级别,科学划定乡村旅游容量,实施旅游村镇总量控制。在旅游开发前,需进行严格的环境影响评价工作,依据本地生态环境状况,结合旅游村镇基础设施容量,科学划定乡村旅游自然环境容量,严格控制旅游开发强度,实施生态恢复和保护工程。

现代生态农业发展区域多在地形平坦地区,开展乡村旅游应寻求旅游容量动态平衡,保证旅游用地数量与质量动态平衡。

历史文化名镇、中国传统村落和各级非物质文化遗产属于乡村旅游重点保护对象,需根据旅游村镇的旅游接待能力、生活活动容量以及风俗

第八章　乡村振兴战略背景下乡村旅游生态环境的保护

文化容量综合评价,制订乡村文化旅游容量。

(二)人居环境保护规划

1. 大气环境

加大旅游村镇大气环境监管力度。对旅游村镇边污染企业、矿产开采场,严格实行关、停、迁措施。乡村旅游项目施工,应采取扬尘防治措施。依据山地地形,合理布局村镇旅游功能区,科学安排村镇垃圾回收场所,保证村镇水域无异味。严格监督农家乐饭店的厨房油烟排放,减少油烟污染。加强农村卫生厕所改造,定期处理粪便异味源头;坚持畜禽养殖与居室分离建设,防止畜禽舍臭影响。加强旅游村镇车辆尾气的监测,禁止排放不达标车辆进入旅游景区,旅游村镇推进清洁能源交通车的使用,倡导绿色观光,推行步行、自行车旅游交通形式。大力推进农村大气工程,积极发展太阳能、风能等新型清洁能源和可再生能源,实行集中供气、供暖,避免大气污染物直接排入大气。

2. 水环境

推进水质污染治理,加强对河流沿线旅游村镇附近的工矿企业的管理,严禁将工业、矿业废水直接排放或未达标排放,建设工矿企业污水处理设施,实行污水处理达标后排放。加强乡村集中式饮用水源地保护,完成旅游村镇饮用水源保护区的规划,保护区范围内禁止开展影响水源水质的旅游活动,确保饮用水源保护区内无污染源。鼓励乡村旅游企业采用小型污水处理设施,加大旅游村镇改水改气,加强对旅游村镇生活水的回收利用。继续推进大气建设,没有污水收集或管网不健全的乡村,可使用生活污水净化沼气池进行处理。

3. 声环境

旅游村镇施工区,应合理安排施工时段,缩短工时,通过建立临时声障等措施,减小施工对景区环境的影响。严格控制旅游村道路交通噪声,村镇道路两侧禁止鸣笛,通过设置隔离声障,提高道路两侧吸声降噪效果,严格控制乡村旅游活动产生的噪声污染,减少旅游服务区娱乐设施的使用频率。

4. 固体废物处理

鼓励乡村旅游企业采用垃圾处理设施,加大旅游村镇生活垃圾和畜禽养殖污染防治力度,旅游村镇严格执行"户分类、村收集、镇转运、县市处置"的垃圾收集运输处理模式,村镇生活垃圾宜采用有机垃圾和无机垃圾简单类方式收集,有机垃圾进入沼气池或堆肥利用,无机垃圾进入村镇垃圾处理系统,减少乡村旅游活动的固体废物对生态环境的影响。

(三)耕地保护规划

1. 基本农田保护

乡村旅游开发建设过程中要对基本农田严格保护,禁止开发占用基本农田用地。

2. 一般农田保护

根据乡村旅游开发需要,经充分论证和相关部门批准后,可对一般农田作为经济作物用地、林地、草地进行流转。

(四)乡村文化保护规划

1. 农事农耕文化保护

挖掘山地农耕的特色文化,挖掘山地在其农耕文化中的发展历程和其背景。

2. 遗产保护

(1)自然遗产保护

对自然遗产要严格按照相关控制性要求,不得进行有损于自然遗产结构和风貌以及可能带来次生灾害的建设活动。

(2)文化遗产保护

充分挖掘历史文化遗产的内涵,提取文化符号与形象要素,采取多种形式促进文化遗产的传承。

3. 古镇村落与乡村建筑风貌保护规划

(1)特色古镇与村落保护规划

在古镇、村落开发中,坚持"原址保护,修旧如旧,建新如故"的修复原则。对于已入选国家级历史文化名镇、中国特色景观旅游名镇和已入选中国传统村落、中国特色景观旅游名村名录的村镇予以重点保护。建立完善的古镇村落保护体系,做到开发与保护同步,在保护的前提下进行

第八章　乡村振兴战略背景下乡村旅游生态环境的保护

开发,提取其具有历史文化意义的特色文化要素,积极寻求特色古镇、村落与乡村旅游的进一步整合。

（2）特色乡村建筑风貌规划

总体要求:突出特色建筑元素按照建筑风貌的控制要求,分别在不同的风貌区,提取新型建筑要素,发展特色建筑形式,建筑风貌主要采取传统建筑风貌、传统建筑改良风貌、民居建筑及改良建筑风貌、现代简约建筑风貌、新中式建筑风貌、仿生建筑风貌等。

建筑材料:尽量就地取材,突出地方风格,形成区域间的合理差异,不能片面强调规范统一,不能盲目套用现代建筑材料。

建筑色彩:以传统民居色彩为主体。

四、强化生态环境保护奖惩措施

在乡村旅游目的地,从政府管理层面和企业经营层面,全面树立生态文明发展理念,制订针对性的环境保护方案,建立完善的生态环境评价指标体系,以此为依据,严格落实乡村旅游环保工作的督导和检查,保证乡村旅游企业运营符合生态文明建设标准。对生态环境保护工作落实到位的经营单位进行奖励,并树立环保企业标兵样板;对忽视生态文明建设的经营单位进行严格的惩戒,并对照环境保护评价指标体系提出细致的整改意见。全面开展生态环境保护的督导检查工作,对于规模景区的督导检查工作要系统全面、不留死角;对于个体经营企业的督导检查工作,要关注环境卫生有保障、防治污染有措施,发现问题及时处置与更正。

五、注重乡村旅游资源保护

乡村旅游资源开发要秉承绿色经营理念,实施绿色生态工程,以绿色建筑协会的 LEED（Leadership in Energy and Environmental Design,能源与环境设计先锋）标准完善规划,从场地规划、水系建设、能源利用、材料使用、环境控制等多个方面严格把控建设内容。践行绿色旅游消费观念,大力倡导绿色消费方式,发布绿色旅游消费指南。乡村旅游资源包括自然资源和人文资源两部分,其自然资源也是生态环境的有机组成部分。乡村旅游自然资源种类丰富,包括乡村地质地貌、乡村水域风光、乡村气候气象和乡村生物景观,要加强乡村旅游资源的原生态保护,实现乡村旅游资源的永续利用。乡村旅游人文资源的保护工作也不可忽视,它包括有形的民族村寨、乡村特色建筑和聚落形态、乡村遗迹遗址和古建筑、乡村农业景观、生产工具遗存、宗教建筑和活动场所，还包括无形的乡村农耕文化、民族民俗风情以及传统礼制和礼仪。对于乡村人文资源的保护，要依照乡村性和原真性保护的原则加以传承和发扬光大。

六、完善垃圾处理系统的建设

乡村旅游目的地要配备完善的污水处理系统和垃圾处置设施，严格控制污染气体的排放，把水体、土壤、大气三个方面的环境保护工作落实到位。乡村旅游固体垃圾产生量较大，要分类管理、妥当暂存，乡村旅游目的地管理方不能随意掩埋，要交由专业的垃圾站点来统一收纳和处理。特别是有机固体垃圾，要及时处置外运，否则会产生恶臭并滋生细菌。要遵守国家关于水污染防治的各项法律法规，保护我们的生活生存环境，防止水质下降对人类生命健康造成危害。禁止向江河湖海排放废弃油类，应交由环保公司处置。统筹安排建设污水处理设施，自觉交纳污水处理费用。乡村旅游目的地的休闲农业场所，种植过程要采取合理措施，提倡绿色种植，合理使用化肥和农药，防止造成水污染。乡村旅游涉及的畜禽养殖场所，要配备畜禽粪便处理、废水综合利用和无害化处理的设备设施。从事水产养殖的场所，要确定合理的养殖密度，合理投饵和使用药物，防止水污染。大气污染防治是保障公众健康、建设生态文明的必要措施。要遵从国家关于大气污染防治的法律法规。景区景点要推广使用绿色能源车辆，逐渐替代或者禁止燃油车辆。噪声污染控制要抓好两个源头，一是目的地运营车辆的噪声，建议使用新能源电车；二是游客聚集区大声喧哗造成的噪声，控制方法可以采用公告（文字标语和广播通告）提示，或者服务人员举牌提示。

七、学习优秀案例的经验

洞头村是山西省晋城市城区钟家庄街道办所辖的一个行政村，面积3.4平方公里，位于市区东南部的群山环抱之中，是一个典型的山区小村。村西北有一条在陡峭石壁上开凿的"挂壁公路"与城区的公路连接。洞头村曾经是一个出了名的贫困村，在上级政府的关怀下，在村党支部的带领下，抓住机遇，大力发展基础设施，努力改善生态环境，打造出独具一格的乡村生态旅游品牌，迅速从单纯务农转向生态旅游新村，走上了以旅游

第八章 乡村振兴战略背景下乡村旅游生态环境的保护

兴村的发展之路。昔日贫困村,如今变成了一个生态旅游村。村内环境变美了,农民利用自家院子,开办住宿、餐饮、商业零售、文化娱乐等服务性项目,依靠自己的努力催生农村经济活力。2019年接待游客8万人次,人均年收入达到1.8万元。[①]

洞头村乡村生态旅游之所以能够持续健康发展,是因为有一个高起点规划,加强绿化建设,实施村前屋后、院落、道路、村边、山体全方位的美化、绿化,形成多层次、多功能、点线面相结合的旅游系统。院落绿化形成"一院一园,院园相容"的乡村院落绿化格局。在田间地头、沟边、坡边进行合理绿化。对道路、河流沿岸绿化,形成条带状绿化景观。实践证明,乡村旅游开发与环境资源保护相协调,有效推动了乡村旅游产业可持续发展,取得了良好的经济效益、社会效益和环境效益。

---

① 朱专法:《山西乡村旅游发展研究》,山西经济出版社,2016,第47页。

第九章 乡村振兴战略背景下乡村旅游规划与开发实践

通过科学的规划设计和经营管理,将旅游产品的打造与生态农业发展相结合,将景区建设成一个以农业产业发展为基础、促进乡村民俗文化提升、以民俗风景体验为特色的多功能的高品质农业生态园区,从而培育出一个个具有生命力的生态旅游型观光农业精品。本章就基于前面章节的理论来具体探讨一些精品景区的规划实践。

第一节 乡村度假休闲型规划与开发实践

一、山东长岛"渔家乐"旅游规划与开发

（一）基本情况

拥有国家级风景名胜区、国家森林公园、国家级自然保护区、省级海豹自然保护区和省级地质公园"头衔"和"海上仙山"美誉的长岛,是我国北方著名的海岛旅游目的地,也是中国"渔家乐"乡村旅游的发源地。

"渔家乐"是20世纪末在山东长岛首先兴起的一项新型的旅游活动,富有浓厚的海岛和渔业特色,自1999年开始经营到现在,已经有了较大的市场知名度和品牌影响力。2004年,长岛"渔家乐"特色旅游项目,被国家旅游局授予"国家农业旅游示范点",成为全国306个工农业旅游示范点中唯一一个带"乐"的农副业项目,也是国内知名的非物质(实物)旅游品牌之一。近几年,长岛以"海上仙山"为形象,打出了中国北方"海岛度假中心、妈祖文化中心、休闲渔业中心"三大品牌,并且注册了"渔家海上游""小康渔家"的商标,这对于发展"渔家乐"乡村旅游提供了很好的平

第九章　乡村振兴战略背景下乡村旅游规划与开发实践

台。长岛"渔家乐"也因其多年发展积累的经验和较高的市场知名度成为其他同类旅游产品的标杆和榜样。在其带动下,许多地方都相继推出了具有模仿性质的"渔家乐"旅游产品。在众多同类旅游产品日益激烈的竞争下,"长岛模式"是否能为长岛"渔家乐"的发展带来持久的发展动力、是否有强大的生命力等,这是我们所关注的问题。

(二)项目背景

长岛,亦称长山列岛、庙岛群岛,位于山东半岛和辽东半岛之间、黄渤二海交汇处,北与辽宁省老铁山对峙,南与蓬莱相望。长岛呈东北西南向纵列于渤海海峡,岛距南北最长56公里,东西最宽31公里,占据渤海海峡五分之三的海面。长岛是山东省唯一的海岛县,由32个岛屿组成,其中有居民岛10个,岛陆面积56平方公里,海域面积8700平方公里,辖2镇6乡、40个行政村,人口5.2万人。长岛风光秀丽,空气清新,气候宜人,奇礁异石众多,素有"海上仙山"之称,年平均气温11.9℃,特别是夏天,气候异常凉爽,是理想的旅游、避暑和度假胜地,是胶东半岛黄金海岸线上的"海上花园"。长岛拥有丰富的旅游资源,既有自然的,也有历史的、人文的,如旖旎多姿的岛屿海岸、丰富多彩的海岛生物、源远流长的历史文化和原汁原味的民俗生活。[①]

长岛渔民还保留了许多旧俗,这些对于游客也有很大吸引力。例如,渔船丰收,返航临近家门时,在大桅顶上挂"吊子",就是特制的一种旗帜。如果是特大丰收,则大桅、小桅齐挂,称为"挂双吊"。岸上见挂"吊子",船主便率人相迎。登岸后,船主用黄表纸蘸猪血焚烧,意为敬给海神一头猪。祭神后,猪头归船长,猪蹄归"二把头"就是大副,猪尾巴连带猪脏分给炊事员,猪内脏留做算收成时的酒菜,剩下的猪肉做成饭菜,不仅全体船员及其家属来吃,村人、路人都可以入席,当地民俗认为来客多即预示着下次出海又会"发财"。虽然在近几十年的社会政治、经济、文化的变化过程中,渔业生产方式和生活水平都发生了非常巨大的变化。但是,由于渔业生产作业本身所具有的风险性仍然存在,致使产生渔民海神信仰和祭祀仪式的基本条件没有发生变化,因此在海岛渔民的精神生活中,海神信仰和相关的祭祀仪式至今还有着旺盛的生命力。

另外,长岛的旅游发展还有着雄厚的大环境依托,包括域外旅游资源、旅游地的支持,包括邻近长岛的蓬莱、烟台、威海和青岛以及山东的旅

[①] 王德刚、葛培贤:《田园季风:乡村旅游开发与管理》,天津教育出版社,2007,第227页。

游辐射。山东作为一个旅游大省,旅游业的发展已有了一定规模,有两条旅游黄金线路:山水圣人旅游线和海滨旅游线。海滨旅游线是山东旅游的重要一环,近年来大力推出了由青岛、烟台、威海、日照组成的黄金海岸产品,向游人展示山东省3000公里海岸线的滨海文化旅游魅力。烟台是长岛的上级行政单位,其三面环海,海岸线长达1300多公里,西起莱州湾,东抵蓬莱海角,千里沙滩,一望无垠。境内山峦起伏,人文旅游资源众多,本身就是一个旅游业发达地区。长岛的地理位置与蓬莱隔海相望,蓬莱阁与"海上仙山"的传说早已把蓬莱和长岛紧密地联系在一起了,形成一组独特的产品组合,不仅提升了蓬莱长岛的旅游地位,对于整个烟台的旅游业发展也很重要。长岛作为一个海岛县,位于辽东半岛和胶东半岛之间,环境优美,保护良好,具有进行海岛和海洋旅游开发的天然条件。长岛是黄金海岸旅游产品的组成部分,也是唯一的海岛县,长岛独特的海岛地理特征和海岛文化以及丰富的自然、人文旅游资源是长岛发展"渔家乐"的先天优势。渔家的住宿和餐饮也许可以雷同或复制,但海岛人的性格、海岛的风俗文化以及长岛的独特自然资源却无法模仿和复制。长岛"渔家乐"旅游产品融入这些要素,既借助了区域旅游产品的影响力,又有自身的资源特色,有着很大的发展优势。

长岛"渔家乐"这一独特的民俗旅游项目成为县域经济拉动力强、潜力大、渔民受惠、政府受益的支柱产业。正是因为有了上述各种背景资源的支持,才会在长岛这个旅游大背景下应运而生"长岛模式"。首先,长岛"渔家乐"所依托的自然资源包括各个旅游景区是整合的,对于各个村的"渔家乐"来讲都是资源共享的;其次,长岛将旅游作为长岛的支柱产业,有着"大旅游"的思想传统和管理原则,对"渔家乐"旅游形式自然十分重视,将其纳入了整个长岛旅游发展的大格局之中;最后,长岛到目前为止经营"渔家乐"的就有16个村,在这一点上不同于其他地方,如威海或是日照,都是在一定范围内只有一个村庄在经营"渔家乐",而不是像长岛,各个村几乎连成一片,规模已经不仅仅局限于一个村庄了。所以,长岛这片土地就孕育了与众不同的"渔家乐"经营模式,走出自己的一条道路。

(三)项目规划

长岛"渔家乐"是指以旅游景区和休闲渔业为依托,以海洋风光和渔家生活为特色,以休闲度假、观光娱乐和体验劳作为内容,以旅游者吃住在渔家庭院为主的一项新兴旅游产业。以"吃住在渔家,游乐在海上"为

第九章　乡村振兴战略背景下乡村旅游规划与开发实践

特色,以"自然的环境,纯朴的渔家,简单的生活"为理念,以海岛的自然环境为旅游大背景,以原汁原味的渔家生活和风土民情为吸引资源,给城市游客一种返璞归真的异质文化体验。"渔家乐"项目满足了旅游者求异猎奇的心理。"渔家乐"乡村旅游项目,住在渔民家里,吃着渔家饭菜,跟渔民出海布网、下笼、抓蟹子,收获鲜活的海产品,这种全新的体验,加上海岛、阳光、海水、沙滩的自然背景,对久居大都市的人们,对和海岛生活有着截然不同的生活方式的旅游者来说,有着巨大的诱惑力和吸引力。

1. 产品形象

旅游产品形象就是要求将充分反映产品特色的产品内涵提炼出来,并通过有效的营销方式传播于目标受众。只有认真分析旅游目的地的文脉与地脉,根据市场需求来科学设计具有鲜明特色和吸引力的旅游形象,才能打造更鲜明的旅游品牌。长岛"渔家乐"就是要充分体现海岛的优势,以优美的自然风光、特色的民俗民风和渔家人的热情朴实,树立起长岛"渔家乐"的品牌形象。

长岛"渔家乐"产品的总体形象:"海上仙山、小康渔家"。"海上仙山"是长岛旅游的总体形象,"渔家乐"旅游产品形象的树立也不能脱离这个大背景,这既是遵循了形象设计中整体性的原则,也树立了长岛"渔家乐"与其他同类产品的不同,即海岛特色,构成了与同类产品的差异化,所以"海上仙山"是长岛"渔家乐"的一张王牌。而"小康渔家"则是在普通"渔家乐"基础上的升级品牌,是长岛"渔家乐"向高档次发展的产物。"海上仙山"和"小康渔家"二者相结合,概括出了长岛"渔家乐"的总体形象,既体现了长岛的特色,也符合未来"渔家乐"品牌发展的需求。

(1) 背景形象

背景景观形象是任何一个旅游产品存在的依托,是一种原赋资源。长岛"渔家乐"的旅游形象也离不开长岛整个大环境的形象支持。在这里,背景景观主要指岛上整体风貌、景区景观、村庄和街区的建筑风格等等。长岛县由32个岛屿组成,素有"美岛""渔岛""古岛""鸟岛""仙岛"的美誉,有"海上仙山"之称。

(2) "渔家乐"形象

"吃住在渔家、娱乐在渔村、览胜在景点、游乐在海上"是"渔家乐"的鲜明概括。"渔家乐"形象主要体现在"渔家海上游"和渔家民俗生活体验上。"渔家海上游"即随渔民驾船出海,在海上欣赏秀丽的风光,同渔民一起"海上作业",参观海上养殖,进行海上钓捕,参与拔蟹子笼等活动,还可以感受渔家奇特的出海仪式,听粗犷高亢的渔家号子,随渔家人一起拉网升帆。"小康渔家"为游客提供极具海岛风情的渔家服务,吃在渔家、住在渔家、乐在渔家。"小康渔家"的商标形象为:四条鱼组成的田字,四条鱼代表四个季节、四面八方,有鱼即是有"余",寓意渔家人四季有余、年年有余。图案红色代表朝气,蓝色代表大海。四条鱼合抱成一个圆,以民间剪纸的形式呈现,反映出渔家人团结合作、勤劳朴实的个性特点。

2. 产品定位

依据长岛"渔家乐"旅游产品特点、市场吸引力、旅游客源市场的状况及经济文化发展状况,长岛"渔家乐"旅游产品的发展定位包括以下几个方面。

(1)主题定位

与海岛风情融为一体的海洋文化、渔业生产、渔家生活是"渔家乐"乡村旅游产品的主题,以"渔村"和渔家生活为标志性特征。借助独有的海岛旅游资源和环境,通过各种渠道、各种方式向游客展现渔家文化,全力打造独具特色的"海上仙山、小康渔家"品牌形象。

(2)产品功能定位

长岛打出的中国北方"海岛度假中心、妈祖文化中心、休闲渔业中心"三大品牌,着力打造北方海上休闲度假中心的目的地形象,"渔家乐"就是这个体系中重要的产品内容。目前长岛两日游、三日游游客占总进岛量的70%以上,而其中80%的游客选择入住渔家,长岛"渔家乐"旅游产品推动长岛旅游从单一的观光型旅游向休闲度假型旅游转变。

(3)产品受众定位

"渔家乐"旅游产品主要是面向家庭、亲朋、好友小范围的游客,以亲情、友情、爱情为产品主题。产品档次定位:综合"渔家乐"旅游产品自身的特点、目前国内市场的消费水平和"渔家乐"品牌的发展阶段几方面因素,产品定位以中档产品为主打,兼顾高档和低档旅游产品。目前中低档级消费是国内旅游消费的主流,尽管商务旅游、会议旅游等公务旅游会在我国有快速的发展,但这构不成国内旅游消费的主体,作为国内旅游主体的家庭旅游、老年旅游,其花费在中档水平。另外,旅游产品是一个特殊的产品,在资源共享的前提下,同一线路产品其文化含量注入的多与少就形成产品档次的高低之别。从竞争的角度看,第一层次的竞争也是最原始最普遍的竞争手段,就是价格竞争;第二层次的竞争是质量的竞争;第三层次是文化竞争,也可以说是最高质量的竞争。盲目的低价策略是极不明智的,会导致整类商品品牌档次下降。针对长岛"渔家乐"目前产

第九章　乡村振兴战略背景下乡村旅游规划与开发实践

品阶段而言,属于中低档类商品且占有市场份额较高,因此应该奉行的是提供最优管理的品牌管理价值法则,提供中等的产品和服务,并以最优的价格和最方便的手段服务于顾客。同时,长岛"渔家乐"旅游产品比较灵活,产品因加入活动内容的不同而有差别,从未来的发展看应该是以中高档产品为主要产品定位,并以质量和文化取胜。

扩展产品线,针对游客的不同需求将"吃在渔家、游在海上"的内容丰富化。丰富海上游览内容,让游客领略长岛众多小岛的魅力,感受海岛风情;到庙岛拜祭妈祖,体验民风民俗,只有将这些融入产品中去,才能丰富产品内容,增加产品内涵,打出自己的品牌。

与产品档次相关的就是价格,价格的制订是品牌策略中重要的一环。长岛"渔家乐"经营中出现的一个问题就是经营业户私自压价,造成价格混乱和整体价格下降,这就影响了餐饮和服务的质量,将"渔家乐"的经营带入了恶性循环中,对于"渔家乐"品牌经营造成了不良影响。所以,当前必须牢牢控制价格,以价格促质量。

（4）客源市场定位

长岛地处海上交通要道,系华北咽喉,京津屏障,胶辽边疆枢纽,古今皆为海疆要塞,兵家必争之地。由于长岛独特的交通和战略地位,国家政策上历来限制长岛对外开放,至今未面向国际市场,属于非开放地区。在这种政策的约束下,长岛的客源市场只能定位在国内客源市场上。在现有河南、河北、山东、京津地区主要客源市场的基础上,全面发展国内内陆客源市场,重点向内陆的纵深地区及江、浙、沪地区的国内重点客源地发展。

长岛发展"渔家乐"乡村旅游,有着广阔而稳定的市场基础。首先,以现在的客源市场来看,主要为内陆地区如河南、河北以及山东内陆,这些地区人口众多,发展潜力巨大,长岛的海岛资源对内陆的游客有着巨大的吸引力。其次,是周边的潜在市场。长岛位于山东半岛和辽东半岛之间,区域人口达几千万,这是一个巨大的潜在市场。长岛所处的地区在整个东部沿海地区属于旅游业的快速发展地区,居民的平均出游率也正处在快速上升期。预计在不久的将来,将会进入出游的高潮期,居民出游率将会呈倍数增长,这将给长岛旅游业的发展带来一次极大的发展机遇,也将为长岛旅游奠定坚实的市场基础。最后,是长岛在周边地区具有良好的口碑形象。长岛人素以诚实、好客、文明而著称于世,长岛在游客心目中有良好的形象,长岛的秀丽风光也有口皆碑。良好的口碑形象,将更增加长岛对旅游者的吸引力。

3. 产品核心

长岛"渔家乐"旅游的核心就在于渔家文化的挖掘和体现。在渔家住宿上,游客选择入住乡村渔民家里,除了价格低廉外,最吸引游客的主要还是里面所蕴含着的独特的居住文化。长岛开发得比较晚,岛上主要建筑都是在20世纪七八十年代开始修建的,因此民居在建筑风格上并没有多少历史的影子,而且长岛经济发展比较迅速,渔民生活比较富裕,大都是独门独院的红瓦房或是二层小楼。在民居这一点上,虽然少了历史感,传统特色不是很鲜明,但却恰恰反映了长岛自身的发展历史,符合了"小康渔家"的产品定位。房屋建筑虽然没有独特的吸引力,但也体现了海岛人家的居住方式。一般是典型的三合院落,一明两暗共三间,北房配以东西厢房放杂物或者做饭。在主人的寝室中多是一盘火炕,进门上炕是山东人的风俗。许多村子盖起了二层的小洋楼,一般来说这样的渔民家条件要好一些。总体来讲,在房屋建筑上,长岛"渔家乐"没有先天优势,所以需要在"小康"上做努力,完善硬件设施,做到标准和卫生,美化和净化环境,并尽量保留传统的居住方式。在饮食文化上,游客可以享受、体验到纯正的渔家饮食文化。渔家的饮食文化特色自然是在海鲜上,味道鲜美,营养丰富。祖祖辈辈靠海吃海,凭着吃的勇气和吃的艺术,积累了丰富"吃海"学问。长岛四面环海,碧波浮翠,不仅风光旖旎而且物产丰博。[1]

除了以上几点,还有就是渔家生活中无处不在、无所不包的民俗文化。民俗的概念很是广阔,包括渔民生活的点点滴滴,还有渔民的妈祖信仰。这些丰富的民俗文化是"渔家乐"的灵魂和精髓,是品牌经营的核心,只有将这些民俗物化和包装出来,并让游客感受到,才能体现出自身的特点,形成与其他产品的差异,构成游客购买的动机。日常生活中,渔民们每天都出海,即使不出海他们也会在门口补补网子,或是收拾收拾养殖的扇贝等。可以和渔民们商量一起出海捕鱼,也可以在岸边看他们补网、闻闻鲜活的海货散发出来的香气,和渔家的孩子一起玩虾玩蟹,这也是很惬意的事情。妈祖文化可以说是渗透到了海岛居民的灵魂中,与人们的日常生活息息相关。当地流传着许多关于海神娘娘的故事,保存着古老的妈祖崇拜的习俗,沿袭着许多敬拜妈祖的典仪,包括祭拜仪式、文娱演出、渔家民俗文化展示等。节庆活动期间,鸣礼炮、放五彩礼花,有规模盛大的献牲、祭祀等春祭仪式,还有舞龙、舞狮、秧歌、民间戏曲、渔家号子等传

---

[1] 王德刚:《乡村生态旅游开发与管理》,山东大学出版社,2010,第456页。

统民俗节目,生动形象地展现出海岛居民对妈祖的虔诚信仰和独具魅力的渔家民俗文化。文化是旅游的灵魂,是旅游的生命。人们在参观游览活动中,总会接触到当地的文化,"与当地人交往,了解当地历史文化和生产方式"是人类外出旅游的三大动机之一。

4. 产品体系

在产品体系的构建上,要从食、住、行、游、购、娱六大要素方面进行整体规范和完善,不断丰富"渔家乐"乡村旅游的产品体系。

(1)食——弘扬海洋美食文化

长岛身处大海之中,长期以来形成了独特的海洋美食文化。以品尝海鲜为特色的"海鲜宴"是长岛"渔家乐"产品中最富感召力的环节和要素。"渔家乐"的餐饮项目长期以来形成了自己的标准和特色,对于菜品和数量都有明确的要求,并且随着产品档次的不同,菜品也会不同,但都十足体现着海岛特色,"海鲜"味道浓郁。

(2)住——营造恬淡舒适的渔家氛围

长岛"渔家乐"产品的渔家住宿是以渔家自己的居住环境和设施为基础的,极富"家"的特色,有一种幽静、悠闲、温馨的氛围。

(3)行——最直接的关于海的体验

长岛"渔家乐"是从"行"开始的。坐船而来是长岛"渔家乐"旅游产品的一个品牌要素,因为这是同类"渔家乐"旅游产品中所不具备的要素,是长岛"渔家乐"品牌的差异点所在。

(4)游——游览岛屿风景,体验"海上仙山"

长岛"渔家乐"开发有着得天独厚的条件,有优越的自然旅游资源为背景支持。游客来长岛不仅可以感受渔家风情,还可以领略到长岛秀美的风光。自然景区和渔家二者已经形成了密不可分的关系,二者相辅相成,唇齿相依。有美丽的海岛风景做背景资源也是长岛"渔家乐"的特色和品牌差异点,是其他同类产品所不具备的。长岛目前已经开发出九丈崖、半月湾、林海—峰山、仙境源、望福礁等景区,还有海上游览宝塔礁、姊妹峰、万鸟岛等奇岛异礁的旅游项目。游览景区是感受长岛山与水的美丽,享受大自然对长岛的恩惠;住渔家是体验长岛的民俗生活,领略大海带给海岛人的独特生活方式。长岛的"渔家乐"不仅要突出和完善自身的旅游功能,也要与景区有机地结合,共同营造"海上仙山"的旅游氛围,使游客不仅能直观领略到海岛的美,更能通过实实在在的渔家生活感受到美的灵魂,从而组成既有外在美,又有丰富内涵的完整的旅游产品。

（5）购——把长岛的回忆带回家。

购在这里包括两个内容,一个是购买长岛的海鲜,另一个就是购买旅游纪念品。购买海鲜是很多游客长岛之行的重要内容之一。在渔民家有海产品陈列专柜,游客可以根据自己的意愿购买干货,这种海产品很多都是渔民自己简单加工的,是渔家餐桌上的必备食品,像海兔酱、虾酱、海菜、海米、干贝、咸鱼干等,具有浓郁的渔家特色;游客还随渔民出海,在渔民的指导下拉网、拉笼,自己动手捕捞海鲜,然后购买自己捕捞上来的新鲜海产品回渔家加工食用,既新鲜,又有劳动的开心在里面。在旅游纪念品方面,长岛目前做得还不够,旅游纪念品缺乏自身特色,大都是贝壳做的风铃、花瓶和各种动物,还有珍珠系列产品。长岛旅游部门已经意识到这个问题,已经将旅游纪念品的开发列入议程,相信在不久的将来,会有反映海岛特色的旅游纪念品面世,满足游客的需求。

（6）娱——参与体验渔家和海岛生活。

娱乐,也是长岛"渔家乐"的特色之一,包括"渔家海上游"和村里组织的民俗活动,还可以参与当地居民的娱乐活动。"渔家海上游"和渔村民俗活动的立意都很好,能够充分体现海岛渔家民俗文化,也能够提高"渔家乐"产品的内涵和档次。"渔家海上游"旅游项目能让游客真正参与到渔民海上作业中来,亲手拔蟹笼,钓鱼,同时还可以海上观光,与大海亲密接触。

一般意义上讲,完整的"渔家乐"旅游产品应该包括:在渔家入住,体验渔家人生活空间和生活过程;在渔民家中品尝地道的长岛海鲜;与渔民一起参加传统的渔业生产,包括参与制作渔具,观看祭海神演出,乘渔船出海,在海上观赏奇礁异石,到庙岛参拜妈祖,感受妈祖民俗文化,参观人工放养海参池等,进行滩涂赶海等活动,在渔民指导下进行海上捕捞活动,拔出蟹笼等网具,体验海上生产和收获的乐趣;向当地渔民了解当地风俗民情和传说故事,参加村里组织的娱乐活动,如篝火晚会等;观赏黄海日出,看黄海、渤海分界线,游览长岛自然风景区。

5. 品牌经营

长岛打出了中国北方"海岛度假中心、妈祖文化中心、休闲渔业中心"三大品牌,并且注册了"渔家海上游""小康渔家"商标,使得长岛的"渔家乐"产品较之一般的同类产品而言又需要加强相关的品牌管理。旅游产品的品牌经营从大的方面来讲包括两项内容,一是内部品牌管理,二是外部品牌形象。

第九章　乡村振兴战略背景下乡村旅游规划与开发实践

（1）内部管理

人是品牌的策划者、创造者,培养高素质的旅游品牌管理人员和经营人员是成功打造和管理品牌的关键。因此,要打造和管理好"渔家乐"旅游品牌,就应树立人才资源是第一资源的思想,培养一支高素质的旅游人才队伍,使其具有丰富的知识、创新的精神、品牌的意识。建立一套比较完整的选人、用人、育人、留人等科学、规范的人事管理制度,营造公平、公开、公正的用人环境,为人才提供平等竞争、脱颖而出的机会;不断完善旅游教育培训体系,提高"渔家乐"经营业户的自身素质和经营水平。这些年来,长岛旅游部门经常性地组织举办"渔嫂"培训班,评选"诚信文明好渔嫂",评选 AAA 级渔家乐示范户,组织"渔家乐"大嫂赴青岛、日照、威海等地考察学习经营经验等,这些举措提高了经营人员的素质,开阔了大家的视野,引入了竞争机制,对促进长岛"渔家乐"规范经营、维护品牌形象起到了积极的作用。

目前长岛采取"渔家乐"A 级管理和"小康渔家"评定,标志着对"渔家乐"的经营步入了品牌经营之路。在普通"渔家乐"业户的基础上推行 A 级管理,实行 A 至 AAA 级评定,对于评定的 AAA 级业户,在旅游网、游客中心给予免费宣传等。"小康渔家"是对"渔家乐"提出的更高的要求,是在硬件设施和服务质量上都优于普通"渔家乐"的经营业户。对于达到标准并符合专项要求的业户,由长岛县精神文明委员会与旅游管理委员会颁发"小康渔家"牌匾,进一步规范了"渔家乐"的经营行为,保证了品牌的质量,也增强了游客对长岛"渔家乐"品牌的忠诚度和美誉度,营造政府倡导下的品牌生存环境,树立普遍的品牌意识。品牌经济是一种簇群经济,它的发展不是依靠个人的精明头脑和超群智慧,而是需要形成整体的生存环境。

（2）外部营销

在打造长岛整体旅游形象,宣传"海上仙山、小康渔家"方面,长岛积累了许多经验,这对于"渔家乐"品牌宣传有着重要的作用。

一是强化旅游直销。针对目标客源市场,2005 年长岛组织促销队伍行程 10 万多公里,挺进京、津、沪、冀、豫、陕、晋、皖、苏及东北三省等 10 多个省市、自治区,跑遍了省内 17 个地市,进行长岛旅游的整体宣传。召开旅游资源推广会 100 多次,拜访旅行社 1800 多家,签订合作协议 3000 多份,发放资料 30 多万份,直销长岛旅游产品。组织参加了"胶东半岛旅游说明会""南京长江三角洲地区旅游交易会""中国北方旅游交易会""大连东亚旅游博览会""中原旅游交易会""太原国际面食节""上海旅游纪念品博览会""烟台第七届果蔬会""云南国际旅游交易会"等旅游展会,进一步扩大长岛对外知名度。同时,利用在长岛召开第十三次全国海岛联席会议的契机,倡议与会的各海岛县(市、区)旅游局长签署了《中国海岛县市区域旅游合作宣言》,创刊《中国海岛旅游》,共同成立了中国海岛县(市、区)区域旅游联合体,发挥各自的区位优势,实行联合促销,推出中国海岛旅游品牌。

二是合理运作媒体。长岛与媒体建立良好合作关系,建立了媒体资料库,适时制造新闻点发布长岛旅游信息,形成电视、报纸、杂志、网络、电台等五位一体的宣传态势,创办"记者旅游节"得到各媒体的关注和支持,全年发表市级以上新闻稿件400多件。并且,主办首届长岛航海旅游节,连续两次在中央电视台《新闻联播》播出,半版以上报纸专题报道10多次,全面打造仙岛整体形象。

三是品牌联合突破。以打造中国北方海岛度假、妈祖文化、休闲渔业三大中心为目标,努力培育十大国字号品牌。强化旅游市场直销力度,举力筹办十大赛事及十大节庆,积极策划包装参加各类展会,运作媒体及旅游商,参加全国渔家乐(农家乐)旅游洽谈会,使长岛在全省乃至全国旅游地位更加突出。加强蓬长龙区域联合,建立联动机制,资源共享,优势互补,共同整合,开发"蓬长仙境之旅""长龙小康福寿之旅"等跨区域组合产品,共筑旅游绿色通道,合力推进区域旅游的共同发展。

在以上整体宣传的基础上,长岛也比较注重"渔家乐"形象的宣传促销,做了许多切实有效的工作,全力打造"渔家乐"特色旅游品牌。这些年来,每年拿出专项促销经费,用于宣传,并通过举办渔家乐民俗文化旅游节等活动,以节促旅。2001年首届长岛(南长山)"渔家乐"民俗文化节,推出"渔家乐"形象大使,并在央视《东方时空》栏目分两天播出了专题节目,在全国产生广泛影响,当天"渔家乐"形象大使就收到全国各地咨询电话近百个。至此,长岛已连续举办了四届"渔家乐"民俗旅游节:充分借助和利用媒体,先后邀请了中央、省和市有关新闻媒体的记者进岛采访、录制海岛生态旅游自然风光及"渔家乐"旅游为专题的节目,对拓展客源市场发挥了重要作用;借助旅游交易会、旅行社推介会等多种促销方式;还充分利用渔家乐文化节、妈祖诞辰等节庆活动进一步加大促销力度,进一步提高了长岛"渔家乐"在全国的知名度。

根据长岛这些年来的旅游营销经验和品牌推广的要求,旅游部门已经认识到:还需继续不断地完善品牌传播的模式,即一个渠道、一片网络、多个串联。

(1)销售渠道。销售渠道的选择和实施过程,是旅游市场营销过程中最主要的环节,它直接决定了潜在旅游者的数量。要加大在主要目标

第九章　乡村振兴战略背景下乡村旅游规划与开发实践

市场的宣传促销力度,提升"海上仙山、小康渔家"的知名度;加强与一些著名旅行社的联系,制订优惠措施,吸引大旅行中间商的进入;适度采取销售代理制,在主要目标市场设立销售办事处。加强与区域旅游线路的联合,主动融入省内旅游环线或省市重点旅游产品线中。

（2）公共关系网络。与媒体及社会团体建立紧密关系。每年春季或旅游旺季来到之前邀请省内的报纸、杂志、电台和电视台的记者及节目主持人来访,撰写专栏文章,拍摄专题片,借助这些来进行自我宣传;与专业团体联系,增大软广告的效应,如与文学团体、出版社合作,举办散文、小说、旅游摄影作品的征集、展览、评比和授奖活动。

（3）旅游节庆活动串联。节庆活动或主题旅游活动,既是一种旅游专题活动,也是一种促销手段。它一方面能够形成一个旅游高潮,另一方面又能够形成一个市场关注和媒体聚焦的热点。不同的节庆活动,能够将"渔家乐"产品有机串联起来,以留下持久的品牌印象。

"渔家乐"民俗文化旅游节：该旅游节定于每年4月份举行,自2002年开始至今已经举办了三届。活动内容主要包括在明珠广场举行开幕式,包括渔家号子、舞龙舞狮、扭秧歌等民俗表演,在渔家品尝渔家宴,到海上观赏海岛风光和太平洋斑海豹表演,晚上在明珠广场举行观众自娱自乐的娱乐活动。2002年首届"渔家乐"民俗文化旅游节,中央电视台第一套节目给予了全面报道,同时还在《东方时空·百姓故事》栏目推出了长岛"渔家乐"形象大使,对"渔家乐"旅游项目的宣传起到了积极推动作用。

妈祖文化节暨妈祖生日庆典：庙岛显应宫,始建于北宋宣和四年(公元1122年),是我国北方建造最早、影响最大的妈祖庙。为了进一步弘扬"和平、勇敢、关爱"的妈祖精神,每年的农历三月二十三日举办妈祖文化节暨妈祖生日庆典。节庆活动包括祭拜仪式、文娱演出、渔家民俗文化展示等。期间,鸣礼炮、放五彩礼花,有规模盛大的献牲、祭祀等春祭仪式,还有舞龙、舞狮、秧歌、民间戏曲、渔家号子等传统民俗节目,生动形象地展现出海岛居民对妈祖的虔诚信仰和独具魅力的渔家民俗文化。

"7.11"航海旅游节：为纪念郑和下西洋600周年,2005年7月11日推出"乘仿古帆船游海上丝绸之路"旅游专线启动仪式,举办首届"7.11"航海旅游节。活动内容包括：乘仿古风帆船自南向北沿"古代海上丝绸之路"逐岛登陆,包括登庙岛拜谒妈祖,参观航海博物馆,访谈老渔民及海上观光、荒岛求生等内容。

长岛,这个特殊地区的自然背景、海岛渔家人的活力和热情、海岛蕴含的意味共同交织形成"海上仙山、小康渔家"旅游产品的识别特性。长岛"渔家乐"旅游产品的地方性是由海岛地域背景及当地人文底蕴所共同构成的,是特定的地理位置和海岛文化、渔家文化、民俗风情等融合表达的。这些人文因素深刻烙上了海岛地域特征,所以长岛"渔家乐"具有差异性和地方性,这种地理文脉和人文因素就是长岛"渔家乐"旅游产品的核心。

二、河南省栾川县重渡沟村旅游规划与开发

(一)基本情况

重渡沟村位于洛阳市栾川县,东距洛阳市120公里,西距栾川县城50公里,全村总面积28平方公里,人口1300人,辖8个村民小组,390户。这里水源丰沛、竹茂林密、植被良好,森林覆盖率达到95%以上。1999年年末,重渡沟村依托丰富的旅游资源,开发乡村旅游,使千百年来"养在深闺人未识"的重渡美景展现在游客面前。同时,由于乡村旅游强劲的带动效应,使全村95%以上的村民依托旅游业脱贫致富。[1] 重渡沟村依托旅游业脱贫致富的成功经验被旅游界称为"重渡沟现象",重渡沟村以"吃农家饭,住农家屋,赏农家景,享'农家乐',购农家物"为特色大力开发乡村旅游,受到各级、各部门的高度重视。

(二)项目规划

重渡沟村依托旅游业从一个山区贫困村发展成为新农村建设的样板和典范,其基本经验是:利用"三绝"做文章,依靠"三带"谋发展。

重渡沟村"三绝"的第一绝是水,该村的金鸡河和滴翠河,一年四季奔腾不息,遇崖头造成瀑布,逢低洼处形成深潭,被国内地质、旅游、水利方面的专家誉为"北国水乡";第二绝是竹,重渡沟村有野生竹林1万多亩,形成了自然的竹林长廊,只要进入重渡沟,就置身于竹的海洋、绿色的世界里;第三绝就是"农家乐",也就是重渡沟风景区的农家宾馆,它使全村95%以上的村民吃上了"旅游饭",过上了好日子。

1. 发挥优势做好"水"文章

重渡沟风景区在发展乡村旅游过程中,紧紧抓住自身的资源优势,大做"水"文章。在重渡沟村28平方公里的区域内,金鸡河、滴翠河常年奔

---

[1] 国家旅游局综合司:《发展乡村旅游典型案例》,中国旅游出版社,2007,第82页。

第九章　乡村振兴战略背景下乡村旅游规划与开发实践

腾不息,因山势落差较大,形成一路瀑布,造就了"飞流直下三千尺"的壮观景色。瀑布、山泉、竹林形成的美景与重渡沟村古朴淳厚的乡风民俗相结合,形成了豫西地区独具特色的乡村旅游品牌。

2. 开发资源唱响"竹"字戏

重渡沟风景区有1万多亩竹林,怎样利用这些宝贵的自然资源,让竹成"金"。重渡沟村采取公司+村+农户三方筹措开发资金的办法,对竹林、竹传说、竹乡土文化、竹饮食文化等进行重点开发。目前已成功开发的竹林长廊、居家竹楼、竹筒米饭、竹筒老酒、竹叶泡茶等旅游商品,深受游客的欢迎,同时村里还有计划地组织村民开展学跳竹竿舞、学唱"竹"字歌、自编"竹"字戏等活动。目前,这些与竹子有关的乡村文化已享誉中原,名震北国,成为重渡沟风景区打造乡村旅游品牌、招揽四海宾朋的亮点。此外,重渡沟村还利用竹林资源,强力开发旅游产品和旅游纪念品。乡村旅游需要有自己特色的旅游产品,为转变村民们的观念,村委会和景区领导率领村民先后赴江浙、山东等地考察、学习,着力开发具有重渡沟特色的旅游商品和旅游纪念品。

(三)项目成效

重渡沟风景区的成功之处,不仅仅是利用自然资源开发了一个国家AAAA级景区,更重要的是通过乡村旅游、生态旅游的开发带动了"三农"的发展,不仅重渡沟村在乡村旅游开发中获益,更重要的是辐射到了周边乡村的千家万户,其社会效益不可估量。

1. 乡村旅游拓宽了农业产业化的产销渠道

一业兴带来百业兴,重渡沟村的乡村旅游不仅带富了农家,同时带动和拓宽了重渡沟村及周边乡镇的农业产业化的产销渠道,拉长了农副产品的产与出、供与求的链条,也为绿色农业的产品开发创造了无限商机。比如,重渡沟村和周边乡村的山山岭岭盛产品种多样、营养丰富的山野果,重渡沟村在没有开发乡村旅游之前,山果没人要,年年烂在树上,开发了乡村旅游之后,这些山野果便成了香饽饽、抢手货,村民们通过引资、集资等方式建成了山野果醋厂、饮料厂,这些纯绿色饮品上市后,深受游客和消费者喜爱。以"重渡沟"为商标命名的农副产品有70多个,如重渡沟柿子醋、重渡沟红薯粉条、重渡沟山果饮料、重渡沟纯粮食酒、重渡沟绿豆面条、重渡沟炒瓜子、重渡沟根艺、重渡沟竹木手工艺品的雕刻和绘画等。这些产品的开发,不仅为重渡沟村增加了新的经济增长点,而且也拉长了潭头镇及其周边乡镇农业产业化链条,拓宽了农副产品的产销渠道。

2. 乡村旅游促进了社会和谐和村风文明

以前,重渡沟村是潭头镇一个比较贫穷落后的行政村,村里有"四多",闻名几十里,即"娶不到媳妇的光棍汉多,聚众赌博搞不文明活动的人多,正常生活靠赊欠的户数多,适龄儿童不上学的多"。通过近几年的乡村旅游开发,不仅让重渡沟村民的"钱袋子"鼓了起来,而且村民们的思想素质、道德修养、文明程度都有了惊人的提高。现在重渡沟村的"四多"变成了"四没有",即"失学儿童没有了,光棍汉没有了,聚众赌博的不良陋习没有了,靠借贷生活的人没有了"。在与游客的交往中,重渡沟村民用语文明,说话和气,村里的年轻人没有一个留胡子、留长发,个个西装革履,举止端庄。之后,在重渡沟风景区中心区的"亲水乐园"内建成了规模宏大的演艺广场,每逢夜幕降临,村民们自发到演艺广场或唱歌,或跳舞,或参与互动演出,尽情享受富裕生活的快乐与甜蜜,尽情释放一天紧张旅游接待的疲惫;村民们还自发成立了业余文艺演出队,自编自演一些反映乡村旅游开发、体现农民新生活、抵制不良陋习、倡导文明新风的文艺节目,到演艺广场进行演出,为富了之后的村民提供丰富的精神食粮。

3. 乡村旅游加快了新农村建设的步伐

乡村旅游不仅让重渡沟村民富了起来,而且使重渡沟村容村貌发生了翻天覆地的变化。重渡沟村借助乡村旅游的强势东风,对全村的农家宾馆进行重新整修、规划建设,按照山区特色,统一古朴风格,统一设备配置,统一农家院落,统一青砖蓝瓦。如今的重渡沟村是一排排古朴典雅的农家院落,一条条平整宽阔的水泥道路和石铺幽径,一条条涓涓流淌的山泉之水,一首首歌唱新农村、新农民、新生活的民间小调,一棵棵挂满果实的葱绿果树,使新农村建设在重渡沟村得以充分体现。一位支部书记在接受央视一套记者采访时说:"借乡村旅游开发,重渡沟村民富了起来,家家户户不缺钱花,家家户户过上了好日子,村容村貌得到了彻底改变,村里的文化生活丰富多彩,乡村文明之风把村里的麻将桌、酒桌全都挤'翻'了,村民们真真切切感受到了乡村旅游给社会主义新农村建设所带来的灿烂曙光。"也就是这样一个靠乡村旅游开发富起来的重渡沟村,由过去的贫困村一跃成为现在河南省新农村建设示范村,受到各级领导和众多媒体的广泛关注。

第九章　乡村振兴战略背景下乡村旅游规划与开发实践

（四）今后发展

重渡沟村借助乡村旅游的东风,成功地走出了第一步。今后,将把塑造重渡沟乡村旅游品牌作为核心,更好地发挥旅游在带动社会主义新农村建设中起到的表率和示范作用。重渡沟村今后的发展思路和打算是：一是结合栾川县旅游开发新理念,按照"绿色栾川,健康乐园"的主题,对重渡沟乡村旅游进行准确定位；二是加大投资,加强管理,通过 3～5 年的努力,把重渡沟打造成"生态休闲会所,绿色快乐车间,健康养生乐园"；三是进一步加强对村民旅游服务技能的培训,完成旅游服务从粗糙型到精细型,业余型到专业型的转变,力争打造出一支乡村旅游开发、管理、服务、营销的精英团队；四是进一步深化对"农家乐"的规范管理,在特色上下功夫,在项目上求创新,坚决杜绝和纠正农家宾馆城市化现象,使"中国农家宾馆第一村"的美名名副其实；五是进一步完善新农村建设格局,把重渡沟村建设成具有山区特色的新型社会主义新农村；六是努力挖掘乡土文化,不断提高村民的整体文明素质和思想道德修养,使村民由经济型向文化型过渡,让重渡沟乡村旅游再出新亮点。

三、福建福州闽侯县廷坪村乡村旅游规划与开发

（一）基本情况

1. 自然条件

廷坪村坐落在闽侯大湖乡,位于闽侯县北部山区,东临罗源县霍口乡,南接白沙镇,西邻洋里乡,北连廷坪乡,距福州市区 50 多公里。

（1）地貌特征

廷坪村群山环绕,属白垩系一石帽山群,地质以花岗质砾岩、凝灰质砂岩为主,山脉属鹫峰山支脉,因受地质的断裂作用影响,山脉多褶皱,地形复杂,山势陡峭。地势西北高,东南低,海拔多在 700 米,坡度 10°～40°,海拔最高的山是猪母岗,为 789.2 米。土壤主要是火山岩风化成的山地棕壤,成土母质疏松,土层较厚,适合多种植被生长,特别是喜酸性的植被生长。

（2）气候特征

廷坪村属亚热带季风气候。其位于福州市西北郊丘陵地带,所以气温一般比福州年平均值要低 4～8℃。本区域多年平均气温为 18.5℃,平均相对湿度为80%；年日照小时数1812.3小时,平均风速为2.7米/秒,

最大为19.0米/秒,风向多为东南风,其次为北风和西北风;年无霜期260天左右,年均水面蒸发雨量1095毫米。

(3)水文特征

廷坪村附近有一水库、两条溪流(分别为箬洋溪和仰头崖溪)和众多的瀑布、深塘。其中,仰头崖瀑布,落差近50米,水流常年不断。周边还环绕有雪溪、宝溪、东境溪等溪流。

2. 社会经济水平

全村人口大约500人,100户左右,人口自然增长率为1.1%,大部分为农业人口,但村里青壮年大部分外出打工。除了外出打工的收入之外,经济收入主要为农业收入,收入来源比较单一,人均收入比较低。产业结构相对单一,以农林业为主,商品经济发展滞后,旅游业发展总体上处于启动阶段。福古线公路、国家战备级水泥公路194县道,规划中的高速公路紧邻景区周边。同时,廷坪村已经实现村庄道路硬化,能基本解决可进入性问题。

(二)规划背景

1. 优势条件分析

(1)旅游资源种类丰富

廷坪村有丰富的自然资源和人文古迹,景点特色显著,可观赏性强。区内集山峻、林茂、水秀、峡幽、物古、气爽等众多特点,物种较丰富,有许多珍贵的物种。例如,有国家一级保护树种——七百年红豆杉古树等;国家二级保护动物——娃娃鱼等;此外,附近还有特色花草牡丹、建兰、白玉兰等物种。珍贵物种与其他丰富的物种是开展科考研究、素质教育的理想基地。此外,还有许多历史文化遗迹、传说典故,主要有大王庙、玄帝亭、千年省际古道、六公殿、七公庙、赌神石、轿墓等,这些遗迹历史悠久,具有较高的历史价值,其中或带有传奇色彩,或为史实。悠久的历史遗迹及浓郁的农家风情记载了悠久的历史和灿烂的文化。

(2)区位优势明显

廷坪村位于福州市郊,所在的闽侯县,是最靠近福州市区的县,距离福州市区仅仅58公里。从大区域来看,地处东南沿海经济发达地区,与中国台湾一水之隔,地理位置特殊;以廷坪村为中心,半径100公里的范围内有福州市区、莆田、福清、长乐等经济发达的百万人口的大中城市;半径200公里的范围有泉州、厦门等经济发达的百万人口的大中城市。

第九章 乡村振兴战略背景下乡村旅游规划与开发实践

（3）旅游市场乐观

廷坪村乡村旅游发展是以开发休闲、生态、避暑等森林旅游产品为主的旅游区，其旅游产品具有很强的生命力和市场吸引力。同时，旅游区具有良好的区位条件、外部交通条件和自然、人文资源以及良好的生态环境、宜人的气候条件，使项目建设好后可以很好地和周边景区形成互补关系；依托福州、厦门、泉州等大中城市，吸引国内外游客前来度假，旅游市场十分乐观。

2. 劣势条件分析

（1）资源劣势

廷坪村内旅游资源类型多样，但大部分资源等级不高。而地质地貌、山体造型的特色、特殊性也不很突出，山体美感度不是很好，梯田规模也不是很大，一些梯田资源处于荒芜状态，没有得到很好的开发。而区域内对一些古庙、古道没有保护措施，破坏较严重。就旅游特产而言，本区域也比较缺乏有特色的特产。同时，民族景观和风俗特色鲜明度不够。这些都不利于旅游产品的打造和宣传。

（2）景区内部可进入性差

廷坪村在前期有投入一些资金铺设入景区的水泥干道，基本解决了进入性问题。但景区内部交通建设还处于初步阶段，各种道路状况与旅游发展所需要的标准相差很远，很多景点只是"人为造出来"的小路，可进入性差。

（3）服务设施很薄弱

廷坪村还处于初步建设阶段，各种接待服务设施、安全保障设施、环境保护设施等还处于一片空白。根据发展旅游所需要解决"食、住、行、游、购、娱"的要求来看，各项设施需要投入大量资金建设。

(三) 项目规划

1. 旅游发展思路

以森林生态旅游资源为基础，以自然、生态、绿色为主调，以避暑、休闲、度假为主题内容和活动重点，辅助民俗体验、自然观光、商务旅游、森林保健等内容和活动，以福州、厦门、泉州等省内大中城市为依托，面向福建省，融避暑、休闲、度假、森林保健、民俗体验、自然观光、商务旅游为一体的，具有鲜明个性、生态旅游度假村，成为福建省旅游精品的重要组成部分。

（1）可持续发展原则

发展廷坪村乡村旅游，要充分体现科学发展、协调发展和可持续发展的理念，突出休闲度假旅游特色，坚持旅游资源保护与适度开发并重，确保旅游发展与生态环境实现永久和谐，实现资源的可持续利用。

（2）市场导向原则

发展廷坪村乡村旅游，要以旅游市场需求为出发点，按照市场需求的规模和方向，合理设计旅游资源的开发功能和开发时序，以游客规模为依据，整体设计，分期分区开发，使整个景区进入良性循环，充分发挥资源的最大效益并且要突出廷坪村休闲度假旅游特色，做到食、住、行、游、购、娱六要素配套原则，充分利用旅游区各方面的可利用资源，达到各景区间融会贯通，合理分区和组织空间形态。开发符合客源市场多层次、多方位需求的旅游产品，来满足不同层次游客的参与、娱乐和舒适性的需求，提高旅游接待能力，提高旅游者逗留时间和旅游消费，进而提高旅游综合经济效益。

（3）可操作性原则

在理论上以高起点、高质量、高标准、高品位、高效益的战略研究指导旅游资源开发和旅游业发展，以保持实施的连续一致性。在实际实施中，通过以下三个方面来落实：其一，在功能分区上，以主体内涵加以区别，连片（线）开发，保证建设的可操作性；其二，在政策上，将设计纳入政府的政策及管理体制中，以保证管理的可操作性；其三，在时间安排上，采取整体规划、分级开发、共同调整的序列安排，以保证开发的可操作性。

（4）因地制宜原则

①注意克服旅游旺季灾害性天气影响，充分利用外部区域夏秋两季气温相对较高的时机，挖掘本区域极好的气候资源，开发避暑休闲旅游产品和其他机会旅游产品，延长旅游季节，提高设备利用率。

②注意节约和合理使用廷坪村域；项目选址要与环境背景相协调，尽量避免或减少对原有环境的破坏。

③在旅游环境容量大的区域，形成功能相对完善，具有独立的游乐、服务体系的旅游区。同时，各功能区合理配置，每个功能区形成几项具有突出功能的旅游项目，共同构成具有广阔市场吸引力的多功能旅游度假区。

2.旅游发展总体布局

综合考虑廷坪村资源类型、组合优势、开发方向等因素，将廷坪村划分为四大功能区域和若干功能小区域。各功能区域有自己的明显特征，

第九章 乡村振兴战略背景下乡村旅游规划与开发实践

同时又有机地融入项目整体之中。整个廷坪村域划分为四个功能区,分别为入口综合服务区、度假休闲娱乐区、休闲农业体验区、森林生态观光旅游区。其中度假休闲娱乐区为全区的核心区域,其他三个功能区围绕度假休闲娱乐区,发散分布,总体呈"一个中心、三个基本点"的分布格局。

（1）入口综合服务区

位于廷坪村入口处西面,是当地村居民居住比较集中的区域,有一定的基础设施。

售票房：将售票房设于大门侧旁,与园门连为一体。售票房建设应与环境相协调,与廷坪村主题相一致。

停车场：分专用停车场和公用停车场。专用停车场在入口处北侧大的空地区域,专供旅游专线车停放。公用停车场在专用停车场旁边,供自备交通车辆停放。

综合商业街：设在入口处公路两旁,提供销售旅游纪念品、农特产品、绿色保健食品等特色旅游商品。

游人服务中心：位于大门左侧,为游人提供餐饮、医疗、邮政、商务、咨询、接待等服务。

度假村综合管理中心：在入口处设立,管理整个度假村。

入口处游览点：主要是乡村民俗游、文物古迹游览集中地。该区域分布的重要景点资源有大王庙、玄帝亭和百年古树（七百年红豆杉古树）等。

农家小院：该区集中了廷坪村的居民,有较多具有特色的农家小屋,可以改造成农家小院作为接待游客的设施。

（2）度假休闲娱乐区

位于廷坪村中心部位,由罗经铛、清水岗、蓝里岗、诸母岗等地块组成。该功能区为廷坪村的核心区域,是家庭式旅馆、度假区综合管理中心等所在区域。

该功能区划分为四个小区域。

A 区——罗经铛一带：位于度假休闲娱乐区的中心位置,是区域重要的公益林地。通过道路等将 B、C、D 区域联结起来。

B 区——清水岗：位于度假休闲娱乐区北部,是度假村一期家庭旅馆和相应配套工程所在地。

C 区——蓝里岗：位于度假休闲娱乐区南部,是度假村二期家庭旅馆和相应配套工程所在地。同时,该区北部也是会议中心所在地：主要承担企业员工高层培训业务、企业高层会议、商务度假接待中心等。

D 区——诸母岗一带：位于度假休闲娱乐区西北部,是度假休闲娱乐区重要的景观背景区域。该区域主要是 10 亩截流蓄水低坝建设点和猪母岗生态保护林所在地。

（3）休闲农业体验区

其主要依托区域内梯田，开辟两个小功能区。

农家旅游生活体验区：在农田基础好的大丘坪种植生态农业种植地、蔬菜采摘地等，让度假游客体验农家旅游生活。

农业观光区：利用廷坪村内连片的梯田种植大面积的桃树、梨树、油菜花等果树或经济作物，从而营造大面积的植物景观。

（4）森林生态观光旅游区

该功能区为全区最大的功能区，由两大分功能区组成。

①森林生态旅游区。以仰头崖瀑布为中心，仰头崖溪和箬洋溪两条溪流相夹的南部三角区域。该区域植被保存为全区域最完好，生态环境为全区域最好的区块。

野外运动区：该区域山高水深、地形起伏险要，植被茂密，同时还有千年古道沿溪而建。该区域不适合开展高环境容量的旅游活动，却是开展森林探险、攀岩运动、野外生存的好地方。利用地势在此区域开辟登山道、攀岩区等野外探险活动。

阶梯式垂钓区：该区域两溪相夹，溪水顺山势大体沿古道由北往南流，同时区域环境幽静，是开辟阶梯式垂钓区的绝好地方。

森林氧吧：在仰头崖瀑布的下游区域设立。这里空气含负氧离子最多，空气最清洁，建立森林氧吧的条件最好。

瀑布观赏亭：设在仰头崖瀑布中间段的一片大石块区域，该区可进入性好，地势平坦，视野开阔，是观赏仰头崖瀑布的最佳位置。

②森林观光旅游区。廷坪村东北角部分，海拔较高，视野开阔。同时，周边景观较好，特别是区域对面山体雄伟，山势挺拔，峰峦起伏，开辟森林观光活动条件良好。利用视野开阔的区域和森林山地景观在适当的地方建设景观观光台若干座，满足游客森林景观观光需求。

（四）产品开发

1. 旅游产品设计

良好的气候条件和优良的生态环境是廷坪村优势所在。廷坪村的旅游产品开发应该立足于休闲度假这一主体，进行比较分析，在避免与周边地区产生同质化竞争的基础上，把握旅游资源的组合特征，开发出属于自身特色的旅游产品，形成自己的独有品牌，以保证产品在市场上的竞争优

第九章　乡村振兴战略背景下乡村旅游规划与开发实践

势。廷坪村的旅游产品开发，应坚持以市场为导向，要通过对休闲度假旅游产品潜在消费者的细化分析，明确自身的目标市场和服务定位，根据游客需要进行休闲度假旅游产品类型的创新开发。要在细分消费市场的基础上，实现长、短线休闲度假旅游产品的协调发展，加快形成大众家庭度假旅游产品系列，满足本地和邻近城市居民短假期、低消费、高频率的休闲度假旅游消费需求。

廷坪村休闲度假旅游的客源定位和消费档次定位，以福州、泉州、厦门的客源为主，在产品设计上要与本地居民的休闲方式和消费习惯相适应。单纯的度假旅游具有较强的季节性，会出现明显的淡季和旺季，因此在进行廷坪村休闲度假旅游开发时应力求功能综合化、产品多样化，形成集避暑、休闲、度假、森林保健、民俗体验、商务旅游及特色观光于一身的综合性休闲度假地。

根据廷坪村旅游资源情况，将休闲度假旅游产品系列作为主打产品，结合优美自然风光、特色农家美食等，形成如下"三大系列、七类旅游产品"。

（1）度假休闲旅游产品系列

山林度假休闲旅游产品类型：

①主要资源依托：廷坪村山林自然生态环境。

②主要市场依托：福州、泉州、厦门等大中城市居民。

③主要项目、活动：山庄避暑度假、呼吸山林中负氧离子、品尝以山林土特产品为原料的菜肴、体验农家旅游生活等。

会议度假休闲旅游产品类型：

①主要资源依托：廷坪村山林环境优美、幽静的氛围。

②主要市场依托：福州、泉州、厦门等大中城市公司及员工。

③主要项目、活动：会议、培训、谈判，特色度假休闲活动。

（2）观光旅游产品系列

自然风景观光旅游产品类型：

①主要资源依托：廷坪村花、草、树、木、果园和这里优良的气候等。

②主要市场依托：福州、泉州、厦门等大中城市居民。

③主要项目、活动：

春天踏青观光游项目、活动：踏青、野餐、摄影等。

盛夏避暑观光游项目、活动：登山、烧烤、举办篝火晚会等。

金秋花果红叶观光游项目、活动：采摘果实、观赏果挂枝头等。

隆冬观光游项目、活动：观赏霜覆满树等。

气候天象观光游项目、活动：观赏朝霞、晚霞、明月等。

文物古迹观光旅游产品类型：
①主要资源依托：大王庙、玄帝亭、千年省际古道等。
②主要市场依托：福州、泉州、厦门等大中城市居民。
③主要项目、活动：一般性观赏，了解相关历史文化知识。
（3）专项（专题）旅游产品系列
农业旅游产品类型：
①主要资源依托：大坪种植区、廷坪村的农业区等。
②主要市场依托：福州、泉州、厦门等大中城市居民。
③主要项目、活动：参观种植业等特色农业生产场所，现场品尝各种特色餐饮、风味小吃，亲身体验农业生产过程。
青少年素质教育游：
①主要资源依托：廷坪村各种可以被开发为青少年素质教育的资源。
②主要市场依托：福州、泉州、厦门等大中城市的青少年学生。
③主要项目、活动：参加野营、生存训练，访问贫困家庭子女，与之交流，体验农家生活等。
廷坪村乡村民俗游：
①主要资源依托：乡村民俗风情。
②主要市场依托：福州、泉州、厦门等大中城市居民。
③主要项目、活动：住乡土民居，吃乡村饭菜，参与农事劳作等。

2. 旅游线路设计

根据旅游者的心理特征、空间行为规律，本着观赏效果最佳、组合最合理的原则，合理利用地形、地势等地理条件，充分考虑景区特点和利用本区特色资源，紧密结合游览功能需要，因地制宜，统筹安排，尽可能与园外景区相结合，形成区域旅游网络，达到优势互补，资源共享的目的。同时，应根据市场需要，组织各类专项旅游线路，以最大限度地满足游客的要求。

廷坪村旅游线路设计分两个层次。
（1）廷坪村内部旅游线路设计
①按游览内容和景点、景区位置分为两条基本线路。

入口处→七百年红豆杉古树→大王庙→玄帝亭→猪母岗景点→清水岗景点—农业观光区→自助农庄（午餐）→森林观光台→仰头崖瀑布

入口处→七百年红豆杉古树→大王庙→玄帝亭→罗经铛景点→蓝里岗景点→农业观光区→自助农庄（午餐）→仰头崖瀑布

第九章 乡村振兴战略背景下乡村旅游规划与开发实践

②专项旅游线路设计。

探险健身专项旅游线路：

千年古道→水电站→仰头崖溪→仰头崖登山道→水电站大坝→仰头崖瀑布

休闲疗养专项旅游线路：阶梯式垂钓区→森林氧吧

（2）廷坪村与外围景区、景点旅游线路设计

①多彩旅游线路组合。

大湖抗日阵亡将士塔墓（红色旅游）→廷坪村（绿色生态旅游部分）→雪峰崇圣禅寺（文化旅游）

②专题旅游线路组合。

绿色之旅：石牛山风景区→廷坪村（绿色生态旅游部分）→雪峰山

文化之旅：雪峰崇圣禅寺→枯木庵→树腹碑→郎官诸天宫→马岚山六公殿→廷坪村（文化旅游部分）

（3）线路日程设计

从日程安排角度，整个区域主要为一日游旅游区，可以搭配选择组合多种旅游线路。

一日游 A：入口处→七百年红豆杉古树→大王庙→玄帝亭→诸母岗景点（罗经铛景点）→清水岗景点（蓝里岗景点）→农业观光区→自助农庄（午餐）→森林观光台→仰头崖瀑布

一日游 B（探险健身旅游专线）：千年古道、攀岩、森林科考、徒步登山、林海探幽

一日游 C（休闲疗养专项线路规划）：阶梯式垂钓区→森林氧吧

但作为以接待功能为主的旅游度假村，主要联合周边旅游景区（点），以规划地为接待中心 [形成周边旅游景区（点）游客的食、住、购中心]，组织两日游或多日游旅游线路。

两日游 A（多彩旅游线路组合）：大湖抗日阵亡将士塔墓（红色旅游）→廷坪村（绿色生态旅游部分）→雪峰崇圣禅寺（文化旅游）

两日游 B（绿色之旅）：石牛山风景区→廷坪村（绿色生态旅游部分）→雪峰山

两日游 C（文化之旅）：雪峰崇圣禅寺→枯木庵→树腹碑→郎官诸天宫→马岚山六公殿→廷坪村（文化旅游部分）

第二节　依托景区发展型规划与开发实践

下面以福建省龙岩市连城县木陂村乡村旅游规划为例来分析。

水是乡村旅游规划中最重要的景观要素之一。我国大多数乡村聚落建设在河口、湖泊等靠近水源的地方，江南的村落更是把水系作为主要街道，形成了典型的小桥流水、粉墙黛瓦的水乡特色景观意象。水乡旅游就是在这一基础上发展起来的。水乡旅游是以乡村水系为主体，将水系景观与乡村自然生态景观、聚落景观、经济景观、文化景观等其他旅游资源有机结合，以水乡村落为其活动场所，满足游客观光、休闲、度假等目的的一种旅游形式。受自然环境因素影响，我国现有的水乡旅游景区主要分布在水网密集的长江三角洲和珠江三角洲地区，典型代表有江南六镇，分别是江苏吴江同里、江苏昆山周庄、江苏吴中甪直、浙江嘉善西塘、浙江湖州南浔、浙江桐乡乌镇。

一、基本情况

木陂村（以下简称"项目地"）是福建省龙岩市连城县曲溪乡管辖的行政村，位于连城县东部、曲溪乡西南部，东与蒲溪接壤，南连莒溪，西连文亨，北与黄胜村相邻，距曲溪乡集镇 25 千米，距曲溪 205 国道 24 千米，距县城 48 千米。项目地地处连城县内陆山区，全村四面环山，是山区盆地地形。村庄紧靠天子山，平均海拔 1100 米，属亚热带季风湿润气候区，冬夏交替明显，气候温和湿润，优越的自然生态环境有利于高山避暑度假旅游产品的开发。项目地水资源丰富，地表水均属山泉水。村中心有一条主要溪流自西北向东南缓缓穿村流过，成为项目地的主要街道，在村中心形成独特的水文景观。项目地森林覆盖率高达 97%，目前的植被资源以原始林作物为主，大体分为毛竹林、松树、杉木、阔叶林等树种，拥有柳杉等国家二级保护名木、千亩铁杉林基地、万亩竹海，是闻名遐迩的省级园林示范村。项目地充分利用山地多的优势，大力发展毛竹业和蔬菜种植业，全村现有毛竹林 11000 亩，建立了 1000 亩的果园种植基地，200 亩的蔬菜、雪莲果等经济作物试点种植基地，这为项目地发展乡村旅游提供了丰富的休闲农业资源。此外，项目地现有建于明朝的"关帝庙""兴益

第九章　乡村振兴战略背景下乡村旅游规划与开发实践

公祠"和"新田祠堂"等工艺精巧的建筑景观,以及天子山、貌姑山、村口的天然水牛潭、接近天子山脚的石人岭等自然景观;每年10月,在天子山还可见一片规模约200亩的杜鹃花海景观,这都有利于水乡旅游的综合开发。

二、规划目标

项目地规划以天子山十月杜鹃花海景观为依托,结合木陂村高海拔的气候优势及优美的乡村环境,形成"山上观光、山下度假"的联动发展格局。以乡村水系为发展主体,整合木陂村的自然景观、人文景观,将木陂村历史与客家文化点滴融入其中,以水街的形式展现深厚而多彩的木陂村客家文化与农耕文化,突出水乡特色,开发乡村度假旅游产品,将项目地建设成档次较高、服务质量较好的梅花山高山水乡度假旅游地。

三、战略定位

(一)性质定位

以天子山十月杜鹃花海景观为亮点,以乡村田园景观、客家民居、天子山、貌姑山、天然水牛潭、登龙桥、高山茶园、铁杉林、柳杉林等旅游资源为依托,以乡村水系为发展主体,突出水乡特色,将项目地建设成为集水乡观光、休闲度假、森林养生为一体的梅花山高山水乡度假旅游地。

(二)形象定位

1. 主题形象定位

在对项目地的地质地貌特征、资源分布情况、文化脉络构成等要素分析的基础上,运用旅游形象策划的一般理论,将木陂村乡村旅游总体形象定位为:十月杜鹃柔情水乡。

2. 形象宣传口号

倚高山花田,体水乡情韵。
游诗情水街,宿淳朴农家。
淳朴自然的农家,怡情适性的水街,返璞归真的休闲度假地。

四、总体布局

根据木陂村旅游资源的地域分布、特色和组合情况，按照类型相近、功能相似的空间组织原则，将木陂村的空间布局定位为"一心四区"："一心"即游客服务中心；"四区"即水街风情体验区、山地养生度假区、乡野休闲农耕区、森林生态静养区。

五、项目策划

（一）游客服务中心

规划村委会对岸的广场周边空地为项目地水乡旅游的集散中心，配置游客接待中心、生态停车场、乡村客栈等基础设施，为游客提供休憩、咨询、购物等旅游综合服务。

为突出项目地的总体旅游形象，规划对村委会办公楼前的广场进行拓宽改建，广场中间的花圃内分环种植红、紫、黄、白、粉等花色的杜鹃花，带给游客强烈的视觉冲击与景观美感，广场四周用杜鹃花盆景点缀，将其作为木陂村的标志性景观，突显"十月杜鹃"主题形象，打造集杜鹃花观赏、客家文化展示、客家民俗演绎为一体的休闲文化广场。并在旁边建立一座用于展示、制作、销售杜鹃花盆景的杜鹃花盆景苑。

（二）水街风情体验区

为突出水乡旅游主题，规划在村庄中心水系及两侧村庄聚落开发一片以亲水观光、民俗体验的主要功能的水街风情体验区。从营造水乡风貌的角度来看，通过采用堤坝设计、综合运用自然驳岸和硬质人工驳岸等策略转变乡村水系无景无趣的生硬特点，改造成为集步行、游赏、休憩等功能于一体的河滨游廊，融入亭台、石级、汀步、廊榭、桥梁、水车、民居、商业街、传统作坊等水乡标志要索，形成"一河两街"的基本格局，体现"小桥、流水、人家"的水乡面貌。

从展示水乡文化的角度来看，对街道沿岸现有建筑的立面改造，设置旅游商铺，开设旧式米行、茶店、茶馆、酒肆、饭庄、杂货店、零食店、工艺品商店、传统小吃作坊等项目，既供居民购买生活用品，也可供游人选购和制作特色工艺品，还能让游客亲自品尝选购、参与制作客家特色小吃；商铺悬挂古色古香的招牌、灯笼、字画等，营造古朴的水乡风貌和木陂历

第九章　乡村振兴战略背景下乡村旅游规划与开发实践

史民俗文化氛围,将其打造成为具有浓郁客家文化特色和木陂民俗风情的旅游商业步行街。以乡村水街的形式展现丰富多彩的木陂历史和客家文化。

基于求知、娱乐等体验,可以依托河滨游廊和乡村水街,开展多种亲水体验活动,如于元宵节举办"智者乐水"文化旅游节,在游廊上开展猜灯谜、观灯会、放水灯等活动;七月初七举办鹊桥会,依托游廊、桥梁等设施,借牛郎与织女的传说,针对年轻情侣,模拟鹊桥相会场景,开展水街隔河相会、隔岸对歌、隔岸抛绣球等活动。通过各项亲水节庆活动的开展,进一步扩大"柔情水乡"的旅游品牌影响力。

(三)山地养生度假区

为配合项目地水乡旅游体验和优越的高山生态环境优势,规划在利用村庄左侧山地开发一片以休闲度假为主要功能的山地养生度假区,满足面向高端度假市场的旅游需求。以木陂村山、水、林俱有的原生态环境为基点,融入休闲养生的生活理念,提升养生内涵,建设生态水吧、生态餐厅、特色度假聚落等配套项目,构筑天人合一的居住环境,与水街风情体验区相互补充,相得益彰,全力打造木陂村高端度假旅游品牌。

为了进一步提高木陂村水系景观的多样性,突出水乡特色,规划中对村庄上游的溪流水道进行清淤整治、水面拓宽,在水流较大的地方进行人工挖掘,在原有乡村水体的基础上,引入多个新的小型跌水、瀑布、水潭、湖面等开放性水域空间,形成游览中心或视觉焦点,水面设置水车、碾车等水利设施,丰富景观内涵。依据山、水、林俱有的原生态环境,将现代建筑中的杰作——"流水别墅"和客家民居建筑风格相融合,在溪流两边依山势零星布置建造4~5座流水人家,院内种植杜鹃、梅花、樱花等,以花命名,以茂林、修竹、流水、缓坡为依托构筑环境幽雅、宁神静气的居住环境。同时配套建设翠竹山居(木屋别墅)、绿谷生态餐厅、生态水吧等项目营造休闲度假的旅游氛围。

(四)乡野休闲农耕区

为丰富水乡旅游的游乐项目,规划利用项目地村庄右侧山地开发一片以林下种植、农事体验为主要功能的乡野休闲农耕区。依托现有的农田、竹林,利用果蔬资源、花卉资源等,构造一条杜鹃花海、花果休闲带,营造优美的乡村农业景观;利用丰富的竹林资源和花果休闲带的林下空间,发展林下种植;同时让游客积极参与野菜采摘、瓜果采摘等活动,体验乡村劳动的趣味。

（五）森林生态静养区

为配合水乡度假旅游主题，规划在项目地村庄周边森林区域开发一片以森林养生、森林观光为主要功能的森林生态静养区。依托木陂村森林风光特色及高海拔地势，对木陂村森林进行适当修整，建设森林疗养基地、森林野钓点、森林露营地等满足游客养生需求的休闲设施和旅游项目，使之成为项目地乡村旅游的重要补充。

六、旅游产品规划

综合考虑项目地的旅游资源禀赋、生态环境、区位条件、市场能力等要素，按照观念创新、市场导向、资源互补、精品塑造等原则，形成以生态观光旅游产品为基础，以休闲度假及文化体验旅游产品为主体，以科普教育、专项等旅游产品为补充的多元化复合型产品体系。

七、配套设施规划

（一）道路交通规划

1. 外部交通规划

规划修复蒲溪村至木陂村的损毁路面，在道路的适合路段拓宽，能满足两辆中小型车平行交会。在沿线设置交通指示牌、安全警示牌，完善路灯工程，并对车道两旁的景观进行绿化、美化。

2. 内部交通规划

（1）主干道：为村庄入口至村委会前的广场路段，已全部硬化，路面宽度2～3米，只适合小型车辆单向通行，规划将主干道进行拓宽，能满足两辆中小型车平行交会。对入村路旁的柳杉林加以保护和补充种植，作为入口景观大道。

（2）游步道：指各功能分区内连接各游览景点、设施的小道，为主干道、次干道的补充和完善。游步道宽1.2～1.5米，当游步道坡度大于12°时，应随坡筑成踏步，在有需要的地方设休息平台。项目地规划修建乡村溪流两边的河滨游廊、乡野休闲农耕区的杜鹃花道、山地养生度假区

第九章 乡村振兴战略背景下乡村旅游规划与开发实践

内的植物走廊、森林生态静养区内的山地绿道等游步道。

河滨游廊：对乡村水系进行驳岸改造，建设一条集步行、游赏、休憩、观水多功能于一体的河滨游廊，游廊临溪一侧设有护栏，沿路一侧种植杜鹃，游廊内设置座椅、木桌、灯笼等文化小品，并沿游廊设计夜景灯光。

杜鹃花道：围绕村庄周边的山地根据花色种植多环杜鹃花，作为整个村庄的景观带，形成大规模的杜鹃花海，开设一条花间栈道，沿栈道配套观景平台、赏花亭等休闲设施。

植物走廊：在山地养生度假区规划一条植物走廊，连接流水人家、生态水吧、绿谷生态餐厅、翠竹山居等景点，走廊路面铺设木栈道，搭架种植藤本植物。

山地绿道：沿森林景致丰富优美的线路设置几条适于游人游览、运动的山地绿道，步道以碎石材质铺设，沿途打造高山杜鹃花海、瀑布等高山景观，提升登山的乐趣。

（二）住宿设施规划

住宿设施的建筑风格力求本土化、生态化，外观设计采用当地传统民居风格，古朴、典雅，体现水乡特色；住宿设施的建设应尽量低碳化，体现节能环保的要求；在住宿设施的类型选择上，应针对市场的多样化，形成功能齐全、布局合理的多样化旅游住宿体系，满足特定人群的度假需要。规划在项目地根据客源群体建设天子山客栈、水乡农家、流水人家、翠竹山居四种类型的住宿设施。

（三）餐饮设施规划

在菜肴设计上，以木陂村当地生产的野菜、高山蔬菜等为主要食材，以连城客家特色饮食、特色小吃及野菜美食为主；重视项目地野菜资源的系列开发和深度加工，将餐饮与野菜开发结合，推出"野菜养生宴"、野菜保健食品，包括一系列多样化的野菜餐饮产品，如野菜汁、果茶、罐头、菜粉、菜片和速冻野菜等，提升项目地的饮食文化，形成项目地独具特色的餐饮；在餐饮设施的建筑风格与内部装潢上，应采用当地传统民居风格，融入客家文化元素，与周边环境相协调；在餐饮设施类型设计上，要根据游客类型的不同，规划不同档次、不同口味的餐饮设施，满足不同游客的餐饮需求。规划在项目地建设天子山客栈自助餐厅、水乡农家的客家厨房、绿谷生态餐厅三种类型的餐饮设施。

（1）天子山客栈：在游客接待点内的天子山客栈一层设自助餐厅，提供不同风格、不同口味的餐饮。

（2）水乡农家：以木陂良好的原生态环境和特有资源为基点，依托木陂村特色民居开发水乡农家，以当地农产品为主要食材，提供地方特色餐饮。

（3）绿谷生态餐厅：在游客接待点附近修建一座中高档的绿谷生态餐厅，餐厅以仿竹材料建造，内部用杜鹃花装饰，提供客家特色餐饮、野菜系列菜肴为主。

（四）购物设施规划

1. 规划思路

购物设施的建设应体现"低碳化"，就地取材，建设风格与周围环境相协调，大力研发方便游客品尝、携带、保存的木陂村野菜保健食品，及其他具有木陂特色的手工艺品、农副产品、土特产品等，丰富旅游商品体系，并在选料和包装方面精心设计，创出独具木陂村特色的野菜系列旅游商品品牌。

2. 设施规划

（1）旅游商品购物区：在游客接待点内设一处旅游商品购物区，主要销售旅游生活用品、野菜、蔬菜、竹笋等当地特色土特产品和手工艺品等。

（2）乡村水街：位于乡村水系两岸民居，对两岸民居进行统一改造，销售各种生活用品、特色工艺品、客家特色小吃等。

（3）杜鹃花盆景苑销售区：在杜鹃花盆景苑内开设一处销售区，销售多种形式的杜鹃花盆景。

3. 旅游商品规划

木陂村旅游商品主要以竹制工艺品及当地生产的野菜加工品为主。

（五）娱乐设施规划

1. 规划思路

根据客源市场需求，在各功能区建设类型多样的休闲娱乐场所，配套满足各消费层次游客需求的娱乐项目；加强乡村水系绿化、美化，打造优美水街风光，开展多样化的亲水娱乐项目；在森林区域增设适量趋向参

第九章 乡村振兴战略背景下乡村旅游规划与开发实践

与性、趣味性、科学性的康乐养生设施,如森林疗养、露营、垂钓等游乐项目;在乡村水街、滨水游廊等布置夜景设施,开发夜间娱乐项目,增加此段的休闲功能,打造木陂水街夜景,丰富夜间旅游活动。

2. 设施规划

规划木陂村旅游娱乐设施主要包括水乡文化广场、杜鹃花盆景苑、水车乐园、流水空间、生态水吧、花果休闲带、野菜种植园、森林疗养基地、森林野钓点、森林露营地等。

八、发展总结

结合上面的规划案例,水乡旅游应以水为主题,其旅游规划除了遵循乡村旅游规划的一般原则外,还应突出以下要点。

(一)注重乡村水系景观的打造,兼顾生态效应与景观效应

水乡旅游规划的重点之一在于乡村水系景观的打造。水系景观的打造应在尊重自然、体现整体性、生态美等原则下,对其水系景观进行生态设计,注意通过合理的堤坝设计使水系得以循环,同时综合利用自然驳岸和硬质人工驳岸设计等策略改变水系无景无趣的生硬特点,使整个水系具有生态效应与景观效应。

(二)注意水乡标志性要素的设计,突出鲜明的水乡特色

水乡旅游规划,要求突出鲜明的水乡特色,与普通的乡村相区别。水乡特色的展现就要以独特的水乡风貌来体现,亭台、廊榭、石级、汀步、游船、码头、桥梁、民居、茶楼、酒肆、传统作坊等是水乡的标志性要素,也是水乡独特的景观形象和魅力所在。因此,在水乡型乡村旅游规划中应当注重水乡标志要素的设计,如上面的研究案例,将水乡标志性要素浓缩在乡村水街之中,以水街的形式体现"小桥、流水、人家"的水乡面貌。

(三)充分挖掘水乡文化内涵,注重水乡文化的展示

水乡型乡村旅游规划应深入挖掘水乡的地方文化,把有形与无形、静态与动态、口头与行为的水乡文化融入水乡旅游产品、设施或服务中,营造独特的水乡情调氛围。通过水乡标志性要素的设计和文化内涵的挖掘,打造具有独特的水乡景观和浓郁的水乡民俗文化的水街,并与旅游休闲、

娱乐和商业活动融为一体，从而带动水乡经济发展。水乡型乡村旅游规划，水乡文化可以浓缩在水街中来设计展现，具体设计方法如下。

1. 有形（静态）文化细节化处理

水乡的有形文化主要有水街、民居建筑等。水乡旅游规划首先应对其有形文化进行细节化处理。有形文化的细节化处理可以将水乡街道两岸的民居建筑规划成富有水乡特色的临街店铺，恢复旧式米行、茶店、茶馆、酒肆、饭庄、杂货店、零食店、工艺品商店、传统小吃作坊等水乡商业街风貌；水乡建筑景观改造、立面装饰等应以水乡传统民居为主要材料，体现地方民居文化。因此，水乡型乡村旅游规划中应注意地方传统民居特色的挖掘，并将其融入现代的建筑景观中。

2. 无形文化物态化设计

水乡无形文化主要有水乡历史、水乡风俗、史诗传说和民间文学艺术等。无形文化的物态化设计，一方面可以根据水乡历史、传说或民俗为主题，以水街的特色旅游店铺为依托，设计不同的主题氛围，展示水乡历史文化氛围、地方居民生活文化等；另一方面可以沿水街护栏、小桥廊榭或河岸景观小品，镌刻水乡民俗、史诗传说、文学艺术等，体现水乡文化。因此，水乡型乡村旅游规划应注意对水乡历史、艺术、民俗等无形性文化的挖掘，并通过旅游建筑景观小品等进行展示。

3. 行为文化动态性演绎

行为文化主要有水乡传统节庆活动，相关的商业会展、传统服饰、地方方言、民间说唱等。行为文化的动态性演绎，主要是指水乡文化在传统节庆、服饰言语、商业会展等方面的行为展示和表演。因此，水乡型乡村旅游规划应考虑有旅游节庆产品，尤其是与水有关节庆产品的策划及相应的配套设施的规划，充分利用水街、巷道、民居、店铺等场所，动态展示水乡民俗文化。

总体来说，水乡型乡村旅游规划，应以水乡原生的自然水系景观与朴素乡土文化为基础，整合农产品、高山水系、山地、乡村民俗等旅游资源，深掘水乡文化内涵，生态设计特色水系景观，增强水乡旅游吸引力，创建一个体现自然生机、主题鲜明、特色突出的旅游目的地。

第九章　乡村振兴战略背景下乡村旅游规划与开发实践

第三节　原生态文化村寨型规划与开发实践

下面以北京市昌平区长陵镇庆陵村村落为例展开分析。

一、北京昌平区长陵镇庆陵村村落概况

庆陵村位于昌平区长陵镇中南部,属浅山区村庄,因有明帝朱常洛的陵寝而得名。

庆陵为国家级文物保护单位,位于村落东北方,目前尚不开放。村民最初集中居住在正方形的庆陵村监墙内,后来逐渐向东面扩展。

体现原始村落的文脉的回字形监墙大部分得以保存,监墙内房屋紧凑、规整,布局大致为南北向。监墙外房屋稍显凌乱,布局也基本为南北向。回字形监墙内部区域历史价值很高,为了避免其景观受到影响,应最大限度地保护此区域的原始风貌,逐步将监墙外后建的民宅逐步迁走,仅保留临近的少部分必要设施和优质建筑,以此对村落面貌进行全面保护。

二、北京昌平区长陵镇庆陵村具体保护措施

首先对村庄内的建筑进行质量评估。对于监墙外房屋质量较低的区域,组织村民逐步迁出,其用地还原为绿地,仅保留临近监墙的少部分质量较高的房屋及村委会等必要设施。其次,对监墙内的低质量房屋进行重建,建筑形式参考村中高质量建筑,保持传统建筑形式。

三、北京昌平区长陵镇庆陵村特色旅游规划

(一) 规划目标

庆陵村的旅游业发展目标需结合自身的现状及特点,分清优势和劣势,不能盲目攀比,因袭他村开发模式。庆陵村旅游业发展的目标应该是依托庆陵、周边环境资源和明代监墙周围的村庄形态,通过开发自身特色,为其增添文化旅游价值,而不是与其他景区形成竞争、对峙。

(二)规划内容

聆听古韵:将村庄中的古树作为景点,利用古树的枝叶形成的围合小空间,在村庄中小型广场的石椅上、木刻牌边纳凉、交流,聆听历史的氛围。

触摸历史:古老的明代监墙,斑驳的地砖,时而出现雕刻的千古绝句,使游客感觉穿越历史,能够触摸历史。

体验民俗:在村庄中重新开展"抬轿子"的民俗活动,使游客了解庆陵古村落的民俗文化,并组织庆陵村民学习剪纸、编制等手工业,增加民俗产业附加收入。同时,发展民俗接待户,让游客住农家院,吃农家饭,观农家景。

自采鲜果:在村庄中划分片区,种植特色水果,整修田间道路系统,让游客体验采摘乐趣。

畅游乐园:利用村南娱乐休闲乐园,建设集休闲、娱乐、餐饮、观景、垂钓、种植体验等项目的休闲乐园,将该乐园打造成为庆陵村的旅游亮点。

第四节 特色产业带动型规划与开发实践

下面以福建省泉州市安溪县金谷茶果观光园为例展开分析。

一、区域概况

(一)自然地理

项目地位于福建省泉州市安溪县金谷镇河美村,地处北纬25°14′、东经118°08′,距县城17公里。金谷镇河美村东连南安市蓬华镇,南接尚芸村,西邻河山村,北连景坑村。项目地坐落在河美村蜈蚣山麓,海拔190~500米,面积1071亩,层峦叠翠,多山多丘陵,前方金谷溪迂回流淌,景色天成。

项目地属亚热带湿润气候区域,气候温和,土壤肥沃,雨量充沛,平均温度为19~21℃,无霜期340天,年平均日照达1850~2050小时,年

第九章 乡村振兴战略背景下乡村旅游规划与开发实践

降水量大约为1600毫米。生态气候环境极佳,空气纯净,适合茶叶和果树生长以及休闲观光旅游。

项目地土质以酸性红壤和砖红壤为主,土层较为深厚,土质松软,保水性较好,有机质含量较高,矿物质营养元素丰富。这种土壤适合多种植被生长,特别是喜酸性的植被生长。

项目地植被资源较丰富,林种主要是用材林,优势树种以马尾松为主,此外还有人工种植的茶树、台湾蜜雪梨和桃树等其他树种。

(二)社会经济

改革开放以来,特别是进入20世纪90年代末期以后,金谷镇的经济和社会各项事业都得到了很大的发展。全镇土地面积101.6平方公里,设24个行政村,116个自然村,是闽南的主要侨乡和台胞祖籍地之一。金谷镇的企业发展迅速,有私营企业16家,已形成了茶叶加工、水泥建材、农业综合开发等支柱产业。2006年全镇农村社会总产值达到7.82亿元,其中工业总产值6.27亿元,农业总产值1.55亿元。文化教育事业也日趋进步,拥有一个文化站,村村建有文化室、家家通有线电视。医疗卫生设施较完善,有90%以上村民加入新型农村合作医疗组织。教育基础设施配套,镇里建有3所中学,13所六年制完全小学,学生可实现就近就读。

金谷镇的水力资源十分丰富。安溪最大的河流——清溪流经镇境。境内河流为金谷溪,发源于东溪北部大吕山,流经河山、河美、尚芸、芸美、华芸、金山、金谷、金东8个村亦注入清溪。供电属省网直供区,水电项目不断发展,电力供应保障稳定。全镇共有13座水电站,总装机容量达5415千瓦。邮电通信设施完善,全镇24个行政村已经全部开通了程控电话,移动通信信号覆盖全镇,随时可与国内外通信联系。已实现村村通水泥硬化公路。富饶的物产,便捷的交通,充足的电力以及优质的服务营造了宽松优越的投资环境。

二、项目资源

项目地区域的优势旅游资源具有以下基本特征。

(一)资源特色突出

本项目地依托于安溪闻名遐迩的茶业,以茶和宗教圣地为主要的旅游资源,吸引游客前来进行以休闲、观光、朝圣为重点活动,辅助旅游接待及农业生产等活动,凸显"安溪茶文化+圣地"的特色,融生态旅游、观光旅游、朝圣旅游、旅游接待及农业生产为一体。

(二)人文景观与活动丰富

本项目地区域内著名的大王陵和威镇庙等保存完好、已经过一定程度开发且相对集中的人文景观,具有很好的发展前景。依托于这些人文景观可以在政策允许的范围内开展人文活动,以吸引前来朝圣和观光的游客。

三、项目评价

(一)旅游开发优势条件评价

1. 区位优势明显

项目地位于安溪县金谷镇河美村,距安溪县城17公里。从大区域来看,项目地地处东南沿海经济发达地区,与中国台湾一水之隔,地理位置特殊;以项目地为中心,半径100公里的范围内有泉州市区、厦门、南安市等经济发达的百万人口的大中城市;半径200公里的范围有福州等经济发达的百万人口的大中城市。

2. 资源组合性良好,产品结构搭配合理

项目地自然生态与人文历史组合良好,旅游产品区域搭配较为合理。从项目地内的旅游资源属性构成来看,人文旅游资源和自然旅游资源都占一定份额,且两类旅游资源对游客均具有一定吸引力。从空间分布来看,人文资源和自然资源相互融合与映衬,在功能上形成互补,保证旅游者的活动内容多样性。从项目地与外围的旅游资源组合来看,项目地外围有着丰富的旅游资源:国家AAAA级旅游区清水岩、国家AAA级旅游区凤山风景旅游区、李光地故居、大龙湖旅游区等,并且区内资源与区外资源存在广泛联系,相互衬托,形成区域旅游网络。

3. 客源市场乐观

项目地所依托的茶叶资源在省内具有较高的知名度和市场号召力,特别是铁观音在全国都有相当的影响力。随着我国人民生活水平的提高,项目地所打造的休闲观光游具有巨大的发展前景,依托于福州、厦门、泉

第九章　乡村振兴战略背景下乡村旅游规划与开发实践

州等大中城市,吸引国内外游客前来度假,旅游市场十分乐观。

(二)旅游开发条件劣势分析

1. 资源劣势

项目地内旅游资源类型多样但部分资源等级不高。而地质地貌、山体造型的特色、特殊性也不很突出,山体美感度不是很好,山地林地规模也不是很大,还没有得到很好的开发。就旅游特产而言,本区域只具有茶叶这一单一类别的特产。同时,民族景观和风俗特色鲜明度不够。这些不利于旅游产品的打造和宣传。

2. 服务设施很薄弱

项目地还处于初步建设阶段,各种接待服务设施、安全保障设施、环境保护设施等还处于一片空白。根据发展旅游所需要解决"食、住、行、游、购、娱"的要求来看,各项设施都需要投入大量资金建设。

四、项目规划

(一)指导思想与定位

项目地旅游发展应以生态有机茶园与果园为基础,以生态旅游需求为导向,以闽南三角为依托,以休闲、观光、朝圣为重点活动,辅助农业生产及旅游接待等活动,凸显"安溪茶文化+圣地"的特色,融生态旅游、观光旅游、朝圣旅游、农业生产及旅游接待为一体。通过建设与发展,把安溪金谷生态休闲茶果观光园建设成为海峡西岸著名的生态休闲观光及朝圣的旅游胜地。

根据项目地内的地形特征和资源分布特点,以及主题定位和旅游产品开发,项目的功能定位包括以下功能。

(1)休闲观光朝圣功能

将园区建设成融生态旅游、观光旅游、朝圣旅游及旅游接待为一体,凸显"安溪茶文化+圣地"的特色,生态休闲观光及朝圣的旅游胜地。

(2)生产加工功能

农业产品生产是项目的辅助功能,立足于安溪种茶业的深厚根基,并引进台湾名优特产果种,通过良好的技术培育和加工产品,形成高新科技含量、高附加量、标准化、有竞争力的精品农产品生产基地。

（二）总体布局

项目地位于安溪县金谷镇河美村，范围涉及河美村811亩山地，包括大坵山、旗尾、石土垅仑、白龙坑、格后；河美4组139亩山地，包括东溪仑、石鼓空；侨联果场121亩，包括太王陵朝圣旅游区，总面积共1071亩。园区的建设要以休闲、观光、朝圣为重点活动，辅助农业生产及旅游接待等活动，凸显"安溪茶文化＋圣地"的特色，将园区的山、水与茶有机结合，融生态旅游、观光旅游、朝圣旅游、农业生产及旅游接待为一体。综合考虑项目地资源类型、组合优势、功能定位等因素，将项目地划分为五大功能区域，其他贫瘠及难以利用的山地可进行森林景观改造和绿化。

1. 山水茶文化旅游区

该功能区是整个园区的一个重要旅游功能区，要开发相应的旅游休闲项目，建设茶文化展示馆、品茗亭等配套服务设施。该功能区的建设要将园区的山、水与茶有机结合，即要以茶为中心，以安溪茶文化为重点，结合山和水等自然资源，挖掘茶文化潜力，丰富茶文化内涵，打造山水茶文化特色。例如，展示茶文化、茶叶生产工艺和开展茶艺表演、品茶、茶文化研讨等活动。该功能区的主要布局如下。

（1）茶文化展示。在园区内选择适当地点，建设一座完善的茶文化展示馆，展示丰富的茶文化和茶叶生产工艺，并开展茶艺表演、品茶、茶文化研讨等活动。

（2）品茗赏景。沿着园区的小溪两旁设立3座古典朴实的品茗亭，供游客品茗赏景。

（3）水体景观带。根据园区的地势特点，在山坳地带建设一个水库，除蓄水供园区用水之外，还可以把它建设成一个园区的人造景观。水库平坝采用分级、梯形设计，水可漫过平坝，形成人工瀑布，产生叠水翠帘的效果，同时水库的建设要与周围环境相协调，势必给园区带来新的亮点。

2. 太王陵朝圣旅游区

太王陵朝圣旅游区是享誉海内外的朝圣旅游胜地和海峡两岸民间文化交流的平台，也是项目地的一个重要的功能区，已经有了一定程度的开发和建设，并拥有一部分相当固定的客源。在此基础之上，从太王陵的历史文化资源方面出发，进一步挖掘其深厚的历史渊源，与当地的传统节日相结合，适当举办一些节庆活动，吸引更多的海内外游客，从而为整个园区奠定更多的游客基础。

第九章　乡村振兴战略背景下乡村旅游规划与开发实践

（1）朝圣接待服务。包括朝圣区管委会，接待室、朝拜用品及纪念品销售区，太王逸事讲坛，环卫等服务设施，用于接待前来朝拜的游客并提供相关服务。

（2）朝拜。在大殿、圣王公墓、杨公墓以及新建的护陵宝殿举办朝拜活动和祭祀仪式。

（3）朝圣休闲。位于太王陵前的地块，需要对该地块综合开发利用，进行相应的景观改造，可设立几座古朴典雅的凉亭，可取名为圣水亭，供前来朝圣的游客休息、品茗、赏景。

3. 旅游综合服务区

旅游综合服务区主要用于接待游客并向游客提供住宿、娱乐、餐饮、购物。主要位于项目地入口处及公司办公楼周围一带，大体布局如下。

（1）售票房。将售票房设于大门侧旁，与园门连为一体。售票房建设应与环境相协调，与项目地主题相一致。

（2）综合商业街。设在入口处公路右侧，提供销售旅游纪念品、茶产品和特色水果等旅游商品。

（3）停车场。根据园区现状，需建立3个停车场，分别位于园区入口处，游客接待服务中心附近，茶文化展示馆附近。

（4）游客接待服务中心。根据园区现状，需建一栋3层的游客接待服务中心，第一层用于游客接待服务，二、三层作为餐厅使用。游客接待服务中心应位于园区入口处附近，便于接待游客。

（5）住宿设施。主要以家庭旅馆的形式提供住宿，同时在生态观光果园区辅助度假小屋等住宿设施，以进一步提高接待，满足游客多样化住宿需求。

（6）休闲垂钓区。主要以开展垂钓为主，融娱乐、餐饮为一体。

4. 生态有机茶园区

该茶园作为整个园区的一个旅游功能区，要开发相应的旅游休闲项目，建设现代化茶叶生产加工基地等配套设施，融茶园观光、生产、采摘制茶体验等项目为一体。生态休闲茶园设计的总体目标要体现出"茶"字，即要以茶为中心，结合茶叶生产的特点，宣传当地的民俗与茶叶风情。例如，茶园建设要园林化，茶艺要民俗化，并且开展游客参与采茶、制茶等活动。其主要依托生态有机茶园，开辟3个小功能区。

（1）采茶制茶体验。在茶园适宜的位置专门划出一块采茶体验区域，作为游客采茶体验区；此外，游客可以在茶叶生产加工场参与制茶体验。

（2）茶叶生产。茶叶生产加工的主要区域。

（3）茶园观光。游客远可观赏茶园全貌，感受茶山的密密层层、团团簇簇、层峦叠翠的景象；近可欣赏茶树那郁郁葱葱、青翠欲滴的姿态。

5. 生态观光果园区

生态观光果园是园区的重要辅助功能区，可重点开发农业观光休闲项目。在生态观光果园里，游客可以参加采摘、观赏、果树认养、游乐等活动，形成"可览、可游、可吃、可参与"的乡村田园景观，令城市人在休闲观光中领略到农耕文化及乡土民风的神奇魅力。在生态观光果园内，依托本地和台湾名特水果，开辟3个小功能区。

（1）农家乐体验区。游客可以参与农事体验和果树认养。

（2）果园观光区。观赏果园内的本地和台湾名特水果，种类多样，特别是在果树开花结果之时，游客更能领略乡村果园扑面而来的泥土气息与花香以及产生强烈震撼的视觉冲击。

（3）农果品尝和展示区。展示园区生产的具有本地特色和台湾特色的优质水果品种，游客在观赏农果的同时，也可以品尝特色水果。

参考文献

[1] 北京巅峰智业旅游文化创意股份有限公司课题组.图解乡村振兴战略与旅游实践[M].北京：旅游教育出版社,2018.

[2] 代改珍.乡村振兴规划与运营[M].北京：中国旅游出版社,2018.

[3] 冯年华.乡村旅游文化学[M].北京：经济科学出版社,2011.

[4] 于永福,刘锋.乡村旅游概论[M].北京：中国旅游出版社,2017.

[5] 姜长云等.乡村振兴战略：理论、政策和规划研究[M].北京：中国财政经济出版社,2018.

[6] 孔祥智等.乡村振兴的九个维度[M].广州：广东人民出版社,2018.

[7] 李海平,张安民.乡村旅游服务与管理[M].杭州：浙江大学出版社,2011.

[8] 李军.新时代乡村旅游研究[M].成都：四川人民出版社,2018.

[9] 刘光.乡村旅游发展研究[M].青岛：中国海洋大学出版社,2016.

[10] 陆素洁.如何开发乡村旅游[M].北京：中国旅游出版社,2007.

[11] 罗凯.美丽乡村之农业旅游[M].北京：中国农业出版社,2017.

[12] 骆高远.休闲农业与乡村旅游[M].杭州：浙江大学出版社,2016.

[13] 孙景森等.乡村振兴战略[M].杭州：浙江人民出版社,2018.

[14] 夏林根.乡村旅游概论[M].上海：东方出版中心,2007.

[15] 夏学英,刘兴双.新农村建设视阈下乡村旅游研究[M].北京：中国社会科学出版社,2014.

[16] 熊金银.乡村旅游开发研究与实践案例[M].成都：四川大学出版社,2013.

[17] 徐丁,李瑞雪,武建丽.休闲农业与乡村旅游[M].北京：中国农业科学技术出版社,2018.

[18] 于守文,王俊勇.乡村旅游开发与经营[M].北京：科学普及出版

社,2013.

[19] 张建萍.生态旅游[M].北京：中国旅游出版社,2008.

[20] 张述林等.乡村旅游发展规划研究：理论与实践[M].北京：科学出版社,2014.

[21] 张勇《乡村振兴战略规划（2018—2022年）》辅导读本[M].北京：中国计划出版社,2018.

[22] 郑莹,何艳琳.乡村旅游开发与设计[M].北京：化学工业出版社,2018.

[23] 朱伟.乡村旅游理论与实践[M].北京：中国农业科学技术出版社,2014.

[24] 姜乙.基于功能导向的土地整治分区研究[D].杭州：浙江大学,2019.

[25] 李晓西,郑贵斌.中国区域经济学30年论文精选1978—2008[M].北京：北京师范大学出版社,2009.

[26] 泰勒,李白玉.1945年以来的城市规划理论[M].北京：中国建筑工业出版社,2006.

[27] 魏敏.旅游规划 理论·实践·方法[M].沈阳：东北财经大学出版社,2010.

[28] 闫莹娜,周显曙,柳礼奎,孙东亮,刘萍.旅游资源开发与规划[M].北京：清华大学出版社,2016.

[29] 周永振.内蒙古乡村旅游[M].北京：中国旅游出版社,2019.

[30] 何景明,李立华.关于"乡村旅游"概念的探讨[J].西南师范大学学报（人文社会科学版）,2002,（5）.

[31] 李丽娜.西班牙乡村旅游的发展及启示[J].老区建设,2008,(17).

[32] 刘生国.宁波人骑车观六横[J].今日普陀,2010,（6）.

[33] 田里,段跃庆.旅游融合发展 理论与实践[J].中国环境出版集团有限公司,2016,（5）.

[34] 尤海涛,马波,陈磊.乡村旅游的本质回归：乡村性的认知与保护[J].中国人口.资源与环境,2012,22（9）.

[35] 朱华丽.加快提升乡村治理智能化水平[J].当代广西,2019（11）：53.

[36] 崔勇前.山西省乡村旅游资源开发与产业发展策略探析[J].中国农业资源与区划,2018,39（10）：171-176.

[37] 付娜.发达国家城乡一体化经验对中国进一步城乡统筹发展的启示研究[J].世界农业,2014（8）：47-53.

[38] 唐丽静. 国外城乡统筹发展的启示 [J]. 山东国土资源, 2014, 30（3）: 99-101.

[39] https://www.guayunfan.com/lilun/43560.html

[40] https://www.sohu.com/a/252513902_554347